钱广荣伦理学著作集　第七卷

道德教育论

DAODE JIAOYU LUN

钱广荣　著

安徽师范大学出版社

ANHUI NORMAL UNIVERSITY PRESS

· 芜湖 ·

图书在版编目(CIP)数据

道德教育论 / 钱广荣著 . — 芜湖 : 安徽师范大学出版社 , 2023.1(2024.5重印)
(钱广荣伦理学著作集 ; 第七卷)
ISBN 978-7-5676-5795-3

Ⅰ.①道… Ⅱ.①钱… Ⅲ.①品德建设—研究—中国 Ⅳ.①D648

中国版本图书馆CIP数据核字(2022)第235430号

道德教育论　　　　　　　　　钱广荣◎著

责任编辑:晋雅雯　　　　　　责任校对:李晴晴
装帧设计:张德宝　汤彬彬　　责任印制:桑国磊
出版发行:安徽师范大学出版社
　　　　　芜湖市北京东路1号安徽师范大学赭山校区
网　　　址:http://www.ahnupress.com/
发 行 部:0553-3883578　5910327　5910310(传真)
印　　　刷:江苏凤凰数码印务有限公司
版　　　次:2023年1月第1版
印　　　次:2024年5月第3次印刷
规　　　格:700 mm × 1000 mm　1/16
印　　　张:19.25　　插　页:2
字　　　数:298千字
书　　　号:ISBN 978-7-5676-5795-3
定　　　价:128.00元

凡发现图书有质量问题,请与我社联系(联系电话:0553-5910315)

出版前言

钱广荣，生于1945年，安徽巢湖人，安徽师范大学马克思主义学院教授、博士生导师，"全国百名优秀德育工作者"，国家级精品课程"马克思主义伦理学"课程负责人。在安徽师范大学曾先后任政教系辅导员、德育教研部主任、经济法政学院院长、安徽省高校人文社会科学重点研究基地安徽师范大学马克思主义研究中心主任。出版学术专著《中国道德国情论纲》《中国道德建设通论》《中国伦理学引论》《道德悖论现象研究》《思想政治教育学科建设论丛》等8部，主编通用教材12部，在《哲学研究》《道德与文明》等刊物发表学术论文200余篇。

钱广荣先生是国内知名的伦理学研究专家。为了系统整理、全面展现钱先生在伦理学和思想政治教育领域的主要学术成果，我社在安徽师范大学及马克思主义学院的大力支持下，将钱先生的著作、论文合成《钱广荣伦理学著作集》。钱先生的这些学术成果在学界均具有广泛而持久的影响，本次结集出版，对促进我国伦理学和思想政治教育学科建设与人才培养具有重要意义。

《钱广荣伦理学著作集》共十卷本：第一卷《伦理学原理》，第二卷《伦理应用论》，第三卷《道德国情论》，第四卷《道德矛盾论》，第五卷《道德智慧论》，第六卷《道德建设论》，第七卷《道德教育论》，第八卷《学科范式论》，第九卷《伦理沉思录 上》，第十卷《伦理沉思录 下》。这次结集出版，年事已高的钱先生对部分内容又作了修订。

　　由于本次收录的著作、论文大多已经公开出版或者发表，在编辑过程中，我们尽量遵从作品原貌，这也是对在学术田野上辛勤劳作近五十年的钱先生的尊重。由于编辑学养等方面的原因，文集难免有文字讹错之处，敬请方家批评指出，以便今后修订重印时改正。

安徽师范大学出版社
二〇二二年十月

总　序

一

第一次见到钱老师，是在我大学二年级的人生哲理课上。老师说，从这一年开始，他将在他的教学班推选一名课代表。这个想法说出来之后，几乎所有的学生都把头低了下去，教室里鸦雀无声。我偷偷地抬起头来，看到大家这样的状态，心里有些窃喜，因为我真的很想当这个课代表，只是不好意思一开始就主动说出来，于是我小声地跟坐在身边的班长说："我想当课代表。"没想到班长仿佛抓到了救命稻草一样，迅速站起来，指着我大声地说："他想当课代表！"课间休息时，我找到老师，一股脑儿把自己内心长期以来积累的思想上的小障碍"倾倒"给老师，期望他一下子能帮助我解决所有的问题，而这正是我主动要当课代表的初衷。老师和蔼地说："你的问题确实不少，可这不是一下子能解决的。这样吧，我有一个资料室，课后你跟我一起过去看看，我给你一项特权，每次可以从资料室借两本书带回去看，看完后再来换。你一边看书，我们一边交流，渐渐地你的这些问题就会解决了。"从此，我跟着老师的脚步，一步一步地走进了思想政治教育的领域，毕业后幸运地留在了老师的身边，成为思想政治教育战线上的一员。

转眼之间，我已经工作了三十年，从一个充满活力的青年小伙变成了一个头发灰白的小老头，本可以继续享用老师的恩泽，在思想政治教育领域徜徉，不料老师却在一次外出讲学时罹患脑梗，聆听老师充满激情的教诲的机会戛然而止，我们这些弟子义不容辞地承担起老师手头正在整理文稿的工作。

老师说："你把序言写一下吧，就你写合适。"我看着老师鼓励的眼神，掂量着自己的分量，尤其想到多年来，在思想政治教育领域学习、实践、深造，每一步都得益于老师的指点和影响，尽管我自己觉得，像文集这样的巨著，我来作序是不合适的，但从一个弟子的视角来表达对老师的尊重和挚爱，归纳自己对老师学术贡献的理解，不也有特殊的价值吗？更何况，这些年，我也确实见证了老师在学术领域走出的坚实步伐，留下的清晰印迹。于是，我坚定地点点头说："好，老师，我试一试。"

二

老师生于1945年的巢湖农村，"文革"前考入当时的合肥师范学院，毕业后在安徽师范大学工作。老师开始时从事行政管理工作，先后做过辅导员、团总支书记。1982年，学校在校党委宣传部下设立了思想政治教育教研室，老师是这个教研室最早的成员之一。后来随着教研室的调整升级，老师担任德育教研部主任。从原来的科级单位建制，3个成员，到处级建制的德育教研部，成员最多时达到13人，在老师的带领下，德育教研部成为一个和谐、快乐的战斗集体，为全校学生教授"大学生思想道德修养""人生哲理""法律基础""教师伦理学"四门公共课。老师一直是全省高校《大学生思想道德修养》教材的主编，在教师伦理学领域同样颇有建树，是当时安徽省伦理学学会第五届、第六届副会长。

受当时大环境的影响，老师从事科研工作是比较晚的，但是因为深知思想政治教育教学的不易，所以老师要求每一位来到德育教研部的新教师"首先要站稳讲台"。我清晰地记得，当我去德育教研部向老师报到的时候，老师就很和蔼地告诉我，为了讲好课，我得先到中文系去做辅导员。

我当时并不理解，自己是来当教师的，为什么要去做辅导员工作呢？老师说："如果你想讲好思想政治理论课，就必须去一线做一次辅导员，因为只有这样才能深入了解和认识教育对象。"老师亲自将我送回我毕业的中文系，中文系时任副书记胡亏生老师安排我担任93级汉语言文学专业60名学生的辅导员。正是因为有了这样的经历，我从此与学生结下了不解之缘，这不仅涵养了我的师生情怀，还培育了我的师德和师魂。

用老师自己的话说，他是逐步意识到科研对于教学的价值的。我最初看到的老师的作品是1991年发表在《道德与文明》第1期上的《"私"辨——兼谈"自私"不是人的本性》这篇文章。后来读到的早期作品印象比较深刻的是老师主编的《德育主体论》和独著的《学会自尊》，现在都通过整理收录在文集中。和所有的学者一样，老师从事科研也是慢慢起步的，后来的不断拓展和丰富都源于多年的教学实践。教学实践中遇到的问题逐步启发了老师的问题意识，从而铸就了他"崇尚'问题教学'和'问题研究'的心志和信仰"。与一般学者不同的是，老师从事科研后就没有停下过脚步，做科研不是为了职称评审而敷衍了事，而是为了把工作做得更好，不断深入和拓展研究的领域，直至不得不停下手中的笔。老师的收官之作是发表在国内一流期刊《思想理论教育导刊》2019年第2期上的《"以学生为本"还是"以育人为本"——澄明新时代高校思想政治教育的学理基础》这篇文章。前后两百多篇著述，为了学生，围绕学生，也诠释了老师潜心科研的心路历程。因为他发现，"能够令学子信服和接受的道德知识和理论其实多不在书本结论，而在科学的方法论，引导学子学会科学认识和把握道德现象世界的真实问题，才是伦理学教学和道德教育的真谛所在。"也正是这个发现，成为老师一生勤耕的动力，坚实的脚步完美注解了"全国百名优秀德育工作者"的荣誉称号。

三

一个人在学术领域站住脚并产生一定的学术影响力，大约需要多长时间，没有人专门地研究过。但就我的老师而言，我却是真切地感受到老师在学术之路跋涉的艰辛。如今将所有的科研成果集结整理出版十卷本，三百多万字，内容主要涉及伦理学和思想政治教育两个领域，主要包括伦理学、思想政治理论、思想政治理论教育教学、辅导员工作四个方面，如此丰厚的著述令人钦佩！其中艰辛探索所积累的经验值得我们认真地总结和借鉴。总起来说，有两个研究的路向是我们可以从老师的研究历程中梳理出来的。

一是以教学中遇到的现实问题为导向，深入思考，认真研究，逐个解决。

对于一个初学者来说，科研之路从哪里开始呢？"我们不知道该写什么"这样的问题几乎所有的初学者都曾遇到过。从遇到的现实问题入手，这是我的老师首先选择的路。

从老师公开发表的论文中，我们可以清晰地看到老师在教学过程中不断思考的足迹。就老师长期教授的"大学生思想道德修养"课程来说，主要内容包括适应教育、理想教育、爱国主义教育、人生观教育、价值观教育和道德观教育六个部分。从老师公开发表的论文看，可以比较清晰地看出老师在教学过程中的相应思考。老师在1997年《中国高教研究》第1期发表《大学新生适应教育研究》一文，从大学生到校后遇到的生活、学习、交往、心理四个方面的问题入手，提出针对性的对策，回应教学中面对的大学新生适应教育问题。针对大学生的理想教育，老师在1998年《安徽师大学报》（哲学社会科学版）第1期发表《社会主义初级阶段要重视共同理想教育》一文，直接回应高校对大学生开展理想教育应注意的核心问题。爱国主义教育如何开展？老师早在1994年就在《安徽师大学报》（哲学社会科学版）第4期发表《陶行知的爱国思想述论》一文，通过讨论陶行知先生的爱国思想为课堂教学中的爱国主义教育提供参考。而关于道德教育，老师的思考不仅深入而且全面，这也是老师能够在国内伦理学界占有一席之地的基础。对学生进行道德教育是"大学生思想道德修养"这门课程的主要内容之一，也是伦理学的主要话题。教材用宏大叙事的方式，简约而宏阔地将中华民族几千年的道德样态描述出来，从理论的角度对道德的原则和要求进行了粗略的论述，而这些与大学生的现实需要有较大距离。为了把课讲好，老师就结合实际经验，逐步进行理论思考。从1987年开始，先后发表了《我国古代德智思想概观》（《上饶师专学报》社会科学版1987年第3期）、《略论坚持物质利益原则与提倡道德原则的统一》（《淮北煤师院学报》社会科学版1987年第3期）、《"私"辨——兼谈"自私"不是人的本性》（《道德与文明》1991年第1期）、《中国早期的公私观念》（《甘肃社会科学》1996年第4期）、《论反对个人主义》（《江淮论坛》1996年第6期）、《怎样看"中国集体主义"？——与陈桐生先生商榷》（《现代哲学》2000年第4期）、《关于坚持集体主义的几个基本理论认识问题》（《当代世界与社会主义》2004年第5期）。这七篇论文的发表，为老师讲好道德问题奠定了厚实的基础。正如老师在他的《"做学问"要有问题意识——兼谈高校辅导员的人生成长》（《高校辅导员学刊》2010年第1期）一文中所说的那样："带着问题意识，在认识问题中提升自己的思维品质，丰富自己的知识宝库，在解决问题中培育自己的实践智慧，提升自己的实践能力，是一切民族（社会）和人成长与成功的实际轨迹，也是人类不断走向文明进步的基本经验（包括人生经验）。"正是因为这种强烈的问题意识，成就了老师在伦理学和思想政治教育两个领域的地位，也给予所有学人一条宝贵经验——工作从哪里开始，科研就从哪里起步。

二是以生活中遇到的社会问题为导向，整体谋划，潜心研究，逐步展开。

管理学之父彼得·德鲁克说："人们都是根据自己设定的目标和要求成长起来的，知识工作者更是如此。"根据德鲁克的认识指向，目前高校的教师群体大致可以划分为三类：一类是主动设定人生奋斗目标的人，他们大多年纪轻轻就能在自己从事的学科领域崭露头角建树不凡；一类是在前进中逐步设定目标的人，他们虽然起步慢，但一直在跋涉，多见于大器晚成者；还有一类是基本没有什么目标，总是跟随大家一道前进的人。从人生奋斗的轨迹看，我的老师应该属于第二类人群。从他公开发表的科研成果的时间看，这一点毋庸置疑。从科研成果所涉及的研究领域看，这一点也是十分明显的。这种逐步设定人生目标的奋斗历程，对于普通大众来说具有可借鉴性，对于后学者而言更具有学习价值。

老师在逐步解决教学实际问题的过程中，渐渐地开始着迷于社会道德问题研究。20世纪末，我国正处于改革开放初期，东西方文明交融互鉴的过程中，在没有现成经验的条件下，难免会出现一些"失范"现象。当时的道德建设在社会主义市场经济建设的大背景下到底是处于"爬坡"还是"滑坡"的状态，处在象牙塔中的高校学子该如何面对社会道德变化的现实，诸如此类的问题，都成为老师在教学过程中主动思考的内容，并且逐步形成了自己独特的科研方向和领域。这一点，我们可以通过老师先后完成的三项国家社科基金项目来识读老师科研取得成功的清晰路径。

其一，中国道德国情研究。社会主义市场经济建设新时期如何进行道德建设？老师积极参与了当时的大讨论。他认为，我国当前道德生活中存在着不少问题，其原因是中华民族传统道德与"新"道德观念的融合与冲突同时存在，纠葛难辨。存在这些问题是社会转型时期的必然现象，是由道德的历史继承性特征及中国的国情决定的。《论我国当前道德建设面临的问题》（《北京大学学报》哲学社会科学版1997年第6期）一文明确提出：解决问题的根本途径是建设有中国特色的社会主义道德体系。《国民道德建设简论》（《安庆师院社会科学学报》1998年第4期）一文进一步提出：国民道德建设当前应着重抓好儿童和青少年的学业道德的养成教育，克服夸夸其谈之弊；抓紧职业道德建设，尤其是以"做官"为业的干部道德教育；抓紧伦理制度建设，建立道德准则的检查与监督制度。接着，《五种公私观与社会主义初级阶段的道德建设》（《安徽师范大学学报》人文社会科学版1999年第1期）一文提出：当前的道德建设应当把倡导先公后私、公私兼顾作为常抓不懈的中心任务。做了这些之后，老师还觉得不够，认为这条路径最终可能会导致"公说公有理，婆说婆有理"，并不能为当时的道德建设提供有益的参考。受毛泽东思想的深刻影响，他认为只有通过调查研究，实事求是，一切从实际出发，才能找到合适的道德建设的路径。于是，他在已经获得的研究成果的基础上，提出了中国道德国情研究的思路，并深刻指出，我们只有像党的领袖当年指导革命战争和在新时期指导社会主义现代化建设那样，从研究中国道德国情的实际出发，才能把握中国道德的整体状况，提出当代中国道德建设的基本方案。几乎就是从这里开始，老师的科研成果呈现出一个新特点，不再是以前那样一篇一篇地写，一个问题一个问题地提出和解决，而是以"问题束"的形式出现，就像老师日常告诉我们的那样，"一发就是一梭子"。这"第一梭子"，"发射"在世纪之交的2000年，老师一口气发表了《"道德中心主义"之我见——兼与易杰雄教授商榷》（《阜阳师范学院学报》社会科学版2000年第1期）、《道德国情论纲》（《安徽师范大学学报》人文社会科学版2000年第1期）、《中国传统道德的双重价值结构》（《安徽大学学报》哲学社会科学版2000年第2期）、《关于中国法治的几个认识问题》（《淮北煤师院学报》哲学社会科学版2000年第2期）、《中国传统道德的制度化特质及其意义》（《安徽农业大学学报》社会科学版2000年第2期）、《偏差究竟在哪里？——与夏业良先生商榷》（《淮南工业学院学报》社会科学版2000年第3期）、《"德治"平议》（《道德与文明》2000年第6期）七篇科研论文。紧接着在后面的五年，老师又先后公开发表近20篇相关的研究论文，从不同角度讨论新时期道德建设问题。

其二，道德悖论现象研究。老师笔耕不辍，在享受这种乐趣的同时，也很快找到了第二个重要的"问题束"的线索——道德悖论。以《道德选择的价值判断与逻辑判断》《关于伦理道德与智慧》两篇文章为起点，老师正式开启了道德悖论现象的研究之路。有了第一次获批国家社科基金项目的经验，这一次，老师不再是一个人单干，而是带着一个团队一起干。他将身边的同仁和自己的研究生聚集起来，相互交流切磋，相互砥砺奋进，从道德悖论现象的基本理论、中国伦理思想史上的道德悖论问题、西方伦理思想史上的道德悖论问题、应用伦理学视野内的道德悖论问题四个方向或层面展开，各个成员争相努力，研究成果陆续问世，一度出现"井喷"态势。到项目结项时，围绕道德悖论现象，团队成员公开发表论文四十多篇，现在部分被收录在文集第四卷中。

这一次，老师也不再是"摸着石头过河"，而是直面问题："悖论是一种特殊的矛盾，道德悖论是悖论的一个特殊领域。所谓道德悖论，就是这样的一种自相矛盾，它反映的是一个道德行为选择和道德价值实现的结果同时出现善与恶两种截然不同的特殊情况。"他明确地指出，自古以来，中国人对道德悖论普遍存在的事实及道德进步其实是社会和人走出道德悖论的结果这一客观规律，缺乏理性自觉，没有形成关于道德悖论的普遍意识和认知系统，伦理思维和道德建设的话语系统中缺乏道德悖论的概念，社会至今没有建立起分析和排解道德悖论的机制。因此，研究和阐明道德悖论的一些基本问题，对于认清当代中国社会道德失范的真实状况，促进社会和个人的道德建设，是很有必要的。老师自信满满地说："道德悖论问题的提出及其研究的兴起，是当代中国社会改革与发展的实践对伦理思维发出的深层呼唤……是立足于真实的'生活世界'的发现，表达了当代中国知识分子运用唯物史观审思国家和民族振兴之途所遇挑战和机遇的伦理情怀。"

从道德悖论问题的提出到现在编纂集结，已经过去十几个年头，道德悖论现象研究这一引人入胜的当代学术话题，到底研究到了什么程度呢？老师不无遗憾地说，至今还处在"提出问题"的阶段。不仅一些重要的问题只是浅尝辄止，而且还有不少处女地尚未开发。但是，老师依然充满信心，因为正如爱因斯坦所说，提出一个问题往往比解决一个问题更重要，解决一个问题也许是一个数学上的或实验上的技能而已，而提出新的问题，从新的角度去看旧的问题，却需要创造性的想象力，它标志着科学的真正进步。因此，要真正解决它，尚需有志的后学者们积极跟进，坚持不懈，不断拓展和深入。

其三，道德领域突出问题及应对研究。通过主持道德国情研究和道德悖论研究两个国家社科基金项目，老师不仅获得了丰富的科研经验，而且积累了更为厚实的学术基础。深厚的学养没有使老师感到轻松，相反，更增加了他的使命感。道德领域以及其他不同领域突出存在的道德问题，都成为老师关注的焦点。于是，通过深入的思考和打磨，"道德领域突出问题及应对"研究应运而生，并于2013年获得国家社科基金重点项目的立项。

与道德悖论问题的研究不同，"道德领域突出问题及应对"研究不仅涉及道德领域的突出问题，而且关涉不同领域存在的道德问题，所涉及的面远比道德悖论问题面广量多，单靠老师一个人来研究，显然是不能完成的。从某种程度上来说，老师是用自己敏锐的洞察力探得了一个"富矿"，并号召和带领一群有识之士来共同完成这个"富矿"的开采。因此，老师把主要精力用在了理论剖析上，先后发表了《道德领域及其突出问题的学理分析》（《成都理工大学学报》社会科学版2014年第2期）、《道德领域突出问题应对与道德哲学研究的实践转向》（《安徽师范大学学报》人文社会科学版2014年第1期）、《"基础"课应对当前道德领域突出问题的若干思考》（《思想理论教育导刊》2014年第4期）、《应对当前道德领域突出问题的唯物史观研究》（《桂海论丛》2015年第1期）四篇论文。在上述论文中，老师深刻指出：道德领域之所以会出现突出问题，首先是社会上层建筑包括观念的上层建筑还不能适应变革着的经济关系，难以在社会管理的层面为道德领域的优化和进步提供中枢环节意义的支撑；其次，在社会变革期间，新旧道德观念的矛盾和冲突使得社会道德心理变得极为复杂，在道德评价和舆论环境领域出现令人困惑的"说不清道不明"的复杂情况。正因为如此，社会道德要求和道德活动因为整个上层建筑建设的滞后而处于缺失甚至缺位的状态。老师认为，当前我国道德领域存在的突出问题大体上可以梳理为：道德调节领域，存在以诚信缺失为主要表征的行为失范的突出问题；道德建设领域，存在状态疲软和功能弱化的突出问题；道德认知领域，存在信念淡化和信心缺失的突出问题；道德理论研究领域，存在脱离中国道德国情与道德实践的突出问题。对此必须高度重视，采取视而不见或避重就轻的态度是错误的，采用"次要"或"支流"的套语加以搪塞的方法也是不可取的。

事实上，老师对存在突出问题的四类道德领域的划分，也是对整个研究项目的整体设计和谋划。相关方面的研究则由老师指导，弟子和课题组其他成员共同努力，从不同侧面对不同领域应对道德突出问题深入地加以研究。相关的理论和成果都被整理收录在文集中，展示了道德领域突出问题及应对研究对于道德建设、道德教育、道德智慧等方面的潜在贡献。

四

回过头来看，从道德国情到道德悖论，再到道德领域的突出问题及应对，三项国家社科基金项目的确立和结项，不仅彰显了老师厚实的科研功底，更是全面地呈现出老师作为一名教育工作者所具有的深厚学养。如果我们把老师所有的教科研项目比作群山，那么，三项国家社科基金项目则是群山中的三座高山，道德领域突出问题及应对研究无疑是群山中的最高峰。如此恢弘的科研成果，如此丰富的科研经验，对于后学者来说，值得认真学习和借鉴。

从选题的方向看，要有准确的立足点并坚持如一。老师一直关注现实的社会道德问题，即使是偶尔涉及一些其他方面的问题，也都是从道德建设、道德教育或道德智慧的视角来审视它们。这一稳定的立足点，既给自己的研究奠定了基础，也为研究的拓展指明了方向。老师确立了道德研究的方向，就仿佛有了自己从事科研的"定海神针"，从此坚持不懈，即使是退休也没有停下来。因为方向在前，便风雨兼程，终成巨著。正如荀子曰："蚓无爪牙之利，筋骨之强，上食埃土，下饮黄泉，用心一也。"

从选题的方法看，从基础工作开始再逐步拓展，做好整体谋划。如果说道德国情研究是对当时国家道德状况的整体了解，那么，道德悖论研究则是抓住一个点，通过"解剖麻雀"的方式来认识道德的现状并提出应对策略。而"道德领域突出问题及应对"研究，则是从道德悖论的一点拓展到道德领域所有突出的问题。这种从面到点再到面的研究路径，清晰地呈现出老师在研究之初的精心策划、顶层设计。这种整体设计的方略对于科研选题具有很高的借鉴价值：不是"打洞"式地寻找目标，而是通过对某一个领域进行整体把握——道德国情研究不仅帮助老师了解了当时的社会道德样态，也为他后面的选择指明了方向；然后再找到突破口——道德悖论研究从道德领域的一个看似不起眼却与每个人都十分熟悉的生活体验入手，通过认真细致的分析、深入肌理的讨论，极好地训练了团队成员科研的功力；再进行深入的拓展式研究——"道德领域突出问题及应对"研究，从整体谋划顶层设计的高度探得道德领域研究的富矿，在培养团队成员、襄助后学方面，呈现出极好的训练方式。这种做法对于一个初学者来说值得借鉴，对于一个正在科研路上的人来说也值得参考。

或许是因为自己如今也已经年过半百，我时常回忆起大二时与老师相识的场景，觉得人生的相识可能就是某种缘分使然。如果当初没有老师的引领，我现在大概在某所农村中学从事语文教学工作，无论如何也不可能成为一名高校思想政治教育工作者。而每一次回望，我都会看到老师的身影，常常有"仰之弥高，钻之弥坚，瞻之在前，忽焉在后"之感。越是努力追赶，越是觉得自己心力不济，唯有孜孜不辍，永不停步，可能才会成就一二，诚惶诚恐地站在老师所确立的群峰之旁，栽下几株嫩绿，留下一片阴凉。

万语千言，言不尽意，衷心祝福我的老师。

是为序。

路丙辉

二〇二二年八月于芜湖

目　录

第一编　伦理道德观教育

第一编　伦理道德观教育

"做一个有道德的人"之思考*

　　人类自用道德调节社会生活以来，"做一个有道德的人"就成为对每个社会成员的基本要求，也是每个国家和民族培育未成年人的基本目标和任务。改革开放以来，人们的思想和精神面貌发生了许多有益于社会文明进步的深刻变化，但现实生活中仍然出现了一些"道德失范"问题，对未成年人的健康成长已经产生或正在产生消极的影响。因此，当前探讨"做一个有道德的人"是很有现实意义的。

　　不论是从理论还是从实践的角度来看，"做一个有道德的人"这一命题都内含着三个层面相互关联的问题，即"为什么要做一个有道德的人""做一个有什么样的道德的人"和"怎样做一个有道德的人"。"为什么要做一个有道德的人"属于"做一个有道德的人"的价值或意义范畴——价值论问题，"做一个有什么样的道德的人"属于"做一个有道德的人"的标准和原则范畴——知识论问题，"怎样做一个有道德的人"属于"做一个有道德的人"的方法和智慧范畴——方法论问题。其中，"为什么要做一个有道德的人"是认识前提，"做一个有什么样道德的人"是选择标准，"怎样做一个有道德的人"是关键环节。只有将这三者有机统一起来，才能在理论上完整说明"做一个有道德的人"，才能在行动上真正"做一个有道德的人"。如果不知道"做一个有道德的人"的必要性和重要性，或

---

　　*原载《中国德育》2010年第1期。

者虽然愿意"做一个有道德的人"却不知怎么来"做",以至落入不知所措、进退两难、事与愿违甚至适得其反的境地,为自相矛盾的道德悖论所困扰。

众所周知,道德作为一种特殊的社会意识形态和社会价值形态,本质上属于观念的上层建筑范畴,根本上是由一定社会的经济关系决定的,因此也会随着社会经济关系的变革而改变(丰富和发展)自己的内涵和形式。恩格斯说:"人们自觉地或不自觉地,归根到底总是从他们阶级地位所依据的实际关系中——从他们进行生产和交换的经济关系中,获得自己的伦理观念。"[①]这就决定了每个特定历史时代的人们在"做一个有道德的人"问题上,都会面临"做一个有什么样的道德的人"的选择。要懂得"做一个有什么样的道德的人",首先要明白"做一个有道德的人"的道德原则和标准。就当代中国社会的经济发展及"竖立其上"的政治和法制建设的客观规律而言,"做一个有道德的人"的道德原则和标准显然要与社会主义市场经济相适应,与社会主义法律规范相协调,与中华民族传统美德相承接。这样的道德标准显然应凸显社会主义的公平和正义,应自觉尊重、维护和践行社会主义公平和正义的原则,应正确树立社会主义民主、自由平等、公平正义理念。中华民族传统道德以"推己及人"为核心,革命传统道德以"毫不利己"为宗旨,两种传统美德其实都存在忽视道德权利的"义务论"倾向,在今天应依据社会主义公平和正义的原则对其重新解读,以使之与社会主义的思想道德体系"相承接",发挥其当代价值。这样说,并不是要否认传统美德"义务论"的当代价值,而是要强调尊重道德的本质特性和体现其与时俱进的品质,强调传统美德只有与社会主义公平和正义观念"相承接"才能真正获得现时代的话语权,成为社会主义思想道德体系的有机组成部分。虽然,公平和正义是历史范畴,不同社会奉行的公平和正义的原则和标准有所不同,但有一点是共同的,就是要追求权利与义务的对应性关系。今天重新解读传统美德、必须引进道德权利的概念,以构建道德义务与道德权利的对应性关系。在当代中国社会发展

---

① 《马克思恩格斯选集》第3卷,北京:人民出版社1995年版,第434页。

的历史进程中，试图照搬照套"己所不欲，勿施于人""毫不利己，专门利人"的传统美德来解决社会生活中大量存在的"己所不欲，也施于人""毫不利人，专门利己"的"道德失范"问题，号召人们如此这般来"做一个有道德的人"是很难真正奏效的。因此，在当代中国，教育和引导未成年人"做一个有道德的人"，最重要的就是要通过科学的道德教育促使他们形成社会主义的公平与正义观念，在权利与义务相对应的意义上促使他们养成关爱他人和集体、报效祖国、报答父母等伦理思维习惯。

　　在我国，学界有种根深蒂固的看法，认为道德总是具有理想的特性，其劝导方式是"应当"，讲道德就意味着要尽义务，总是要或多或少伴随着个人牺牲。这种看法的合理性自然不可否认，但必须指出的是它并没有揭示道德的本质特性，忽视了道德在广泛性的意义上的"正当"命令方式，因而在当代中国也就缺失了与社会主义市场经济相适应、与社会主义法律规范相协调的自身条件，易于使自己流于空洞的文本主义和形式主义。

　　道德作为一种"实践理性"，其价值实现是一种主观见之于客观的实践过程，要求人们不仅愿意"做一个有道德的人"，知道"做一个有什么样的道德的人"，而且还要学会"怎样做一个有道德的人"。首先，道德价值选择和实现的前提需要辨别价值行为实施对象的"真与假"。以乐于助人为例，被帮助的人就可能存在真的需要帮助和并不需要帮助的差别，后者甚至还可能是一种精于专门享用别人展现乐于助人的"道德成果"的人，给这样的人以帮助，表面看来是做了善事，实现了乐于助人的道德价值，实际上是做了"恶事"，"有道德"的动机和行为出现了"无道德"以至"不道德"的"恶果"，从而产生自相矛盾的道德悖论。雷锋精神之所以值得大力提倡和发扬，就在于雷锋帮助了许多真正需要帮助的人。其次，道德价值选择和实现的过程，尤其是实现的过程，主体所面对的客观情况一般都是比较复杂的，需要适时地依据客观情况做出准确判断，调整自己的行为，使之与自己所要实现的道德价值目标大体上保持一致，如果不重视"怎样做一个有道德的人"就会使自己的行为处于盲动的状态，难免会产生齐格蒙特·鲍曼所说的"副作用"和"不可预料的后果"。他指出："在行为和行为的后果之间有一个时间上和空间上的巨大鸿沟，我们不能用我们的固有的、普遍联系的知觉能力对此进行测量——因而，几乎不能通过完全列出行为结果的清单去衡量我们行为的性质。"①我们仍以乐于助人为例，在"行为和行为的后果之间"的整个过程中，主体在明确应帮助什么人的前提下，不仅需要对帮助什么、如何帮助做出正确的判断，而且还需要对帮助过程所发生的情况变化做出适时调整。汶川地震发生后，全国人民发扬乐于助人的大爱精神，先是抢救生命和运送急需物资，在取得巨大成效的同时又适时动员和组织受灾群众开展自救，后者不仅体现了"乐于助人"的大爱精神，也体现了"怎样乐于助人"的大爱智慧。不难想象，假如不能在开展救援的同时动员和组织受灾群众实行自救，那么，"乐于助人"的大爱精神就可能会在获得"善果"的同时出现某些"恶果"，如一味依赖、坐等救援等，从而产生自相矛盾的悖论结果。

要特别指出的是，长期以来我国伦理学和道德建设特别是未成年人的思想道德建设关注的恰恰是"为什么要做一个有道德的人"，兼而顾及"做一个有什么样的道德的人"，却很少涉及"怎样做一个有道德的人"。这种思想道德建设（教育）的范式使得我们的青少年既缺乏讲道德的智慧和方法，又缺乏抵御别人不讲道德的能力和经验，走出校门后往往会产生"道德困惑"。如果再不明白走出道德悖论困扰即"解悖"的方法，那么久而久之，他们就可能会动摇"做一个有道德的人"的信念和信心，甚至可能会转而信奉起"道德无用论"，走向"有道德"的反面。

任何人都不是天生的"有道德的人"或"没有道德的人"，让未成年人全面理解"做一个有道德的人"，接受全面而科学的道德教育，是学校、社会和家长的共同责任。

---

① ［英］齐格蒙特·鲍曼：《后现代伦理学》，张成岗译，南京：江苏人民出版社2003年版，第20页。

社会主义道德的基本要求*

人类社会有史以来出现过四种社会形态的道德，即原始社会的平均主义道德、封建社会的整体主义道德、资本主义社会的个人主义道德和社会主义道德。社会主义道德是人类有史以来最为先进的道德体系，弘扬社会主义道德，以推动改革开放和社会主义现代化建设事业，培养社会主义的道德品质，是每个大学生的历史责任。

一、社会主义道德的核心是为人民服务

（一）道德的含义

在理解和把握有关社会主义道德的时候，涉及道德的一般知识和理论问题。

纷繁复杂的社会现象，包含物质现象和精神现象两个基本方面。在丰富多彩的精神现象中，有政治、法律、文艺、宗教等各种社会现象。道德是一类特殊的社会精神现象，也是人的素质结构中的基本成分。

道德的根源是一定社会的经济关系。恩格斯在谈到经济与道德的关系

---

* 钱广荣主编：《思想道德修养教程》第五章，原题为"弘扬社会主义道德"，合肥：安徽大学出版社1998年版。

时指出："人们自觉地或不自觉地，归根到底总是从他们阶级地位所依据的实际关系中——从他们进行生产和交换的经济关系中，获得自己的伦理观念。"①特定时代的统治者根据自身及其所处时代社会发展的需要，以及道德的历史传统，对"伦理观念"进行概括和总结进而影响人们的品德结构，最终形成了一定的道德。由于经济关系是一个历史范畴，所以在人类历史上，道德总是具有阶级和时代的特征，不同的阶级和不同的历史时代有不同的道德。

产生于一定社会的经济关系基础之上的道德，作为一种特殊的社会意识形态，对经济关系及"竖立其上"的其他上层建筑具有巨大的反作用，国家的治理和社会的发展及人的进步总是离不开道德的调节、控制和培育。在实践的意义上，这种"反作用"就是人们通常所说的道德的社会功能。

道德的社会功能主要表现在三个方面。一是认识和鉴别的作用。道德可以作为一个方面的知识，帮助人们认识和识别社会生活中的善恶是非，评价社会风尚和他人的行为。在这一点上，道德也是人不可缺少的一种智慧，它不仅可以使人高尚，而且可以使人聪明。二是调节与控制的作用。在日常的社会生产和社会生活中，道德可以随时随地影响人的价值观念，规范人的实际行为，避免价值观念紊乱和行为失范的现象发生，使社会生产和社会生活有序有效地进行。在这一点上，道德是人们的"指南针"。不仅如此，在实际的社会生产和社会生活中，由于受各种原因的制约和影响，人们相互之间、个人与社会集体之间，有时难免会发生矛盾甚至对抗，这时道德规范和准则便可以充当"调节器"，将人们的思想和行为引导到社会所准允的价值标准上来。三是教育与培养的作用。正因为道德具有以上两个方面的作用，所以道德可以作为特定的知识、智慧和价值观，充当教育的内容，教育和培养人的健康人格，改善人的"德性"，使人成为有道德的人。人的发展总是包含着道德人格的完善，道德教育历来都是学校教育的一个重要方面。我们党和国家的教育方针一贯要求受教育者在

①《马克思恩格斯选集》第3卷，北京：人民出版社1995年版，第434页。

德、智、体、美等方面得到全面发展，成为有理想、有道德、有文化、有纪律的社会主义事业的建设者和接班人。德育的内容和要求，正是对道德的这种社会功能的把握和运用。

道德作为一类特殊的社会现象，与政治、法律、文艺、宗教相比，在存在方式和发挥社会功能方面都具有一些明显的特点。第一，它广泛存在于社会生活的各个领域，具有渗透性的特点，所以它具有相对独立的形式。第二，道德在发挥其社会功能时，通常是以规范准则和价值标准的形式，通过社会舆论、传统习惯和主体内心的自觉和自律而作用的，以此来规诫和劝导人们向善，调控社会生产和社会生活。但这并不是说，道德是软弱无力、可有可无的，道德对人和社会的作用和影响，也具有强制性，只不过是一种"精神强制"。在日常生活中，人们一般都会有这样的心理体验和亲身经历：当作了有益于他人和社会的好事情，受到他人和社会的赞扬或表彰的时候，会感到"心里快活""脸上有光"，以至于由此而产生一种荣誉感和幸福感，觉得自己活得有意义、有价值；而当作了有损于社会和他人的错事、坏事的时候，会感到"不好意思""脸上无光"，会觉得"无地自容"，甚至"不想活下去"，直至走上轻生的道路。后一种情况，就是道德的"精神强制"在起作用。虽然，一个人做了错事或坏事，感到"无地自容"甚至"不想活下去"是不必要的，但这正说明道德的"精神强制"有时会"置人死地"。因此，我们不能轻视、忽视道德的社会作用，更不能嘲弄道德的社会作用。

道德能否发挥其应有的社会作用，取决于主体的自觉。没有主体的自觉，所谓认识与鉴别、调节与控制、教育与培养，都可能成为一句空话。

所谓道德，是指由一定社会的经济关系决定的，依靠社会舆论、传统习惯和人们的内心信念进行评价和维系的，用以调整人们相互之间以及个人与社会集体之间的利益关系的行为规范和个人品质的总和。

道德发生在原始社会，比法律早。法律是人类社会出现了私有制、进入阶级社会以后，发生阶级对立与阶级统治的产物。在社会的调控系统中，道德主要是以提倡、教育、规劝、引导的方式发挥其社会功能的，通过人的良心和信念起作用，强调人的自律。法律则主要是以准允和惩戒的方式发挥其社会功能，要求人们在法律的范围内活动，行使法律所规定的权利，履行法律所规定的义务。自从人类进入阶级社会以来，道德与法律就是两种最基本也是最重要的社会调节力量，德治与法治相辅相成、互相补充，缺一不可。

作为社会意识形态，道德在任何社会都是一种关于行为规范和价值标准的体系，在这个体系中总是有一种要求处于核心地位、直接体现道德体系的社会制度属性，集中反映社会生产发展和文明进步的实际需要。所以，认识、理解和把握一个社会的道德体系，首先应当注意了解道德体系的核心。不同社会的道德体系有着不同的核心要求，原始社会平均主义的道德体系的核心是共同生产、共同占有和消费；封建社会的整体主义道德体系核心是"三纲五常"，即君为臣纲、父为子纲、夫为妻纲及仁、义、礼、智、信；资本主义社会的个人主义道德体系核心是强调个人中心、个人本位、个人利益和自由的至上性；社会主义社会道德体系的核心是为人民服务。

（二）为人民服务思想的形成与发展

为人民服务，生动地体现了马克思主义唯物史观的基本观点。在马克思主义看来，人民群众是社会的物质财富和精神财富的真正创造者，在社会发生变革时期又充当着变革的决定力量，因此人民群众是创造历史的主体和推动历史发展的真正动力。马克思主义并不否认杰出的个人在历史发展过程中的重要贡献，但更重视人民群众在历史发展中的决定作用。对于这个客观真理，历史上的一些思想家和明智君王也有所认同。如孟子就曾发表过"水能载舟，亦能覆舟"的看法，视人民群众为"水"，统治者为"舟"，认为人心的向背与统治者的命运密切相关。在阶级对立的社会里，统治者对民心向背的问题一般是比较重视的，他们总是要打着"为民"的旗号，并且在一定程度上做出一些"为民"的有益的事情。但是，阶级本质决定了他们与广大人民群众之间在利益关系上是对立的，他们不仅不可能真正地"为民"，而且，为了维护他们本阶级的特殊利益，必然会剥夺人民群众的利益，甚至做出"害民"的事情。因此，在伦理道德上，以往社会的统治者是不可能提出为人民服务的思想的。

从社会制度的属性看，为人民服务是由社会主义制度的性质决定的。人类自有史以来，社会主义既是最为先进的社会制度，也是最为先进的思想理论体系，一切为了人民的利益是社会主义制度的本质要求。在社会主义制度下，广大人民群众在政治上是国家的主人，在生产活动和社会生活的广阔领域，每个人既是服务的对象，同时也是服务的主体。因此，从本质上看，在社会主义制度下，为人民服务实际上是全体社会成员的自我服务、相互服务。这与阶级对立和阶级统治社会里的情况是根本不同的。我们主张把人民的利益放在第一位，忧人民之所忧，求人民之所求，乐人民之所乐，同人民群众同呼吸、共命运。我们要坚持走社会主义道路，就要坚持为人民服务。《中共中央关于社会主义精神文明建设若干重要问题的决议》指出："社会主义道德建设要以为人民服务为核心。"

为人民服务在内涵上包括一般要求和最高要求两个基本层次。一般要求，即人们通常所说的为人民服务，是社会主义制度下所有的人都应当遵循的思想道德准则，也是能够做到的。最高要求，强调的是全心全意为人民服务，是对广大共产党员和国家公务员提出的道德要求。它充分体现了中国共产党的政党性质，是在中国共产党领导中国人民进行新民主主义革命和社会主义建设的过程中形成和发展起来的。

中国共产党是无产阶级政党，唯有共产党能够最彻底地代表最广大人民群众的根本利益，真正做到全心全意为人民服务，除了人民的利益，党没有一己私利。这一政党性质，一开始便被明确地写进了党的章程。在中国共产党领导广大人民群众求翻身解放的革命战争年代，无数共产党员和革命先驱，英勇奋战、前仆后继，流血牺牲，为的就是人民的利益。全心全意为人民服务，成为共产党员和革命先驱一切行动的出发点与奋斗目标。毛泽东在《为人民服务》一文中明确地指出："我们的共产党和共产党所领导的八路军、新四军，是革命的队伍。我们这个队伍完全是为着解放人民的，是彻底地为人民的利益工作的。"①同样的思想，毛泽东在《中国革命战争的战略问题》《纪念白求恩》《论联合政府》等文中，也作了充分的阐释。

为人民服务，是一个含义完整、内在结构严密的道德范畴。"为人民"说的是出发点和目标，也就是毛泽东在《论联合政府》中所指出的"全心全意地为人民服务，一刻也不脱离群众；一切从人民的利益出发，而不是从个人或小集团的利益出发"。而"服务"则是实际的行动，这是关键。在为人民服务的问题上，仅有"为人民"的良好愿望和明确的目标是不够的，还必须同时有实际的行动。在伦理道德上，一个人的"服务"就是以实际行动履行对于人民的特殊的道德义务和责任。具体说来，担任国家和社会管理职责的公务员要发扬民主、为政以德、廉洁奉公；从事各行各业的生产与经营人员要立足于人民的需求，忠于职守、遵循职业道德；在校学生则要努力学习、立志成才，如此等等。总之，为人民服务就是要从人民的利益出发，做好人民要求做好的事情。从这一点看，作为社会主义道德建设的核心要求的为人民服务思想，也是无产阶级和广大劳动人民的人生观和价值观，与我们党一贯倡导的群众观念和群众路线是完全一致的。

为人民服务的思想道德观念，与封建社会的特权思想和等级观念，资本主义社会的个人主义、拜金主义和享乐主义，是根本对立的。要坚持倡导为人民服务，就要在思想和道德观念上与个人主义、拜金主义、享乐主义划清界限，自觉抵制个人主义、拜金主义、享乐主义的影响，用为人民服务的思想武装自己的头脑。

现在，社会上有些人持这样一种观点：我们正在大力推进市场经济，市场经济本质上是一种"为自己"的经济，在这样的历史条件下提倡为人民服务是不合时宜的，提倡全心全意为人民服务更为"荒谬"。这种看法是极其错误的。从"为谁"服务即经济活动主体的人生目的上看，市场经济活动的主体究竟是"为自己"还是"为人民"，本来就不可以一概而论，有的是为自己，有的是为人民的利益和社会的繁荣进步。而就市场经济活

---

① 《毛泽东选集》第3卷，北京：人民出版社1991年版，第1004页。

动的实际过程看，市场经济活动的主体则必须立足于服务，体现为服务，充分发挥市场经济的服务功能。表面上看，市场经济是为市场需要而生产和经营的经济，是"赚钱"的经济，只听命于价值规律那只"看不见的手"的指挥。但是，从实质上看，在根本上影响和制约市场需要的是消费者，所谓"看不见的手"其实就是消费者的"手"。而消费者对市场经济的影响、制约和指挥，是通过产品的量与质展示出来的，这决定着企业生产和经营的状况，决定着市场经济的命运。也就是说，市场经济的整个运作过程都围绕消费者"转"，而不能围绕生产经营者自己"转"。所谓"立足于市场"即立足于服务，所谓"竞争"即关于如何服务好消费者的竞赛，市场经济本质上是一种服务经济。而在我国社会主义制度下，消费者不是别人，而是广大的人民群众。因此，发展市场经济与提倡为人民服务不仅不是矛盾的，而且在根本上是一致的。把发展市场经济与为人民服务对立起来的观点，则是一种唯利是图的资本主义市场经济的观点。我们正在建设的是社会主义市场经济，社会主义为市场经济提供了充分展现自己固有的服务本性的最佳的社会制度条件。在社会主义市场经济的背景下，坚持提倡为人民服务的思想，将为人民服务作为社会主义道德体系的核心，努力搞好社会主义道德建设，也是繁荣市场经济的客观要求。

（三）大学生要自觉培养为人民服务的思想

在革命战争时期，毛泽东曾在《五四运动》一文中说过："革命的或不革命的或反革命的知识分子的最后的分界，看其是否愿意并且实行和工农民众相结合。"[1]这是当年革命领袖判断先进分子的根本标准。所谓与工农"结合"，其实质是对待工农的态度，强调的是主动服务于工农，不远离工农、背离工农。今天的情况与当年尽管不同，但在对待工农、服务于工农这一点上是一致的。所以，我们完全可以这样说，看一个大学生是否是社会的先进分子，是否能够成为社会主义现代化建设事业的接班人，也要看其是否愿意自觉地树立为人民服务的思想。

---

[1]《毛泽东选集》第2卷,北京:人民出版社1991年版,第559页。

大学生应如何培养为人民服务的思想和道德观念呢？首先，要端正学习目的和态度，确立为中华的振兴富强和人民的幸福而立志成才、发奋读书的人生目的和人生态度。事实证明，端正的学习目的会在根本上对学习产生积极的影响，不仅影响主体的学习态度，而且影响各种学习活动的效果。其次，要努力学好自己的专业知识。这是将来大学生有能力为人民服务的基础。有的大学生对人民群众怀有较深厚的感情，也有将来为人民服务的良好愿望，但在校读书期间却不大注意认真学习，没能掌握扎实的专业知识和较高的专业技能，这是不对的。为人民服务不是一句空洞的口号，也不只是凭借一时的热情就能达到的，而是需要掌握过硬的实际本领。不能掌握过硬的实际本领，一切良好的愿望都不可能实现。再次，大学生还要自觉培养脚踏实地、艰苦奋斗的学风。历代莘莘学子的人生经历都证明，凡是走上工作岗位后干出一番事业的大学毕业生，都是一些具有脚踏实地、艰苦奋斗的学风的人。这是因为，今天的学风与将来的工作作风是紧密联系的，今天没有良好的学风，将来就很难会有良好的作风。最后，要积极主动地参加那些有益于人民群众的社会公益活动，如助残助弱、美化环境等，从中体会为人民服务的人生意义。

为人民服务的思想和道德观念不是自发形成的，它依赖于教育和培养，其中自我教育和培养即主体的自我修养是关键，而自我修养的关键是自觉。大学生在培养为人民服务的思想和道德观念的过程中，应当充分注意这一点。

二、社会主义道德的基本原则是集体主义

（一）集体主义的内涵

在任何社会的道德体系中，都有一种基本的规范要求，充当着调节人们之间的利益关系和道德生活的基本原则，这就是人们通常所说的"道德基本原则"或"道德原则"，社会主义道德体系的基本原则是集体主义。

　　道德的基础是特定社会的利益关系。在一定的社会里，利益关系多种多样，其中最常见的最基本的利益关系形式是个人与社会集体之间的利益关系，这也就是人们通常所说的公与私的关系。道德原则调整的特定对象正是特定社会的公与私之间的利益关系。它以自己特有的价值标准，在总体的意义上引导人们的价值取向，规范人们的获利行为。因此，道德原则在调节和控制社会生产与社会生活及影响人们的道德选择中具有重要的作用，其在一定社会道德体系中的特殊地位是毋庸置疑的。如果说，为人民服务的思想道德观念作为核心是社会主义道德体系的灵魂的话，那么，集体主义作为基本原则，则是贯穿于社会主义道德体系的主线，两者相互联系，集中反映了社会主义道德体系的时代特征。

　　人类的道德与精神生活总是不断地走向文明进步。集体主义作为社会主义的基本道德原则，包含了人类有史以来看待个人与社会集体之间利益关系的先进思想和道德观念，在伦理道德上是这些先进的思想和道德价值观念合乎逻辑发展的结晶。但是，作为一种道德原则，集体主义的形成与发展却有自己的独特过程。他的合理内核最早是由马克思和恩格斯揭示出来的。马克思和恩格斯在《神圣家族》中说："既然正确理解的利益是整个道德的基础，那就必须使个别人的利益符合于全人类的利益。"①这是集体主义含义的最早表达形式。后来，马克思和恩格斯在《德意志意识形态》中分析工人阶级解放条件时又指出："只有在集体中，个人才能获得全面发展其才能的手段，也就是说，只有在集体中才可能有个人自由。"②列宁在谈到集体主义思想的时候，曾这样说过："我们将双手不停地工作几年以至几十年，我们要努力消灭'人人为自己，上帝为大家'这个可诅咒的常规……我们要努力把'人人为我，我为人人'……的原则灌输到群众的思想中去，变成他们的习惯，变成他们的生活常规。"③

　　第一次明确提出"集体主义"这一概念的是斯大林。1934年，他在同

---

①《马克思恩格斯全集》第2卷,北京:人民出版社1960年版,第167页。

②《马克思恩格斯全集》第3卷,北京:人民出版社1960年版,第84页。

③《列宁全集》第31卷,北京:人民出版社1960年版,第104页。

英国作家威尔斯谈话中对集体主义作了这样的阐述："个人与集体之间，个人利益与集体利益之间没有而且也不应当有不可调和的对立。不应当有这种对立，是因为集体主义、社会主义并不否认个人利益，而是把个人利益和集体利益结合起来。社会主义是不能撇开个人利益的。只有社会主义社会才能给这种个人利益以最充分的满足。此外，社会主义社会是保护个人利益的惟一可靠的保证。"①

毛泽东在民主革命和社会主义建设时期，用不同的方式阐发过关于集体主义的思想。在《〈中国农村社会主义高潮〉的按语》中说："提倡以集体利益和个人利益相结合的原则为一切言论行动的标准的社会主义精神"来教育群众的问题，在《论十大关系》中又说"必须兼顾国家、集体和个人三个方面"的利益。1954年，刘少奇在《关于中华人民共和国宪法草案》的报告中，具体地阐述了集体主义的内容："我们国家是充分地关心和照顾个人利益的，我们国家和社会的公共利益不能抛开个人的利益；社会主义、集体主义不能离开个人的利益，我们的国家充分保障国家和社会的公共利益，这种公共利益正是满足人民群众的个人利益的基础。"党的十一届三中全会以后，中国进入改革开放和社会主义现代化建设的历史新时期，邓小平在新的形势下经常讲要把国家的建设、社会的发展和不断提高人民群众日益增长的物质文化生活水平结合起来，正确妥善处理好各种复杂的利益关系。

弘扬社会主义道德必须坚持集体主义，与非议或抵制集体主义的各种错误开展必要的思想斗争。自集体主义道德原则被提出和倡导以来，在我国思想理论界就一直存在着关于集体主义的一些模糊、错误的认识，有人甚至公开非议或反对提倡集体主义，这是我们应当注意的。比如，有的人认为，集体主义是计划经济年代的产物，受到"左"的思潮的影响，今天我国正在实行改革开放和大力推进社会主义市场经济，集体主义已经不适应时代发展的要求了。这种看法似乎言之有理，其实是错误的。诚然，作为一个独立的概念和社会主义时期道德的基本原则，集体主义在我国确实

①《斯大林选集》下卷，北京：人民出版社1979年版，354—355页。

产生于计划经济年代，也曾带有一定的时代局限性，受到过"左"的思潮的一些影响，以至于当时有人误以为提倡集体主义就是要求个人服从集体，就是不要求个人利益，就是否认个人正当的需要和权利。但是，集体主义的本质内涵并没有受到根本性的侵害，在今天并没有过时。党的十一届三中全会以后，经过改革开放初期的拨乱反正和解放思想，经过一些思想和理论工作者多年精心的研究，集体主义如今已经被赋予了严格的科学含义。

社会主义的集体主义道德原则认为，个人利益与集体利益在根本上是一致的，正常情况下应当将两者结合起来，在两种利益发生矛盾而又暂时得不到解决的情况下，个人利益要服从集体利益。

在科学意义上，社会主义集体主义的基本点是强调个人与社会集体之间在利益关系上的根本一致性，强调在一般情况下要努力使个人利益与社会集体利益结合起来，得到共同发展。这可以看成是集体主义的常规要求，即集体主义并不一般地反对个人利益、个人价值和个人追求。在这个前提下，集体主义也是主张个人牺牲的，当个人利益与社会集体利益发生矛盾而又暂时难以得到解决的情况下，为了维护大多数人的利益，为了社会和集体的发展，要求个人服从社会和集体的需要。不难看出，这样来理解和把握集体主义，就既与漠视个人正当利益和需要的封建整体主义的道德原则区分开来，也与资产阶级所鼓吹的个人主义的道德原则划清了界线。集体主义是人类有史以来最为科学合理的道德原则。

（二）确立社会主义的义利观

义与利，是中国传统伦理道德的一对基本范畴。所谓义，亦称公义，一般指的是人们对待公众和他人利益的思想和行为要符合社会道德标准。所谓利，亦即私利，自古以来指的都是个人利益。由对义与利的关系所持的认识和态度，便产生了人们的义利观。

义与利的关系，在内涵上比集体主义所调整的对象要宽泛一些，不仅包含个人利益与社会集体利益的关系，也包含个人与他人之间的利益关系。所以，义利观在内涵上也比集体主义宽泛。

个人与社会集体之间的利益关系和人们相互之间的利益关系都是一种历史范畴，这两种关系在不同阶级不同的历史时代是不一样的。这就决定了不同阶级和不同历史时代有不同的义利观，甚至是根本对立的义利观。

原始社会特别是原始社会早期的时候，由于受低下生产力和紧缺生活资料的严重制约，各种利益关系模糊不清，个人与社会集体之间的利益关系都不存在差别，更不存在对立。所以，原始社会的义利观必然是一种平均主义。中国封建社会的义利观的基本倾向是重义轻利，在这种义利观的指导之下甚至还时常出现只讲义而不讲利的情况。人们习惯于将个人的义利观与其道德人格评价联系起来，认为在义利之间重视个人利益者是"小人"，重视伦理道德者是"君子"。今天看来，这种传统的义利观念无疑是片面的，带有历史的局限性。不过，我们也应当看到，中国历史上的义利观也有其先进性的一面，即在处理个人与社会集体、个人与他人之间的利益关系的时候，更重视社会集体利益和他人的需要，尊重集体，善待他人；在发生利益关系矛盾的情况下，更重视"见义忘利""舍生取义"的道德价值。这些，今天仍然有一定的借鉴意义。

资产阶级的义利观一言以蔽之，即贪得无厌、唯利是图。生产的社会化、经营的市场化和资本的私人占有制之间的深刻矛盾，促使资本家养成了贪得无厌、唯利是图的阶级本性。资产阶级从其一己私利出发，总是把获取最大的利润当作人生追求的最终目标，为此不仅盘剥国内的工人阶级和广大劳动人民，而且还通过资本输出剥削世界其他弱小国家的劳动者。资产阶级在义利观上的这种贪婪本性，在当代世界政治经济和国际关系中，我们可以经常看到。所以，泰戈尔在其《民族主义》一书中曾经一针见血地指出：西方资本主义习惯于将其利己主义看成是一种普遍的法则，在世界的范围内毫无顾忌地推行他们的民族利己主义。

弘扬社会主义道德，应当在坚持集体主义的同时倡导社会主义的义利观。社会主义社会的义利观，总的来说，在价值取向上主张义利并重，尊重个人利益与社会集体利益、他人利益，把个人利益与社会集体利益、他人利益结合起来，保持个人的生存与发展同人民的需要和社会整体的文明进步相一致。在处理个人与社会集体利益的关系问题上与为人民服务和集体主义道德原则的价值导向是一致的。同时，社会主义的义利观还充分肯定和大力提倡为社会集体和他人的发展乐于积极劳动、不图回报的奉献精神。

（三）坚持集体主义，反对个人主义

在西方资本主义国家，个人主义既是一种社会历史观，也是一种伦理道德原则。在中国人看来，作为伦理道德原则的个人主义与利己主义并不存在什么本质上的差别，两者都主张以个人利益为中心，强调个人利益和个人价值的至上性，在个人利益与社会集体利益及他人利益发生矛盾的时候，首先想到和维护的是个人利益，为此会不惜牺牲社会集体和他人的利益。

在我国理论界，有人一直主张要将个人主义与利己主义区别开来，认为个人主义有其积极的一面，在历史上曾经起到过积极的作用，而利己主义从来都是消极的、不合理的、落后的。诚然，个人主义不论是作为一种社会历史观，还是作为一种伦理道德原则，在历史上确曾发挥过反对封建专制主义的积极作用，但其理论上的立足点却是不科学的，它认为人的本性都是自私的，都是主观为自己，在这一点上与利己主义并不存在本质的差别。人类已经进入现代文明发展的历史新时期，中国是社会主义国家，我们不能把个人主义作为一种道德原则，从根本上影响国人的道德生活，当然更不能把个人主义作为一种社会历史观，当作中国特色社会主义现代化建设事业的指导思想。

个人主义的经济根源是资本主义私有制，但在西方资本主义文明史上其作为一种伦理道德原则却一直被资产阶级所"修正"和"补充"，经历了一个由极端个人主义向"合理利己主义"演变的历史过程。

在资产阶级革命早期，霍布斯确认"人对人是狼"，片面强调个人利益的至上性，个人的绝对自由和权利，漠视社会和他人的自由和权利。这种极端的利己主义在资产阶级上台后不久，便被主张重视"最大多数人的最大幸福"、把个人对于公众的责任和义务放到引人注目的位置的功利主义所修正和取代。在此期间，密尔甚至明确地提出了要使个人利益、个人权利和公众的利益和权利"合成"起来的主张。再后来，以爱尔维修、费尔巴哈等人为代表的一批进步的人文主义者又提出了"合理利己主义"的思想，认为个人是目的，社会是手段，目的与手段应当统一，并主张个人的存在与发展要以这种统一为基础。今天看来，"合理利己主义"的"合理"之处在于主张这种统一，不"合理"之处在于仅将个人与社会和他人的关系看成是目的与手段的关系，而没有看到在社会生活中个人与社会以及他人的关系实际上是互为目的与手段的关系，并且要以社会集体利益高于个人利益为前提。

在我国历史上，个人主义一直没有形成独立的社会意识形态，但是与小农经济有关的个人主义思想和自由主义作风却早已融合在一些人的道德意识中，成为他们的"人生哲学"。这种"人生哲学"，以"人不为己，天诛地灭""拔一毛以利天下而不为""事不关己，高高挂起""各人自扫门前雪，休管他人瓦上霜"等为典型代表。在中国封建社会，同这种"人生哲学"划清界限并与之作斗争的伦理道德观是以孔孟为代表的儒家思想。儒家思想本质上是反对个人主义的，它主张"推己及人""己所不欲，勿施于人"[①]"己欲立而立人，己欲达而达人"[②]"君子成人之美，不成人之恶"[③]，认为个人对于他人、家庭和国家是有义务和责任的，即所谓修身、齐家、治国、平天下，力求将人引导到关心"大家"的人生道路上。

个人主义的危害在于它必然导致个人利益与社会集体和他人利益之间的失衡，由此而破坏社会发展和繁荣所必需的基本稳定与和谐，甚至造成社会动乱。在盛行个人主义伦理道德观的西方资本主义世界，资产阶级从来没有放弃过对个人主义可能造成的危害的警惕，他们一方面重视不断从

---

① 《论语·卫灵公》。

② 《论语·雍也》。

③ 《论语·颜渊》。

理论上对个人主义进行"修正"，使之日渐"合理"，另一方面通过加强法治来遏制和削弱个人主义所固有的破坏特性。

在社会主义制度下，要坚持集体主义，就必须反对个人主义，这是在弘扬社会主义道德的过程中必须始终予以高度重视的一个重大的理论和实际问题。在这个问题上，我们一方面要在科学的意义上坚持贯彻集体主义的道德原则，引导人们自觉地发扬集体主义精神，同各种个人主义的思想和行为作不懈的斗争；另一方面，在反对个人主义的斗争中，也要注意一个科学性的问题。反对个人利益不是不要个人正当的利益，不要个人正当的追求。个人主义与个人正当的利益和人生追求不是一回事，一个人在获取个人利益和追求个人价值的时候，是否与个人主义有联系，关键是看其手段和方式是否正当，是通过自己的努力还是采用损人利己、损公肥私的行为。因此，在认识上，要划清个人主义与正当的个人利益和个人需求的界线，既要坚持反对个人主义，又应尊重个人正当的利益和需要，鼓励人们通过诚实劳动而发家致富，通过刻苦学习而努力成才。只有这样，才能真正达到坚持集体主义、反对个人主义的目的。

三、继承和发扬中华民族优良的道德传统

（一）中华民族优良的道德传统的基本内容

中华民族优良的道德传统，可以概括为四个基本方面。

一是重视国家和民族的整体利益。这是在看待和处理集体利益问题上所表现出来的优良的道德传统。集体是一个系统，既可以是由几个人组成的一个小组、一个家庭，由数十人组成的一个村落、一个班级，也可以是一个地区、一个国家和民族。一般说来，国家和民族作为一种集体形式，是集体的最高形式，对待国家和民族的态度最能反映一个国家和民族的道德传统精神，同时，也是衡量一个人道德品质优劣的最重要的标准。

在我国古代社会，整体最初用"公"表示。君主是代表整体的，是整

体的象征，所以被称为"公"，整体的利益即"公利"。而"私"一开始就代表着个人，史书上有所谓"私利""私心""私欲"等词。在私有制社会里，公与私的对立主要是在个人与整体之间发生的，个人维护整体利益的道德品质被称为"出于公心"。"天子"是代表"天"来统治"天下"的，即所谓"普天之下，莫非王土"，其最高的道德境界是所谓"天下为公"。后来，随着社会的文明进步，"公"的形式和内涵不断丰富，"公"又有了"公众""群体"的意思，人们对"公"的理解和处理公私关系的道德生活方式也发生相应的变化。但是，不论怎么说，如何处理个人与国家、民族的整体利益的关系一直是人们道德生活的主题，由此形成了人类社会道德生活的主流传统。

中华民族历来都把那种重视国家和民族整体利益的社会道德要求和个人的道德品质称为"大德"。西汉的贾谊在《治安策》中说的"国而忘家，公而忘私"，北宋的范仲淹在《岳阳楼记》中说的"先天下之忧而忧，后天下之乐而乐"，南宋的文天祥《过零丁洋》中说的"人生自古谁无死，留取丹心照汗青"等等，都体现了这种"大德"的爱国精神。在中华民族的发展史上，为了整体的利益公而忘私、舍生忘死的人不胜枚举，他们的事迹可歌可泣，他们是丰富和弘扬爱国主义道德传统精神的代表人物。

需要注意的是，在奴隶社会和封建专制社会里，所谓"大德"有其局限性，它所维护的整体利益在一般情况下是将统治阶级的利益与广大人民群众的利益混为一谈的，将爱国与忠君看成是一回事。社会主义制度实行人民当家作主，国家利益与广大人民群众的利益在根本上是一致的，爱国与爱人民、为人民服务是同一种含义上的道德价值标准。因此，要对作为道德传统的爱国主义作具体的分析，看到历史上的爱国主义与社会主义的爱国主义的本质区别。同时还应当注意，不可把历史上的整体主义与我们今天倡导的社会主义的集体主义相提并论，因为今天我们所说的"集体"与历史上所说的整体是有原则区别的，集体主义并不等同于整体主义。这些都是我们今天继承国家和民族整体利益的优良道德传统需要注意的问题。

二是推崇人际和谐的仁爱原则。在调节人与人之间的关系问题上，中华民族传统道德推崇人际关系的和谐，并以和睦相处、相亲相爱为主要的价值目标。早在两千多年前，孔子便明确提出"仁者爱人"的主张，把"爱人"作为处理人际关系的基本原则。当与别人发生矛盾和冲突的时候，要以"恕道"待人，礼让三分，化干戈为玉帛，息事宁人。所以，在中国人的传统道德观念中，把善与人处、关心别人、宽恕别人，看成是讲道德的表现。实践证明，这种重视人际和谐、把仁爱推行到社会生活的各个领域的道德价值观，对于满足人的最基本的道德生活需要，维护社会的稳定和发展具有极为重要的积极作用。本来，人与人之间的道德调节，其价值目标就应是某种和谐，这是人类生产生活的共同需要。中国人的传统道德在这方面显得更为突出。

今天，这种传统道德价值观和价值原则的积极作用仍然不可低估，从一定意义上甚至可以说更为重要。社会主义市场经济重视个人的主动性、积极性和创造精神，鼓励个人充分发挥自己的才华，通过竞争去发展自己，实现自我价值。这是市场经济发展的客观需要。在这种情况下，就会出现同行结怨、以邻为壑之类的问题，由此导致人际关系的不和谐，甚至充满"火药味"，正如现在社会上有人说的那样，"市场经济把人情弄薄了"。因此，需要提倡仁爱原则，以促使人际关系的和谐，这也是发展市场经济的客观需要。当然，我们也要看到，在发展市场经济的历史条件下，我们所需要的和谐的人际关系已经不是传统意义上的和谐。发展是硬道理，以人际关系和谐为价值目标的道德调节必须是为了人与社会的发展，为人才的成长和经济的发展服务。在这一点上，传统道德是有其缺陷的，其把人际和谐看得高于一切，以至于要求人们保持一团和气，即使为此丢弃原则也在所不惜，反对人与人之间必要的争论、竞争和斗争。20世纪30年代，毛泽东在其《反对自由主义》中列举和批评了自由主义的十一种表现，其中有四种表现就是这种价值态度：其一，"因为是熟人、同乡、同学、知心朋友、亲爱者、老同事、老部下，明知不对，也不同他们作原则上的争论，任其下去，求得和平和亲热。或者轻描淡写地说一顿，不作彻底解决"。其二，"事不关己，高高挂起；明知不对，少说为佳。明哲保身，但求无过"。其三，"听了不正确的议论也不争辩，甚至听了反革命分子的话也不报告，泰然处之，行若无事"。其四，"见损害群众利益的行为不愤恨，不劝告，不制止，不解释，听之任之"。他所批评的就是不问是非、不问善恶的处世原则。

因此，今天在我们提倡人际和谐的仁爱原则的同时，也要注意防止以此为借口压抑人们的进取精神和竞争意识，防止不问是非善恶、不讲原则的处世原则。

三是强调人的道德责任。马克思主义理论认为：人的本质不是单个人的抽象物。在其现实性上，它是一切社会关系的总和。人的本质在"其现实性"上所表现的这种"社会关系"，决定了人与人的关系、人与社会集体之间的关系是一种责任关系，责任关系是不以人的意志为转移的客观关系。在现实社会中，没有这种责任关系，不构成这种责任关系的人，是不可思议的。

不论是从社会集体还是从个人的角度看，责任都是多种多样的，其中一种便是道德责任。在一定的社会里，道德责任及由道德责任的心理体验而产生的道德责任感，是人的道德品质的心理基础，是整个社会道德调节和道德生活的心理基础，也是形成良好的道德风尚的最可靠的保证，舍此没有任何道德可言。因此，自古以来，人们都十分重视道德责任问题，用各种各样的道德规范和价值标准将道德责任予以明确。

中华民族是世界上最重视道德责任的民族之一，关于道德责任的规定最为严格，甚至带有宗教色彩。也许正因如此，有人把以儒家学说为代表的中国传统道德称为"儒教"。这种关于道德责任的规定集中体现在"三纲五常"的道德教条上。"三纲五常"的每一"纲"、每一"常"，都有其特定的关于道德责任的规定，如孔子所说的"君使臣以礼，臣事君以忠"，墨子提倡的"为人君必惠，为人臣必忠，为人父必慈，为人子必孝"等等。"三纲五常"所规定的人伦关系的责任是相互的。孟子对君臣之间相互履行了自己的责任之后的道德效应作了如下的表述："君之视臣如手足，则臣视君如心腹；君之视臣如犬马，则臣视君如国人；君之视臣如土芥，则臣视君如寇仇。"①很显然，这里所说的"相互"不是均等的意思，实际上君臣之间乃至社会各个阶级、阶层的人们之间的责任，是根据其特定的经济、政治地位设定的，都是"一定"的。"臣"对于"君"来说更多的是"忠"的责任，而"君"对于"臣"来说更多的则是权利，所谓"君要臣死，臣不得不死""父要子亡，子不得不亡"的说法，正是这种不均衡责任的生动说明。

需要指出的是，在中国传统道德关系中，特别重视臣对于君"忠"的责任，血亲之间父母对于子女"慈"的责任及子女对于父母"孝"的责任。这与我国封建社会自给自足的自然经济制度及中央专制集权的政治制度是直接相关的，它决定了中国封建社会是一个以"孝"为道德基础、以"忠"于"天子"为最高道德准则的宗法统治社会。正是在这个意义上，以儒家伦理学说为代表的中华民族的传统道德才带有某种宗教的色彩，受到了许多的批评。这种批评是有道理的。今天，我们继承和发扬重视道德责任的优良传统，无疑要剔除其中忽视道德责任的均衡性或对等性的落后因素，但同时也应当看到，强调人与人之间及人们与国家、民族之间的道德责任，也是无可厚非的。

四是追求精神生活和道德理想。从一定意义上说，这是我国知识分子的一种道德传统。道德本身就是一种精神生活，讲道德的人必定重视精神生活。我国的知识分子历来不仅重视精神生活，而且重视对于道德理想的追求。《礼记·礼运》中提出："大道之行也，天下为公。选贤与能，讲信修睦。故人不独亲其亲，不独子其子。使老有终，壮有所用，幼有所长，鳏寡孤独废疾者皆有所养。"这种"天下为公"的理想，既是一般的社会理想，也是道德理想。革命先行者孙中山也曾把这种"天下为公"的理想作为自己追求的目标，并以此要求他的追随者。《礼记·大学》开篇的"大学之道"即所谓"三纲领八条目"提出："大学之道，在明明德，在亲民，在止于至善……物格而后知至，知至而后意诚，意诚而后心正，心正

---

① 《孟子·离娄下》。

而后身修，身修而后家齐，家齐而后国治，国治而后天下平。"这是一种系统化了的社会道德理想，也反映了我国古代知识分子对道德理想的追求。

与追求道德理想相关的便是对于理想人格的看重，孟子所说的"富贵不能淫，贫贱不能移，威武不能屈"，古人所说的"立德""立言""立功"的所谓"三不朽"，还有"圣人""贤人"等，都是我国古代知识分子追求的理想人格。它们表明我国古代知识分子自立、自强、自重、自爱的道德精神和人生态度。

古人追求精神生活和道德理想，还体现在重视读书明理上。中国古代知识分子，或者是为了求官做官，或者为了求知自得及助人，多以读书为个人的奋斗目标和人生乐趣，有的甚至为此而耗费了毕生的精力。在这方面，颜回的"一箪食，一瓢饮，在陋巷，人不堪其忧，回也不改其乐"①及董仲舒少治《春秋》而三年不窥园②，都被传为千古佳话。

值得我们注意的是，凭借自己的体力求生的广大劳动者，日子虽然过得普遍清苦，有的人甚至常年食不饱腹，衣难蔽体，但也不忘却对精神生活的追求。农闲时节，在乡间集市或大村落普遍摆设的"书场"。每逢开场，听书者真是趋之若鹜，他们在一回一回的《封神榜》《岳家军》《杨家将》《三国演义》《水浒传》等经典作品中，领略传统的道德价值观念，体验着一种特殊的精神消费。

从另一面看，中国人又有空谈道德理想、热衷于以道德说人的不良传统，主要表现在：注重用书面性的或教科书式的思维方式和理想的目光看现实，用书上的"标准"尺度度量现实，对现实的要求理想化；注重于对别人讲道德上如何"做人"的大道理，而不注重于教人以做事之"技"；注重从教育者的良好愿望出发，注重于耳提面命，而不大注意受教育者的实际情况，致使道德教育往往变成一种道德说教。这些不良因素，是我们在继承和发扬优良的道德传统的时候需要丢弃的。

---

① 《论语·雍也》。

② 《汉书·董仲舒传》。

五是重视个人道德修养与道德实践。道德修养是人们把社会道德要求转化为个人道德品质的自我教育过程以及这种过程所达到的精神境界。人为什么可以通过修身使自己的道德品质不断完善呢？古人认为，这是由人的本性决定的，不论是"性善论"还是"性恶论"，实际上都持这种观点。在主张"性善论"的人当中，孟子的观点具有代表性，他认为人有"四端"，即恻隐之心、羞恶之心、辞让之心、是非之心，它们是与生俱来的，可以通过修养使之发扬光大，从而使人成为有道德的人。今天，从马克思主义认识论来看，孟子的观点属于唯心主义认识论的范畴，是不科学的。但把人看成是可以教育、可以通过修身来完善自我的思想还是可取的。至于"修身之道"，古人各有各的做法，也各有各的说法。据《论语》记载，孔子的学生曾参曾这样说过自己的修身之道："吾日三省吾身——为人谋而不忠乎？与朋友交而不信乎？传不习乎？"这强调的是每天都要对自己的为人处世的言行进行反思，以求道德上的不断进步。孔子所说的"见贤思齐，见不贤而内自省"，也是修身之道。古人甚至把"做学问"也当作"修身"问题来看待，使修养和修行一致起来。《礼记·中庸》说到"道问学"和"尊德性"的问题："博学之，审问之，慎思之，明辨之，笃行之。"朱熹作诠释时将两者都看作是"修身"的问题，并且统一起来，认为"修身之道"就是要"言行忠信笃敬，惩忿窒欲，迁善改过"。

把道德修养与道德实践结合起来，强调"德行"的重要性，这是传统道德的又一个特点。修养的目的是实践，这样道德便成为一种社会价值形式。而道德行为的日积月累又有助于良好道德品质的形成，这就是所谓"积善成德"。

（二）在新的历史时期继承和发扬中华民族优良的道德传统

站在新的历史角度看，可以说，20世纪80年代以来，在如何看待中华民族传统道德的问题上，一直存在着两种根本不同的认识和态度。一种是所谓"全盘西化"，另一种是所谓"全面复古"或无批判地继承。

"全盘西化"的主张产生于20世纪80年代初期。党的十一届三中全会以后，为了纠正"左"的错误，建设我国社会主义现代化事业，我们党推行解放思想、拨乱反正的方针，这为后来的改革开放奠定了坚实的思想基础。但在这个过程中，也出现了所谓信任、信仰的"危机"和全面否定中国传统文化的错误倾向，道德建设上"全盘西化"的主张就是这种思潮的反映。持这种主张的人认为，中国落后的根本原因在于传统文化，特别是道德传统文化，因此中国要振兴富强，就必须彻底地改变中国人的道德观念，同时全面地引进西方的道德观念，向西方人看齐。这种"全盘西化"的主张实际上就是道德上的民族虚无主义。与"全盘西化"相反，"全面复古"的主张认为，中华民族的传统道德是世界上最优秀的道德，现实社会的道德建设需要对它全面加以继承。在中国近代史上，"全面复古"曾有过"尊孔读经""中学为体，西学为用"及"新儒学"等主张和派别。"新儒学"强调认同和弘扬儒学精神，轻视在新的历史条件下需要对儒学进行批判和改造，这显然是不妥的。

今天，我们的道德建设必须正视中华民族的道德传统，运用历史唯物主义的科学方法对待道德传统。道德的存在和发展有其自身的特殊规律。道德与其他现行的社会规范不一样，它作为一种特殊的社会意识形态是通过转化为人的自律形式，以人的精神需要和精神生活方式发挥其特殊的社会功能的，没有这种转化就没有道德。在这种转化过程中，道德的存在和发展受到两大社会因素的影响。一是社会制度的变迁。这决定了不同的社会制度有不同的道德社会意识形态。二是民族思维方式的固守。从世界范围看，一个国家的社会制度更迭是普遍现象，而民族的分解和散落的情况并不多见。民族思维方式的固守，使得道德的存在和发展不仅受到社会制度更迭的制约，而且会受到民族特有的区域、气候等生存环境的深刻影响。这使得道德的转化过程，实际上是由特定的社会形式转化为民族特有的精神生活需要和精神生活方式的过程，使得道德必然渐渐地形成特有的民族品格、特有的民族性格。所以，自古以来，世界上找不出一直可以脱离特有的民族品格和民族传统的道德，道德从来都是民族的。当我们说到道德的时候，实际上同时是在说哪个民族的道德。所谓"全人类因素"的

"共同道德"，只具有相对的意义。因为，它一旦具体地存在于一定的民族之中，就必然会带有民族的特色。正因为如此，道德在一个国家总是以民族的特性和品格而存在和发展。黑格尔说："民族的宗教、民族的政体、民族的伦理、民族的立法、民族的风俗，甚至民族的科学、艺术和机械的技术，都具有民族精神的标志。"①

因此，对待中华民族的传统道德，首先要承认它的存在是一种历史的必然。今天的道德建设不可脱离、绕开传统道德来进行，而必须以传统道德为基础。

继承和发扬中华民族的传统道德，还应当注意对传统道德进行辩证分析，分清其中的精华和糟粕，取其精华，去其糟粕，既反对"全面复古"，也反对"全盘西化"。由于历史的局限，传统的东西对于现实来说总是优良与腐朽兼陈，中华民族传统道德自然也是这样。弘扬社会主义道德，需要继承和发扬中华民族传统道德的优良部分。这是因为，优良的传统与现实的需要从来就不是根本对立的，如前所述的中华民族那些优良的传统道德，与社会主义道德本来就存在着某种内在的联系，可以加以继承，为今日所用。同时，也应当懂得，我们在继承和发扬优良的传统道德、弘扬社会主义道德的时候，还必须始终注意批判传统道德中那些不适合新时期需要的落后以至腐朽的因素。

继承和发扬中华民族优良的道德传统，要与吸收产生于改革开放和发展社会主义市场经济现实基础上的先进的道德因素结合起来，实现历史与现实的有机统一。改革开放以来，我国人民的道德观念发生了许多重要的变化，其间不少是与社会主义现代化建设事业的现实需要相适应的，如尊重个人的正当利益、需要和权利，重视个人的价值和竞争机制等。这些，都是体现时代特征的先进的道德因素，应当成为我们今天弘扬的社会主义道德的必要组成部分。

在继承和发扬中华民族优良传统道德的同时，我们也要注意吸收人类文明发展的一切优秀成果，包括吸收和借鉴人类伦理思想发展的一切优秀

①［德］黑格尔：《历史哲学》，王造时译，上海：上海书店出版社2001年版，第61页。

成果。世界上的许多民族在不同的发展时期，对人类文明都作出过不同程度的贡献。凡是基于伦理关系和道德生活有过深刻思考而产生的相应的理论和思想，都是值得我们批判继承的对象。毛泽东在《新民主主义论》中曾经指出："中国应该大量吸收外国的进步文化，作为自己文化食粮的原料，这种工作过去还做得很不够。这不但是当前的社会主义和新民主主义文化，还有外国的古代文化，例如各资本主义国家启蒙时代的文化，凡属我们今天用得着的东西，都应该吸收。"①毛泽东这里所说的文化，也包含着伦理道德的因素。中华民族的传统伦理思想，有着自己独特的民族特点，但这绝不是我们故步自封、唯我独尊的理由，而是我们吸收世界上所有民族的一切优良道德的坚实基础。

邓小平曾经指出，要继承民族的和党的优良传统，吸收和借鉴人类文明成果，来发展我们社会主义文化；同时，他又特别指出，要以马克思主义的立场、观点和方法，对西方文化进行鉴别和分析，既要警惕西方没落文化对我们的腐蚀，又要有计划、有选择地引进它们的先进东西。江泽民也多次强调：要很好地弘扬中华民族的优良文化传统，吸收一切人类文明的优秀成果，以便更好地建设社会主义的新文化。在党的十五大报告中，江泽民又提出："我国文化的发展，不能离开人类文明的共同发展，要坚持以我为主、为我所用的原则，开展多种形式的对外交流，博采各国之长，向世界展示中国文化建设的成就。坚决抵制各国腐朽思想文化的侵蚀。"

"以我为主、为我所用"的原则主要包含三层意思：一是继承传统和吸收一切外国文化都必须坚持以有利于建设我国社会主义文化为主；二是继承传统和吸收一切外国文化都必须能够为中国特色社会主义文化所用；三是继承传统和吸收一切外国文化都必须坚持马克思主义的指导思想，坚持社会主义道路和方向，坚决抵制各种腐朽思想侵蚀，严防"西化"和"分化"。这同样适用于我国社会主义的现代化建设。

我国正处于继往开来的重要历史时期。在这个伟大的历史时代，我们

---

① 《毛泽东选集》第 2 卷，北京：人民出版社 1991 年版，第 706—707 页。

一定要弘扬社会主义道德，在发展高度的社会主义物质文明的同时，创建高度的社会主义精神文明。这是一个长期的历史过程，是一个在继承和发扬中华民族优良的传统文化的基础上创建新的社会主义精神文明的过程。大学生在这个过程中应当谦虚好学、积极进取，为强化自身和推动社会主义精神文明的健康发展作出自己的贡献。

关于坚持集体主义的几个基本理论认识问题[*]

集体主义是一个被人们长期关注的重要的研究领域，也是一个常有争论的重要的理论课题。近些年来，理论界关注和争论集体主义的热情已经降温，但这并不意味着关于集体主义的一些基本理论和思想认识问题已经得到了大家的共识。为了贯彻党的十六大关于"以为人民服务为核心，以集体主义为基本原则"加强社会主义思想道德建设的精神，阐明和强调集体主义的一些最重要的基本问题是很有必要的。

一、是坚持集体主义还是以个人主义替代集体主义

早在20世纪80年代就有人主张"为个人主义正名"，由此引发的争论见诸当时的报刊。有人曾撰文指出，中国人一直存在着"对个人主义理解和认识上的偏差"，看不到个人主义在当代中国的普遍适应性，忽视了"集体主义被少数人或少数个人的利益集团所利用，在冠冕堂皇的旗帜下成为消灭个人主义的致命武器"，公开主张要以个人主义替代集体主义。这类主张所提出的问题集中到一点就是：在改革开放和发展社会主义市场经济的历史条件下，我们要不要坚持集体主义，反对个人主义。这是关于集体主义的基本理论认识问题中的首要问题。

＊原载《当代世界与社会主义》2004年第5期。

从学理上看，每一个社会所提倡的道德都是由不同层次的道德规范和价值标准构成的、有着内在逻辑联系的完整体系。这种体系都内含一种居于核心地位、起着主导作用的带有根本性的道德规范或价值标准，学界一般称此为道德原则或道德基本原则。人类社会至今的道德原则，大体上经由原始平均主义、专制整体主义、自由个人主义和集体主义四个发展演进的历史阶段，分别对应着原始社会、奴隶社会和封建社会、资本主义社会、社会主义社会四种基本的社会形态。从这点看，坚持集体主义，实际上就是从伦理道德上坚持社会主义方向的重大理论原则问题。

之所以这样说，是因为一定社会的道德原则反映一定社会的经济政治结构模式。恩格斯说："人们自觉地或不自觉地，归根到底总是从他们阶级地位所依据的实际关系中——从他们进行生产和交换的经济关系中，获得自己的伦理观念。"[①]这个著名论断，用社会结构分析的科学方法在人类伦理思想史上第一次揭示了道德的本质——道德归根到底是一定社会经济关系的产物；指出道德不是独立于人类社会之外的"神意""天命"或"天理"，不是独立于人类之外的社会之"道"，也不是人生来固有的"良知""良能"，其发生、发展和进步都受一定社会的经济关系的制约和影响。对于这个马克思主义伦理学的常识，人们一般都能接受。但是，在具体理解和把握上，有的人却采用"直译式"的方法，看不到一般意义上的道德与作为反映一定社会制度的时代特征的道德原则之间的差别。其思维的逻辑程式是：一个社会的经济关系产生什么样的"伦理观念"，社会就应当提倡和推行什么样的道德原则。那种在发展社会主义市场经济条件下应当以个人主义替代集体主义的主张，正是这种思维逻辑程式的直接产物。它的推理方式是：在市场经济的"生产和交换的经济关系中"，人们生长着的"伦理观念"是崇尚个性发展，张扬个性自由，这是个人主义的温床；中国正在发展市场经济，所以应当像资本主义社会那样推崇个人主义。

其实，"伦理观念"与道德原则之间是存在本质性区别的。产生于一

---

① 《马克思恩格斯选集》第3卷，北京：人民出版社1995年版，第434页。

定社会经济关系基础之上的"伦理观念",只是自发的"是什么",并非社会所需要的"应当是什么",其价值取向既可能与社会发展进步的客观方向一致,也可能与社会发展的客观方向相背离。只有通过"社会加工"使之转变成社会价值的确认形式,"伦理观念"才能发挥其应有的社会作用,这种转变的理论成果正是通过一定社会提倡的道德原则集中体现出来的。在自然经济的历史条件下,直接产生于自力更生、自给自足的经济关系基础之上的"伦理观念"是"各人自扫门前雪,休管他人瓦上霜",它虽然有利于农民各守其土、安居乐业,却不利于高度集权的"大一统"的封建专制统治。从社会发展的客观要求看,普遍分散的小生产,必然"决定"封建政治采用专制的方式与其"相适应",各人为自己的"伦理观念"必然"决定"封建社会推行强调和睦友善待人、以家为本并进而通达"治国平天下"的整体观念与其"相适应"。这是中国封建社会统治者坚持推行和提倡"推己及人""己所不欲,勿施于人""天下兴亡,匹夫有责"之类的道德价值标准,也是儒家伦理文化得以存续几千年的根本原因。这种不能用"直译式"方法给予解释的现象正是该时代的人们对"伦理观念"进行"社会加工"的结果。

在这里,理论认识上有一个至关重要的问题必须弄清楚,这就是如何理解"相适应"。"相适应"不是"相一致"。体现特定时代社会制度属性的道德原则包括其他上层建筑对于经济的"反作用",应被理解为一方面保护经济及自发产生于其上的"伦理观念"顺应社会进步的客观方向发展,另一方面规约和遏止经济及产生于其上的"伦理观念"向背离社会进步的客观方向发展。"直译式"的方法恰恰就是"相一致"的方法,其弊端就在于忽视了道德原则对于经济及产生于其上的"伦理观念"的后一个方面的"反作用"。个人主义作为道德原则,是资本主义社会经济和政治制度的产物,它强调个人本位、个人中心,在此前提下强调充分尊重个人选择及价值实现的自由和权利。集体主义作为社会主义道德原则,也是充分尊重个人选择及价值实现的自由和权利的,不同的是它不是在个人本位、个人中心前提下的,而是在个人与社会集体相结合的意义上提出这一主张，充分体现了社会主义社会经济和政治制度的时代属性。

由此看来，坚持集体主义就是坚持社会主义思想道德建设的方向。那种主张在发展市场经济的历史条件下要放弃集体主义，以个人主义替代集体主义的观点是不可取的。从一定的意义上甚至可以说，正是因为市场经济存在必然引起普遍要求张扬个性自由的因素，所以我们才必须强调在全社会推行集体主义，强调必须发扬把个人发展的需求与他人和社会集体发展的需要紧密结合起来，在特殊情况下个人要服从集体的集体主义精神。

二、集体主义的"真实内涵"是否需要"重构"

集体主义的真实内涵是什么？这是关于集体主义的又一个基本的理论与认识问题。在这个重要的理论认识问题上，有人提出了重构的理论主张。笔者认为，这是一个需要经过讨论加以澄清的理论原则问题。

新中国成立以来，关于集体主义内涵的阐释大致可划分为三个阶段。第一阶段是自新中国成立至"一化三改造"完成，那时关于集体主义内涵的说明基本承接了马克思主义的理论传统。毛泽东在《中国农村社会主义高潮》的按语和《论十大关系》中，刘少奇在《关于中华人民共和国宪法草案的报告》中，都曾对集体主义的内涵作了明确的表述，其基本精神是：在社会主义制度下，认识上要看到个人利益与集体主义的根本一致性，实践上要看到个人利益与集体利益的可能统一性，把两种利益兼顾起来，促使两种利益相结合。第二阶段是自"一化三改造"完成后的 20 年间，由于计划经济体制其实是战争年代领导管理体制的"自然延伸"，人们习惯于以军事和政治的"眼光"思考伦理道德问题，打造"军事化道德""政治化道德"，客观上为封建专制统治下形成的整体主义提供了某种"天然的温床"，也为"左"的思潮的形成和泛滥提供了某种"适宜的土壤"，所以社会流行的道德伦理总观念是集体利益至高无上的，因而此时的集体主义具有漠视以至忽视个人存在和需要的基本倾向，缺乏人本精神的文化内涵。在这种情势下，集体主义的真实内涵发生了蜕变，将两种利益的内在统一性解读为"集体利益高于个人利益""个人服从集体""个人无条件服从集体",最终导致"割资本主义尾巴""个人的事再大也是小事,集体的事再小也是大事"的荒谬主张盛行。第三阶段起步于20世纪80年代初,经过拨乱反正、解放思想的历史洗礼,集体主义在执政党新的指导思想及其总结推行的新体制和营造的新环境中寻得自己适宜的新土壤,从而获得了新生。目前中国学界关于集体主义内涵的说明尽管尚存在一些不同之处,但对其基本精神的把握基本上是一致的,这就是:集体主义认为个人利益与集体主义在根本上是一致的,集体利益高于个人利益,在一般情况下主张把个人利益与集体主义结合起来,实行共同发展,在两种利益发生矛盾的情况下要求个人利益服从集体利益。显然,与前两个阶段相比,如此把握集体主义的内涵,既告别了专制"整体主义",改造了"左"的思潮盛行时期的集体主义,又与个人主义、利己主义划清了界限。

综上所述,集体主义理论上的核心问题就是如何认识和对待个人与集体之间的关系,内涵就是强调把个人利益与社会集体利益结合起来。显然,这符合社会主义精神,是不需要进行什么"重构"的。

笔者认为,集体主义的内涵实际上就是集体主义功利原则。它主张把公利与私利兼顾起来,把尊重公利与尊重私利结合起来,体现公利原则与私利原则的内在统一性。作为社会主义的功利原则,集体主义的内涵并不包含奉献精神。在社会生活中,当个人与集体发生利益冲突而又无法调和时,集体主义要求个人服从集体,为集体作出牺牲是完全必要的,这种服从和牺牲并不是奉献。诚然,奉献作为道德范畴是一种牺牲,但它是属于崇高性或先进性的牺牲,一般只适用于一部分社会先进分子,而集体主义作为社会主义的道德基本原则属于广泛性或一般性的道德要求,适用于一切社会生活领域和一切人群。如果集体主义的内涵包含这样的奉献精神,它就不可能成为社会主义社会调节人们利益关系的基本原则了。中国共产党的十六大报告重申我国社会主义道德体系以为人民服务为核心,以集体主义为基本原则,这一基本精神把理想追求层面的崇高性或先进性要求与基础性的价值规范的广泛性或一般性要求统一了起来。

集体主义道德基本原则本身就是一种"义"，其内涵所包容的是公利与私利的内在统一关系，不是"义"与"利"的统一关系，因此在道义与功利的关系上谈论集体主义的建构原则也是不合逻辑的。道德的基础既是利益关系又是对利益关系的伦理抽象，一切道德论及其价值标准都以利益关系为基础并以利益关系的抽象形式为其真实内涵，各种各样"利"的关系的伦理说明只能在"义"之中，而不能在"义"之外，离开利益关系谈论道德的真实内涵本身就违背了道德的真实性和价值旨归。历史上，由于阶级对立和对抗关系的局限及由此产生的思维局限，人们长期在理解和把握道德论和道德标准时将道德看成是对利益的"异化"，人为构筑一种"义"与"利"的对应对立关系，而看不清道德的真实内涵正是对利益关系的内在统一性的抽象形式。中国社会以往数千年的义利之辩，特别是墨、儒关于义利关系的争论及当下关于"物质利益"与"革命精神"关系的分野之说，之所以让人们越辩越争越说越糊涂，皆因为把道德放在利益关系之外，而不是放在利益关系的基础之上，看成是利益关系的"派生物"所致。

集体主义只有具有"真实内涵"才能营造"真实的集体"，反之，缺乏尊重个人利益的私利原则或缺乏尊重集体利益的公利原则，其所造就的都必定是"虚幻的集体"。中国传统社会既缺乏尊重个人利益的伦理氛围，也缺乏尊重集体利益的道德意识，两种不良传统都曾造成"虚幻的集体"。计划经济年代我们一直用自己扭曲的"集体主义"批判被曲解的"个人主义"，营造着许多"虚幻的集体"，实得多为教训。随着时代前进的步伐，我们一直在向漠视个人利益和价值的不良传统作战，改造以往不尊重个人的"虚幻的集体"，却放松了对不尊重集体的不良传统的批评。

总之，就理论和思想认识来看，关于集体主义的"真实内涵"，我们现在所面临的不是什么重构的问题，而是如何在普及的意义上通过宣传和教育使之变为全民共识的问题。当然，这样说并不是说我们对集体主义"真实内涵"的认识和理解的任务已经终结，集体主义的"真实内涵"还需要在社会主义道德建设的实践和理论研究中不断加以丰富和发展。

三、坚持集体主义贵在"坚持做"

改革开放以来，我们一直在坚持集体主义，但毋庸讳言，这种"坚持"更多是学界的有识之士在"坚持讲"有关文献和领导者们的报告在"坚持讲"应树立集体主义意识，尚缺乏"坚持做"的清醒意识和执著精神，使得理论与实践脱节，这是坚持集体主义过程中存在的突出问题。

一切科学理论的意义都在于指导实践，转变为实践力量和实践功效。这里的"转变"作为中间环节也是关键环节，它决定着理论的意义及其指导下的实践方向和价值。集体主义作为社会主义道德体系的基本原则，其真实内涵如上所说已无须重建，但欲将其转变为集体主义的精神力量，从思想道德上促使中国社会的全面进步，尚需我们潜心研究这种转变过程，高度重视对"坚持做"的研究。在这方面，我们的研究工作是很薄弱的，以至于造成这样的状况：学者们"坚持讲"自己的理论观点，领导者们"坚持讲"自己的管理思想，而现实生活中的人们所做的却往往是另一套。坚持集体主义的理论研究，不仅应包含坚持什么的研究，也应包含怎样坚持即如何"坚持做"的研究，这也是相关理论工作者义不容辞的职责。

将集体主义真实内涵的理论原则彻底地贯彻到教育实践中去，是"坚持做"的经常性课题。社会和人的道德进步从来都不是自然过程，而是教育和建设的过程。社会主义社会的道德进步，根本标志和途径是要把集体主义的"真实内涵"转变为广大人民群众尤其是青少年的实际的道德意识和道德行为。在这里，至关重要的一个问题就是关于集体主义的教育在内容上是否体现集体主义的真实内涵。笔者经调查发现，如今不少人特别是正在接受集体主义教育的在校学生，对集体主义的理解和把握还或多或少受到"左"的影响，仍然仅仅依据"集体利益高于个人利益"简单地推导"个人服从集体"和"个人无条件服从集体"，以至于"个人的事再大也是小事，集体的事再小也是大事"的结论。这种教育显然背离了集体主义的基本精神，致使集体主义"名声"不好，失去了它在社会道德生活中应有的价值魅力。要解决集体主义理论研究和教育实践脱节的问题，需要建立这方面的沟通和运作机制，并通过适当的培训措施提高教育者的理论水平。

"坚持做"，还需要相关的理论工作者树立科学的发展观，转变学术研究的作风。事物是普遍联系的，社会的物质和精神现象是一个有着内在逻辑关系的系统，社会各个方面的发展和进步是相互观照、相辅相成、相得益彰的，从社会整体的需要看它们的差别只具有相对的意义。这就决定了社会发展和进步必然是一种协调发展的过程，人文社会科学各学科之间的分野只具有相对的意义，人们在将自己学科领域的理论运用到社会实践中的时候，应当具备一种开放的意识和作风，将自己的学科领域视为"协调发展"的系统工程的一个部分、一个方面，自觉做到与其他学科"结伴而行"。

坚持集体主义也应当作如是观。不仅理论研究需要这样，实践操作也应当这样。道德对于社会整体和人的全面发展和进步具有必不可少的重要作用，但由于受其自身特性的制约和影响，其作用的发挥更多地要依赖经济、政治、法制和文化等的建设和发展。集体主义的贯彻实行，不可能采用单兵突进的方式，而需要与其他方面的建设活动联系起来，协调起来，借助于其他社会"载体"实现其社会价值。

坚持社会主义集体主义原则

坚持社会主义集体主义原则，既是一个道德教育问题，也是一个人生观教育问题。在这个问题上，当代大学生存在着不少疑虑和困惑，如：究竟什么是集体主义、什么是个人主义？到底是集体主义好还是个人主义好？在我国为什么只能倡导集体主义而不能推行个人主义？如此等等。这些思想上的疑虑和困惑，一方面说明当前对大学生进行社会主义集体主义教育的必要性，另一方面也告诉我们在进行集体主义教育的时候必须面向大学生的思想实际，用马克思主义的立场、观点和方法给以中肯的而不是敷衍的、具有说服力的而不是教条主义的分析和阐述。

一、正确理解关于集体主义的几个基本概念

弄清基本概念，是把握一种理论观点或一门学科的前提性条件。要坚持集体主义道德原则，首先必须正确理解和把握如下几个基本概念。

（一）个人

宣传和倡导集体主义时常涉及的"个人"概念，具有两种不同含义，一是指所有的个人，二是指特定的某一个个人。如人们常说的"集体由个人构成"中的"个人"，指的就是构成这个集体的所有的个人，而"个人

服从集体"中的"个人"则是指某一个个人，它特指某个具体的生命个体。这两种不同含义的"个人"是不能混淆的，否则就会产生对集体和集体主义的曲解，假如把特定情境下的"个人服从集体"理解为所有的个人都要服从集体，这就不合逻辑了。有些大学生因他们的个人主义思想受到批评时，这样为自己辩解：集体是由个人构成的，没有个人能有集体吗？听起来似乎言之有理，其实他是把他这个特定的"个人"与所有的"个人"混为一谈了。

（二）集体

说到集体，不少大学生习惯于把它与群体相提并论，认为集体就是若干个人之和，这种看法是不对的。集体主义道德原则所说的集体，不是个人的简单相加，它与群体有着原则区别。正如若干砖、石、木、瓦等放在一起只是一堆建筑材料还不是建筑物一样，若干个人在一起只是一群人，一个群体，还不是一个集体。

群体是集体的前提条件，群体构成集体还必须具备三个条件。第一，共同的利益，它是构成集体的基础。一群人如果没有共同的利益，只能是一盘散沙。第二，共同的目标，它是集体的行为方式和价值取向。一群人在有了共同的利益之后，如果没有共同的行动目标，各吹各的号，各唱各的调，就会发生分裂、分离，也是不能形成集体的。第三，领导机关或领导者，这是集体的指挥中心和神经中枢，是构成集体的关键。一群人如果没有指挥中心，那就是群龙无首，就成了乌合之众。共同利益能否体现，共同目标能否实现，归根到底要看有没有这个指挥中心和这个指挥中心是否得力。共同的利益、共同的目标和领导机关或领导者，是构成一个集体的三个基本要素，这三个基本要素缺一不可。所谓集体，就是以共同利益为基础、有着共同的行动目标和领导机关的群体。

（三）个人利益

在我国古代，"私利""私欲""私心"三者常被看成是同一含义的概念，这是一种认识上的错误。实际上，这三者之间有着明显的区别。私利，即私人的利益，也就是我们今天说的个人利益；私欲，说的是个人欲望；私心，指的是利己之心，与我们今天所说的利己主义是相通的。古人这种认识上的错误，在新中国成立之后仍然存在。"文化大革命"中"割资本主义尾巴"等说法，就是错把"私欲""私利"当作"私心"的表现。而那些反对提倡"大公无私"的人，又把"私心"当作"私利"和"私欲"了。这说明，正确理解和把握个人利益的特定内涵是十分必要的。

个人利益有正当与否之别，作为集体主义道德原则所涉及的个人利益，专指正当的个人利益，其特定含义可简单表述为：在特定条件下的个人生活和发展的各种需要。这里的特定条件，是指个人在对社会集体作出劳动贡献之后所具备的向社会集体进行正当索取的资格。在没有具备这种资格的情况下所获得的个人利益，就是不正当的个人利益，不属于集体主义道德原则所涉及的基本概念。

（四）集体利益

集体利益又称社会集体利益、社会公共利益，它是相对于个人利益而言的，其特定含义可以简要表述为：促进和满足社会集体生存和发展的各种需要。就内容来说，集体利益主要包括属于公有制范围的生产和消费资料，以及社会公共生活秩序、文化教育设施、社会福利设施、国家安全、民族与国家的尊严与荣誉等。

从一般意义上来说，集体利益具有永恒性的特征，它的存在是人类社会存在的象征。人类社会的确出现过原始社会那样只有集体利益而没有个人利益的历史发展阶段的话，但是人类社会却从来没有也永远不会出现只有个人利益而没有集体利益的历史发展阶段。正因为如此，维护集体利益才成为人类道德生活的共同主题。

以上我们介绍了集体主义道德教育所涉及的四个基本概念。这里需要强调指出，这四个基本概念都是历史的、阶级的、民族的范畴。也就是说，不同的历史时代、不同的阶级和不同的国家，对个人、集体、个人利益、集体利益的理解是不一样的甚至是根本对立的。

二、正确把握集体主义的科学内涵

什么是集体主义？马克思主义正确理解的集体主义的科学内涵是什么？对这个问题的认识，不少大学生是模糊的。因此，在开展集体主义教育时，必须重视对集体主义的科学内涵作历史的全面的考察。

（一）集体主义的由来与发展

从人类道德文明史来看，保护集体和集体利益的思想观念由来已久，但作为一种"主义"被提出来是在19世纪中叶。集体主义思想最初是由法国空想社会主义者卡贝提出来的。1840年，卡贝发表《伊加利亚旅行记》，在这篇著作中他精心设计了未来共产主义社会的模式，即所谓"伊加利亚国"。他写道：在这个美妙的国度里，"每个人都为大家的幸福而劳动，大家又为每个人的幸福而劳动"。1845年，卡贝把这段描述简缩为一句话，即"人人为我，我为人人"，写在再版的《伊加利亚旅行记》的封面上。这就是最早的有关集体主义思想的表述。

集体主义成为无产阶级的道德原则，成为一种科学的人生观，是马克思主义对人类道德文明史作出的重大贡献。马克思、恩格斯在《神圣家族》中最早对集体主义进行了阐述："既然正确理解的利益是整个道德的基础，那就必须使个别人的私人利益符合于全人类的利益。"[1]后来，他们在《德意志意识形态》中又指出："只有在集体中，个人才能获得全面发展其才能的手段，也就是说，只有在集体中才可能有个人自由"[2]，到了20世纪20年代初，列宁根据马克思、恩格斯的上述见解，对空想社会主义者提出的观点进行了革命的改造并指出，封建社会和资本主义社会的道德原则是"人人为自己，上帝为大家"，而社会主义的道德原则应当是

---

①《马克思恩格斯全集》第2卷，北京：人民出版社1957年版，第166页。

②《马克思恩格斯全集》第3卷，北京：人民出版社1960年版，第84页。

"大家为一人，一人为大家"，并且要求共产党人把这个原则灌输到群众的思想中去，变成他们的习惯，变成他们的生活常规①。

第一次用"集体主义"这个概念来表述无产阶级道德原则的人是斯大林。1934年7月，斯大林在同英国作家威尔斯谈话时提出了"集体主义"这个概念，并对这个无产阶级的道德原则作了如下的说明："个人和集体之间、个人利益与集体利益之间没有也不应当有不可调和的对立。不应当有这种对立，是因为集体主义、社会主义并不否认个人利益，而是把个人利益和集体利益结合起来。社会主义是不能撇开个人利益的。只有社会主义社会才能给这种个人利益以最充分的满足。此外，社会主义社会是保护个人利益的唯一可靠的保证"②。

在我国，毛泽东、刘少奇等老一辈无产阶级革命家，早就发表过有关集体主义道德原则的论述。如毛泽东在《论联合政府》中就这样说过："全心全意地为人民服务，一刻也不脱离群众；一切从人民的利益出发，而不是从个人或小集团的利益出发。"在《中国农村社会主义高潮》的按语中提出要"提倡以集体利益和个人利益相结合的原则为一切言论行动的标准的社会主义精神"来教育广大群众。在《论十大关系》中更为明确地指出："必须兼顾国家、集体和个人三方面"的利益关系。1954年，刘少奇在《关于中华人民共和国宪法草案的报告》中，具体地阐述了集体主义道德原则的基本内容："我们的国家是充分地关心和照顾个人利益的，我们国家和社会的公共利益不能抛开个人利益；社会主义和集体主义不能离开个人的利益，我们的国家充分保障国家和社会的公共利益，这种公共利益正是满足人民群众的个人利益的基础。"

以上这些材料说明，集体主义作为无产阶级的道德原则和人生观，其形成和发展有一个历史过程，并且是有其特定内涵的。

---

① 《列宁全集》第31卷，北京：人民出版社1958年版，第104页。

② 《斯大林选集》下卷，北京：人民出版社1979年版，第354—355页。

（二）集体主义道德原则的科学内涵

所谓道德原则，是指一定社会或阶级用以调整个人利益与社会集体利益的关系的根本行为准则。道德原则有以下四个基本特征。第一，从道德上集中反映一定社会或阶级的根本利益。第二，从道德上概括回答个人利益和社会集体利益之间的关系。道德的基本问题是利益关系问题，最能充分而又概括回答利益关系问题的是道德原则。第三，渗透在道德规范要求体系的各个方面并在其中居主导和支配地位。任何社会的道德规范要求都是一个完整的体系，它由各个方面、各种道德规范形式组成，如社会公德、社会基本规范、婚姻家庭道德、职业道德等。道德原则就是渗透在各个方面、各种道德规范形式中的根本的行为准则，或曰最重要的规范形式，具备指导和支配其他道德规范的特性。第四，充当区别不同历史类型的道德体系的主要标志。不同历史时代、不同阶级的道德规范体系是不一样的，区分它们的主要标志是道德原则，而不是某个方面的具体道德规范。如"忠于职守"，作为具体的职业道德规范，在社会主义国家和资本主义国家都讲，但是渗透在"忠于职守"中的道德原则精神是不一样的。在资本主义国家，"忠于职守"实质是忠于资本家，是受个人主义道德原则支配的；而在社会主义国家，"忠于职守"则意味着忠于国家和集体、忠于人民，是受集体主义道德原则支配的。因此在我国如果离开集体主义讲精神文明建设，是不切实际的。

（三）正确理解集体主义的科学内涵

集体主义道德原则具有一般道德原则的所有的基本特征，它集中反映了无产阶级和社会主义国家的根本利益，概括地回答了社会主义国家个人利益与社会集体利益之间的关系，在社会主义的道德规范体系中居于主导和支配地位，是区分社会主义道德规范体系与以往一切旧的道德规范体系的主要标志。因此，它是社会主义国家用来调整个人利益和国家集体利益之间的关系的根本行为准则。马克思主义正确理解的集体主义的科学内涵应当是：个人利益与国家集体利益在根本上是一致的；国家、集体利益是个人利益的基础和保障，并高于个人利益；在正常情况下提倡把国家集体利益与个人利益结合起来，当三者发生矛盾时，个人的局部的利益必须服从集体的国家的利益。

在理解和把握集体主义的科学内涵时，应当注意弄清以下三个问题。

第一，为什么说国家、集体和个人三者的利益在根本上是一致的？

因为，社会主义消灭了人剥削人的不平等的社会制度。广大劳动人民群众成了国家、集体和自己的主人，国家是劳动者的国家，集体是劳动者的集体。因此，三者利益都是劳动者的利益，只不过形态不同而已，这就是三者在根本上是一致的原因所在。

第二，集体主义作为一种道德原则和人生观，它的基本特点是什么？

强调个人利益与集体利益、国家利益的统一性关系。弄清这个问题很重要，正是因为这个基本特点，集体主义才与封建整体主义和资产阶级个人主义区别开来。封建整体主义漠视个人利益与个性发展，资产阶级个人主义把个人利益和个性发展当作出发点，将个人利益凌驾在社会集体利益之上。唯有社会主义的集体主义，主张将国家、集体和个人的利益结合起来。这个基本特点告诉我们，坚持集体主义不仅仅是对劳动者个人说的，也同时是对劳动者的国家和劳动者的集体说的，如果把集体主义仅仅理解为规范个人行为的道德原则，那就是片面的。

第三，怎样看待集体主义提倡的个人牺牲？

集体主义认为，国家、集体、个人三者利益在根本上是一致的。没有根本的利害冲突。但由于这三者毕竟是代表着三种不同的"劳动者"，彼此之间存在相对独立性，加上人们在思想道德品质上的差距，因此，这三种利益时常会发生一些矛盾。这些矛盾在某种特殊情况下必须要求一方作出牺牲才能得到解决。在这些特殊情况下，集体主义提倡个人牺牲，也就是说个人利益要服从国家集体利益。这种个人牺牲不仅对于维护国家集体利益来说是必要的，而且对于个人来说也是必要的，因为这本身就是一种个人自我实现的崇高方式。可见，集体主义提倡的个人牺牲是有条件的，不是无条件的，这个条件就是三者利益发生矛盾而又必须有一方利益作出牺牲。因此，将集体主义道德原则看成是一种无条件的个人牺牲的原则而加以诋毁，是毫无道理的。

从以上对集体主义科学内涵的简要分析中可以看出，集体主义克服了以往各种类型的道德原则所存在的那种不尊重个人或不尊重集体的片面性，因而是人类有史以来最先进的道德原则，也是一种最科学的人生观。

三、坚持集体主义，反对个人主义

（一）集体主义与个人主义的本质区别

集体主义与个人主义的本质区别主要表现在以下三个方面。

第一，道德基础不同。

道德的产生和发展是有其客观基础的，这个基础就是社会的经济关系。恩格斯在《反杜林论》中指出："人们自觉地或不自觉地，归根到底总是从他们阶级地位所依据的实际关系中——从他们进行生产和交换的经济关系中，吸取自己的道德观念。"①道德原则是一定社会的统治者及其思想家们依据这些道德观念总结和概括出来的。因此，道德原则总是最直接最集中地反映一定社会的经济关系，有什么样的经济关系就会有什么样的道德原则。我们倡导的集体主义道德原则，是建立在社会主义公有制经济基础之上的，西方奉行的个人主义是建立在私有制经济基础之上的，这都是合乎道德逻辑的。相反，如果在一个以公有制为基础的国家倡导个人主义，或者在一个以私有制为基础的国家倡导集体主义，那才是不合道德逻辑的。只要我们国家在经济上实行社会主义制度，那么在道德生活领域就必须坚持集体主义，反对个人主义。从这一点上看，坚持集体主义道德原则与坚持社会主义制度在本质上是一致的。就特定的个体来说，道德上是否遵循集体主义原则，实际上反映了一个人对待社会主义制度的态度和认

---

① 《马克思恩格斯全集》第20卷，北京：人民出版社1971年版，第102页。

识水平。

第二，道德立论不同。

任何社会的道德体系都有一个立论问题。道德立论是一切道德原则、规范得以提出和实行的理论前提和逻辑根据。我国封建社会的道德原则是"三纲"即君为臣纲、父为子纲、夫为妻纲。这个道德原则的基本特征是绝对服从，即所谓君要臣死臣不得不死，父要子亡子不得不亡。资产阶级奉行的个人主义，其基本特征是"个人本位"，强调个人利益的神圣不可侵犯性。在实行资本自由竞争和垄断的资本主义社会，这样的道德原则在本质上是维护资产阶级利益的，所谓的"个人本位"只能是属于资产阶级，而非广大劳动人民的。从以上两种旧的道德原则来看，它们的立论前提，都是把个人利益与社会整体利益看成是两个根本对立的存在物，在此基础上或者强调个人绝对服从社会整体，或者强调个人利益是道德的出发点和归宿。

集体主义道德原则的立论前提，确认个人利益与国家集体利益在根本上是一致的，强调的要把国家集体利益与个人利益结合起来，它所倡导的自我牺牲精神，都是以这个立论前提为根据的。

第三，价值导向不同。

价值导向，是指一定社会公开倡导的某种价值观念，它体现统治阶级的意志。价值导向是相对于个体价值取向来说的，一定社会的价值观念，从社会提倡方面来看是价值导向，从个人践履方面来看是价值取向。道德是一种特殊的价值形态，道德价值通过影响人们的行为方式，促进社会文明进步而发挥作用。当社会倡导某种道德的时候，也就是在进行某种道德上的价值导向。由于道德原则在社会道德体系中总是居于主导地位，所以一定的道德原则总是集中反映一定社会在道德上的总的价值导向。

集体主义与个人主义在价值导向上是根本不同的。集体主义体现无产阶级和广大劳动人民的意志，它从自己的道德立论出发，要求人们把自己看成是集体不可分割的一个部分，引导人们去关心、维护和发展社会集体利益，在这个过程中使个性得到健康全面的发展，真正获得个人的尊严、荣誉和价值。个人主义体现了资产阶级的意志，从它的道德立论出发，引导人们把个人和个人利益看成是唯一真实的存在。在这种价值导向下，人人只关心自己，人的个性发展必定是畸形的。

以上三点表明，集体主义与个人主义是两种根本对立的道德原则，要坚持集体主义就必须反对个人主义，这是一个问题的两个方面。

（二）怎样认识个人主义的作用

个人主义是一种以个人为中心的思想体系，它是历史的阶级的范畴。个人主义作为一种道德原则和价值观念，是在资产阶级反对宗教神学和封建专制的斗争中形成和发展起来的，当时所起的进步作用是不言而喻的。几百年来，个人主义由于适应了西方社会以私有制为基础的资本主义制度，适应了西方社会突出个人与个性的文化传统，并且有西方社会较完备的法制体系与之配合，所以，个人主义在西方虽然有其毋庸置疑的消极作用，但其积极作用也是明显的，利弊相比是利大于弊。

但是，个人主义不适合中国国情。从根本上来说，这是因为我国是以公有制为基础的社会主义国家，个人主义在我国没有生存和发展的社会物质条件，在我国唯有倡导集体主义才合乎道德生活的逻辑。在当前，要特别注意在反对个人主义的思想斗争中，积极倡导集体主义。首先，我国目前尚未建立完备的法制系统。法制系统是由制法、执法、守法三个方面有机构成的，而要使这三方面达到有机的统一，绝不是轻而易举的事情，是要有一个过程的。在法制不甚健全而又一时难以健全的情况下，如果不在全社会开展反对个人主义的思想斗争，那就不仅不能坚持集体主义道德原则，形成一个良好的道德风尚，而且会给个人主义泛滥以可乘之机。其次，中国道德文化传统具有特殊性。中国的道德文化传统主要是在几千年的封建专制制度下形成和发展起来的。自给自足，封闭分散的小农经济，必然会产生"各人自扫门前雪，休管他人瓦上霜"这种自私自利的道德心理。为了维护社会的稳定，封建统治阶级倡导的道德原则是"三纲"，强调绝对服从。可见，封建社会的道德原则是对封建社会的经济关系的折光反映，这也是封建社会的道德总是带有浓重的政治色彩原因。这就造成中国道德文化传统内部结构存在着这样的矛盾性：封建专制的整体主义意识与自私自利的分散离心意识相混杂。这是封建道德文化的基本特征。这种传统的影响就是，既缺乏对集体的尊重，也缺乏对个人的尊重。为什么在改革中人们普遍感到"一统就死，一放就乱"？与这种道德文化传统的影响不无关系。这说明，社会主义道德建设的任务，应当是一方面要批评漠视个人的倾向，另一方面也要批评漠视集体的倾向，而在改革开放的形势下，尤其要注意批评漠视集体的倾向。这主要是因为随着改革开放，西方个人主义的价值观念传播了进来，其中不乏消极落后乃至腐朽的东西，自私自利的道德心理最容易与它们产生认同，发生恶性膨胀，泛滥成灾。从这一点来看，坚持集体主义、反对个人主义，也是保障改革健康、深入发展的客观需要。认为坚持集体主义教育就会抑制改革开放，只有鼓吹个人主义才能推动改革开放的思想，是完全错误的。

有鉴于以上分析，我们认为，个人主义在我国社会主义制度下，是不可能发挥积极作用的。这一点实际上已经为实践所证明。我国改革中出现的一些消极、落后、腐朽的现象，包括党和政府内出现的某些腐败现象，包括我们大学生中受到的资产阶级自由化和无政府主义的思想影响，都与个人主义思想密切相关。

总而言之，我国社会主义的理论研究和实践经验都表明，坚持集体主义道德原则是我国人民道德生活的必由之路。当代大学生是祖国的未来和希望，应当注意培育自己热爱集体、关心集体，积极为集体奉献的优良品德。

浅析人的虚伪品质*
——兼析道德教育中的悖论现象

在道德教育和道德评价活动中，人们习惯于视真诚和诚实为一切优良道德品质的根本，一切不良品质都与虚伪品质有关联，即所谓"诚者万善之本，伪者万恶之基"。但是，我们的道德教育和评价长期以来关注的只是真诚而不是虚伪，致使人们对虚伪这种似乎是"万恶之基"的品质缺乏中肯的分析和认识，却是不正常的。忽视对虚伪品质的分析和研究，既不利于纠正人不应有的某些虚伪品质，也影响人的诚实守信品德的形成。因此，分析和说明虚伪品质的相关问题是有一定意义的。

一、虚伪品质的不同形态

真诚，作为优良的道德品质比较单纯，一般是指表里如一和言而有信，而虚伪则比较复杂。虚，空，不实也，伪，伪装、伪造之意。相对于真诚而言，虚伪指的是经过伪装而表里不一的品质状态。

虚伪的形态大体上可以划分为三种，即伪善、虚假、欺骗。

伪善，意为假装好人、假冒为善。就动机而言，这种"善"是伪善者装出来的，而就语言或行动而言，这种善则是可视的，甚至是实在的，并

＊原载《滁州学院学报》2009年第4期。

可能会在他方出现善果。在道德价值选择和实现的行为过程中，伪善者的道德选择有两种不同的情况，一是为了自己，二是为了自己所代表的共同体。前者，行为动机是出于利己，而行为效果却往往有益于他人或集体；后者的行为动机是为其所代表的共同体，而行为效果却给别的共同体带来益处。伪善者道德价值判断的逻辑可解读为，因为要实现个人（集体）的目的，所以要给他人以一些好处（施善），或只有给他人（集体）一些好处（施善），才能达到个人（集体）目的。这表明，伪善者一般不会给他人或别的共同体带来损害，但却能够实现个人或个人所代表的共同体的目的，这叫"两全其美"或"各得其所"。从学理上来分析，伪善品质属于工具理性范畴——讲道德是为了自己或自己所代表的共同体，与合理利己主义、集团利己主义存有某种相似之处，其理性虽然不是那么"纯粹"，但是其道德价值却是明显的。就是说，利己之心及由此出发选择的"伪善"行为，因不妨碍他人和社会而应视其为一种善。中国传统伦理思维方式和道德价值标准的基本倾向是义务论，崇尚利他主义，视利己为恶，至少为不善，因此历来视伪善为"恶德"。今天看来，这种传统是需要反思和加以批评的。在改革开放和发展社会主义市场经济的社会历史条件下，我们提倡的道德不能只是单一的义务论或良心论意义上的"纯粹理性"，更多的应当是有助于道德价值实现的"实践理性"。伪，本来就有"人为"的意思。荀子说："可学而能，可事而成之在人者，谓之伪。"[1]道德，作为一种价值本来就是属人（个体和类群）的范畴，做"事"可以"人为"，"做人"为何就不可以"人为"呢？一种道德品质只要不给他人和社会，包括自己带来危害——恶，以至于会带来益处——善，就应当给予肯定，甚至应当加以提倡和推行。在人际交往和相处的社会公共生活领域，伪善是一种司空见惯的道德品质和行为方式，在公共生活空前扩大的市场经济环境里更应如此。

　　换言之，伪善是以道德手段实现道德目的的一种虚伪品质，多表现为一种道德智慧。由此看来，在一般情况下把伪善品质看作为一种道德智慧

①《荀子·性恶》。

可能更符合它的本来面貌。

虚假，作假之意。它的行为之善是一种假象，不会给他人或集体带来任何益处，这是其与伪善的主要区别之处。虚假，既有出于真情实意的假善，也有出于假情假意（甚至恶意）的假善，后者是一种既无善心也无善举的品质，无疑应当彻底否定。与伪善者相似的是，作假者的行为选择在很多情况下产生的"善果"是假象，这样的假象甚至会产生连锁式的社会效应，如虚假广告、虚假政绩、虚假业绩等。经验证明，高度集权的专制政治和高度自由的市场经济是滋生和传播虚假之风最适宜的土壤。如果社会缺乏健全的道德识别和评价机制就会引发虚假之风泛滥，在给作假者带来某些好处的同时会误导社会心理，败坏社会风气，诱发政治腐败。虚假，不论作假的人是出于真情实意还是假情假意，对社会和人的进步所产生的影响多是消极的。

欺骗，意在骗，行在欺，最根本的特点是"伪"，是一种彻头彻尾的恶德。与伪善不同的是，欺骗一般没有"善"的伪装，其结果从来都是恶的，不会给被骗的人带来任何好处，甚至在有些情况下还会给施行者带来"聪明反被聪明误"或"搬起石头砸了自己的脚"的结果。与虚假不同的是，作假者的主观愿望和出发点在很多情况下是出于某种善意，而欺骗者的主观愿望和出发点一般都是源于某种"恶念"。需要注意的是，虚假之风可能会成为一种"风尚"，而欺骗则无论如何也不可能成为一种"时尚"。

伪善、虚假和欺骗的共同之处在于"虚"和"伪"，正因如此，传统社会的人们习惯于将三者混为一谈、相提并论，视一切虚伪为与诚实守信相对立的不良品质。然而，从以上简要分析可以看出，这种一概予以否定的看法并不科学，在发展社会主义市场经济和工具理性盛行的时代，实际上是无益于人和社会的文明进步的。

二、虚伪品质形成的相关因素

我们可以从道德教育及社会道德识别与评价机制两个方面来分析和认识虚伪品质形成的主要的相关因素。

人的虚伪品质的形成，与接受家庭和学校的道德教育是否相关？这是一个长期被人们忽视的问题。人们习惯于将未成年人的不良品质的形成归因于受到不良品行的人和不良环境的影响，或没有接受道德教育尤其是没有受到家庭和学校良好的道德教育。表面看来，这样的分析和认识路径是毋庸置疑的，但实际上却经不起推敲。若问：那种致使人形成不良品质的"不良品行的人和不良的环境"又是怎么形成的，当如何作答？如果仍然按照"受到不良品行的人和不良环境的影响"的逻辑作答，那么如此推导下去岂不跌进"鸡与鸡蛋孰先孰后"的"奇异的循环"之中了吗？如果从没有接受道德教育的路径来分析，那么又会无法回答这样的问题：是不是受到道德教育特别是受到良好的道德教育就一定会形成优良的道德品质，反之则不会形成优良的道德品质？同样接受道德教育的人为什么会存在道德品质上的差异？实际上，良好和不良的道德品质的形成都不是与生俱来的，不仅受后天接受教育的影响，还受到其他相关因素的影响的结果。虚伪品质的形成也是如此。

有人给我们讲了这样一个故事：

小时候，有一天妈妈拿来几个苹果，大小不同，我非常想要那个又红又大的苹果。不料弟弟抢先说出了我想说的话。妈妈听了，瞪了他一眼，责备他说：好孩子要学会把好东西让给别人，不能总想着自己。于是，我灵机一动，改口说："妈妈，我想要那个最小的，把最大的留给弟弟吧。"妈妈听了非常高兴，把那个又红又大的苹果奖励给了我。从此，我学会了说谎。[①]

这故事显然是要向我们证明，"说谎"这种虚伪的品质就是接受"先

---

① 赵德明：《分苹果的故事》，《基础教育》2004年第10期。

人后己"的家庭道德教育养成的，此说虽然显得有些绝对化，但其提出的"自相矛盾"的问题是值得人们深思的。其实，学校的道德教育和评价也存在这样的自相矛盾现象。一种道德教育的内容和方法，在道德教育的目标实现上既可以培养人的优良的道德品质，也可以培养人的不良的道德品质。如表扬，可以催人奋进，走向新的成就，也可能使人得意忘形，走上下坡路；批评，可以让人翻然改进，焕然一新，也可能会使人阳奉阴违，成为伪君子，如此等等。值得注意的是，像"说谎"这类虚伪品质的形成，往往与关于诚信的道德教育和评价直接相关。比如，某个孩子考试得了100分，因此受到老师和家长的表扬，为了得到表扬，后来他在没有得到100分的情况下自己将得分改成100分，结果被老师或家长发现，对他进行了"做人要诚实"的批评教育后，这样他的品德发展可能有两个方向：走向诚实，或者以更隐蔽的手段作假。人的虚假、欺骗等不良品质就是这样形成的。这样来分析虚伪品质的形成，既合乎逻辑，也为经验所证明。这种不能完全体现教育者的主观愿望，而是"得"与"失"即"善果"与"恶果"并存的自相矛盾的结果，就是道德教育中的悖论现象。它是一种道德教育和评价中普遍存在的客观事实，是不依教育者的主观愿望为转移的，只要进行道德教育就必然会出现"善果"与"恶果"同在的悖论现象。

道德教育和评价中的悖论现象，可以通俗地表述为"育苗——既得苗，也得草"的现象。就教育效果而论，道德教育乃至整个德育与智育、体育、美德等不同的是，它一般不会出现"没有效果"的情况，其出现的要么是效果，要么是"反效果"，而完全是效果或"反效果"的情况也并不多见，常见的是效果与"反效果"并存，这就是悖论现象。一位教师对学生进行诚信教育，如果他用来进行教育的内容和方法得当，受教育者具备了基本的接受素质，他的教育活动就会收到效果或收到比较好的效果，反之就会收到"反效果"或收到较多的"反效果"。值得注意的是，诚信教育绝对的有效果和绝对的"反效果"其实都是不多见的，一般情况下两者总是并存，以"善果"与"恶果"自相矛盾的悖论方式表现出来。

之所以如此，从道德教育自身的原因来分析，主要是道德教育的目标和内容（甚至方法）都是"理想"的，存在超越性的价值倾向。学校教育，历来以塑造未来社会和未来人为自己的使命，学校的道德教育尤其如此。学校道德教育的目标和内容都是超验的，超越历史和现实以引导受教育者追问和追求理想社会和理想人格为己任。然而，学生并非生活在真空世界里，他们中的许多人尤其是大学生在读书期间仍然会接触实际社会生活，所见所闻的道德世界总是经验的，现实的，这就使得他们对道德教育灌输的超验的道德价值标准，既可能接受，也可能不接受，甚至"反其道而受之"，从而使得道德教育在预设的意义上就内含一种"道德悖论基因"，在其实施过程中会同显同现善与恶两种截然不同的结果。诚然，学校的道德教育尤其是基础教育阶段的道德教育面对的是未成年人，他们尚未涉世或涉世不深，道德教育可以使他们在脱离经验世界的情境下接受超验的道德教育目标和内容，但是，一旦他们走出校门接触社会生活实际，有可能就会把过去在学校接受的道德教育部分乃至全部"还给了他们的老师"，在校门之外演绎出学校道德教育的悖论结果来。这是一种规律，它反映在诚信的教育上就是诚信与虚伪两种不同的品质同时出现。

社会道德识别和评价机制不健全是虚伪品质形成的社会环境条件。众所周知，道德文明包括人的优良品质的形成和发展离不开适宜的舆论环境，两者的关系犹如鱼与水的关系。当这种环境不具备或不适宜道德文明的形成和发展，反而会有助于不良品质的形成和发展。适宜的社会舆论环境的构建依赖道德识别和评价机制。恩格斯说："人们自觉地或不自觉地，归根到底总是从他们阶级地位所依据的实际关系中——从他们进行生产和交换的经济关系中，获得自己的伦理观念。"①在社会变革时期，由于新旧伦理道德观念正处于相互冲突和整合的过程中，所以社会道德识别和评价机制往往处于不太健全的状态之中，这为伪善、虚假和欺骗之类的道德问题的形成和表现提供了丰腴的土壤。一般来说，社会道德识别和评价机制不健全对成年人形成虚伪品质的影响最大，因为他们都处在社会变革和发

---

① 《马克思恩格斯选集》第3卷，北京：人民出版社1995年版，第434页。

展的中心，经历着各种伦理道德观念的冲刷和洗礼，生存和发展的实际需要使得他们不得不采取实用主义的道德态度，注重的不是道德的目的性价值，而是道德的工具性价值，包括被道德包装起来的具有虚伪特质的"潜规则"。

相比较而言，道德教育自身的因素对形成虚伪品质的影响起到根本性作用，而社会道德识别和评价机制不健全对形成虚伪品质的影响则不起到根本的作用。一定社会的人们可以通过加强和改善伦理道德的理论建设和实践活动，健全社会道德识别和评价机制，来影响人们虚伪品质的形成。

三、虚伪品质的道德评价

在道德评价的视野里，有目的论和工具论两种性质不同的虚伪品质，前者即以上所分析的伪善、虚假和欺骗，人们习惯于将其归于不道德的范畴，后者即人们通常所说的"善意的谎言"，人们将其归于另一种方式的"讲道德"。两者的共同点都是"伪"，即表里不一；不同点主要在于前者的行为动机之善是"虚"，实则是不善或恶，其"伪"是为了实现不善或恶，后者的行为动机之善是"实"，是真实真诚的善，其"伪"是为了实现善。"善意的谎言"之类的"虚伪"品质，反映的多为人的道德智慧和道德能力，在道德评价的视野里历来得到人们的肯定，此处无须多加评说。值得探讨的是，应当如何评价目的论意义上的虚伪品质。

在道德评价中，对虚伪品质中的虚假和欺骗应当给予鞭笞和矫正，而对伪善则应当进行具体分析和评价，给予有限的肯定。传统的道德评价，对象主要是人的行为选择的动机和效果，由此而形成动机论、效果论和动机效果统一论三种不同的道德评价标准和学说。不难看出，伪善品质作为道德评价的对象是符合效果论的要求的，因为其"善"会在某些方面或一定程度上满足社会和人道德发展与进步的客观要求和实际需要，效果毋庸置疑。当然，伪善之"善"不如真诚之善那么纯粹和纯洁，表里如一的真诚之善比表里不一的伪善更有价值，但有善总比无善好，总比恶好，总比无善可言的虚假和欺骗好。我们希望善心和善举是一致的，表里如一的真诚和诚实在任何社会都被人们奉为美德，但在许多情况下这只是一种不切实际的幻想。实际上，在动机论指示下刻意追问行善的动机是否为善是不必要的，在动机和效果统一论的指示下刻意追问善心与善举的一致性同样是不必要的，也是很难追问清楚的。更何况，在发展市场经济、社会公共生活空间不断扩充的社会环境里，伪善之"善"其实是一种受到普遍推崇和遵从的道德价值形式。一个商人，其行商的动机就是为了自己发家致富，但只要他生产经营的产品货真价实，能够给消费者带来好处，其"伪善"行为在道德评价上就会得到社会的肯定，他也就会因此而产生道德感，感到问心无愧。这样说，不是说表里不一的伪善比表里如一的真诚之善好，而是强调要肯定伪善之"善"的实际道德价值。就道德矫正来说，我们要矫正的是伪善之"伪"的动机，而不是要否定其行为之"善"的形式和结果。

更需要注意的是，不要把现代社会的一些道德文明形式尤其是公共生活领域内的一些文明形式误读为虚伪而大加鞭笞，与此同时把直率、粗鲁、粗犷之风奉为真诚和诚实，使之与现代文明对立起来。人类道德文明发展到今天，其文明样式的工具理性价值越来越凸显，适用的范围也越来越普遍，人们也越来越重视和渐渐养成在这种文明样式中进行生产和交换、表达生活方式和精神交往的习惯，在通常情况下人们并不看重行善者的动机是什么，看重的是行善者的实际效果。这是社会不断走向文明进步的表现。直率、粗鲁、粗犷属于道德个性范畴，与诚实和真诚的德性并不存在必然的联系，将两者混为一谈是不正确的。作为道德个性，直率、粗鲁、粗犷既可能与诚实真诚的表达相联系，也可能与伪善、虚假和欺骗的表达相联系。因此，如果把现代文明的诸多形式误读为虚伪，用直率、粗鲁、粗俗的个性方式来对抗现代文明，其实是在干扰现代社会道德的文明秩序和逻辑走向。

助人为乐："天堂和地狱"的启迪*

有一个《天堂和地狱》的故事，说的是一个人很想知道天堂和地狱的区别是什么，就去找上帝。上帝带他先去看地狱。地狱里有一口盛满食物的大锅，可地狱里的人却都饿得要命，一个个愁容满面，因为他们每个人都拿着一个长柄的勺子，柄太长，送不到嘴里，所以吃不着。然后，上帝又带他去看天堂。那里同样有口盛满食物的大锅，同样人人手拿长柄勺，可天堂里的人面对面彼此协同，互相帮助，所以大家吃得很尽兴，那里的人生活得很快乐和满足。

这个故事很有意思。在地狱里，尽管有"上帝为大家"，但因为"人人为自己"，结果连现成的食物都弄不到嘴里，只能守着一大锅食物当饿鬼。而在天堂里，食物、食具没什么两样，但是，由于人们多了一份友爱之心和互助之行，互相喂着吃，即"我喂人人，人人喂我"，结果是各得其所，皆大欢喜。

其实，世界上没有上帝，也没有天堂和地狱，只有人世。人与人之间如果缺少互助互利，"鸡犬之声相闻，老死不相往来"，甚至相互敌视，那人们就会感到孤立无援，人与人之间虽近在咫尺，却如同远隔天涯。

人们之间的友爱之心和互助之行也就是我们常说的助人为乐。助人为

---

* 高开华、钱广荣主编:《德与行——〈公民道德建设实施纲要〉解读》第八章,合肥:安徽人民出版社2002年版。

乐是中华民族的传统美德，也是社会主义道德原则在社会公共生活中的具体表现。所谓助人为乐，就是把帮助别人当作快乐，其基本精神是爱人、关心人、扶助人，具有想他人之所想、急他人之所急的道德素质和行为特征。

经常帮助别人的人也感到乐在其中。据说有一个馒头店的老板，由于出售的馒头货真价实，生意兴隆。他每次固定蒸 120 个馒头，100 个出售，20 个接济老人和孩子。因生意好，馒头一出笼就被人争相抢购，但等卖完 100 个之后，无论顾客怎么要求，他都不肯把余下的 20 个馒头出售。"这是送的，不卖！"老板用十分坚定的语气拒绝客人。同时，热心地用筷子把热乎乎的大馒头分送给穷困的老人和孩子。他在伸出救助之手的时候，脸上绽放出幸福的光彩。在他看来，付出本身就是一种快乐。

助人为乐，是基于对共同幸福与个人幸福之间辩证关系的深刻认识而采取的理性行为，是一种以帮助别人为快乐和幸福的优秀品质与高尚风格，并且是一直为人们所颂扬的高尚行为。助人为乐作为一种美德，不是与生俱来的，而是人们在接受教育中，在长期的社会实践中，在患难与共、风雨同舟的劳动生活中逐步培养起来的。社会主义制度的建立和发展使这种美德得到了进一步的发扬和光大。在我国，改革开放以来，我国涌现出一大批助人为乐、全心全意为人民服务的先进典型，成为人们效仿的榜样。

或许有人会说，现在已经是市场经济时代了，讲的是等价交换，还强调助人为乐，只讲付出，不讲收获，谁还会那么傻？现在助人应当讲条件、讲报酬、讲补偿。这种看法显然不对。有位工厂党委书记在给全厂青年工人作关于时代精神的报告时，一位工人提问："我感到雷锋精神现在已经过时了，请问您怎么看？"这位党委书记没有直接从正面作出回答，而是提出一种可能性情境，启发人们自己得出正确的结论。他说："假如你在大街上行走时，不幸被车撞倒在地，不能动弹。这时一位热心的朋友主动上前询问你的情况，并打算送你去医院，在这种情况下，请问你是喝令他走开，并说这种精神早就过时了，还是从内心里感谢他呢？"

实际上，人在社会生活中总会遇到些意想不到的困难，难免碰上自己一时解决不了的难题，需要他人伸出援手。既然如此，那么世界上就依然需要助人为乐的雷锋精神，依然需要热心肠的人。

即使在市场经济时代，依然有很多东西是无法用金钱来衡量的。在当今社会，没有钱固然是万万不能的，但有了钱也不是万能的。人情的温暖是无法用金钱来衡量的，正像生命是无价的一样。

一、最大的需要就是被需要

助人为什么会觉得快乐？这对于某些人来说会感到不可思议。从理论上说，不同道德水平、道德境界的人对利己和利他的关系有不同的回答。在个人主义者看来，人人都是自私的，都是唯利是图，其至损人利己的，助人为乐根本不可能。据《北京晚报》报道，2001年6月11日清晨，北京朝阳区一座楼中的垃圾道失火。接警后赶赴现场的消防员冲上烟气最浓的楼层。由于楼内的消火栓已经损坏，消防员敲开一家住户，希望从他家接水灭火，没想到被一口回绝。幸而另一家同意从自家接水，火最终才被扑灭。

处于道德底线上的人崇尚公平、平等、合理，主张利己利他并重，平等互利，各得其所，即使为谋求个人利益，也自觉做到利己而不损人，不突破自己一贯奉行的做人准则或道德底线。而道德高尚的人能自觉做到成人之美、急人之难、救人之危、排人之忧，其中少数人还能做到毫不利己、专门利人，甚至舍己为人。助人为乐是道德高尚者的行为准则和心理体验，是比道德底线高一个层次的道德水准。我们的社会不仅要讲文明礼貌，要求人们坚守道德底线，而且更要提倡助人为乐，这也是公民道德建设中更为重要的任务之一。

高尔基说过，"给"永远比"拿"愉快，这句话源于一个小故事。1907年，高尔基曾在一个小岛上疗养，他的妻子和儿子来岛上看望他，儿子在房前种了很多花。他们探亲回去后，高尔基给儿子写了一封信，信上说：你走了，可是你栽的花却留了下来，在生长着。我望着它们，心里愉快地想着，我的儿子走后，在卡普里岛留下了某种美好的东西——鲜花。要是你在任何时候、任何地方，留给人们的都是美好的东西——那你的生活将会是轻松愉快的。那时你会感到所有的人都需要你，这种感觉使你成为一个心灵丰富的人。要知道，"给"永远比"拿"愉快。高尔基这句名言深入浅出地说明了，你帮助了别人，为别人做了好事，会使别人由于你的帮助而感到愉快，受到鼓舞，同时，你也会因受到别人的尊敬和关心而欣慰。

2001年12月17日的《山西家庭报》上有篇短文，讲了一个富于哲理的小故事。第一个故事说，以前，在迪河河畔住着一个磨坊主，他是英格兰最快活的人。生活虽然艰难，但他忘不了每天欢快地唱歌和帮助他人。消息传到国王耳朵里，国王想，一个贫贱的农民怎么会有那么多快乐呢？国王拜访了这个磨坊主，磨坊主说："我自食其力，因为我的妻儿需要我照顾，我的磨坊需要我经营，我的邻居需要我帮助，这使我很快乐。"

人生最大的需要是被需要。需要是一种索取，被需要则是一种忘我的付出，它使我们在实现社会价值和个人价值的同时，也给我们带来难以言表的精神上的快乐和满足。

助人为乐、与人为善，既是健康的一个重要标志，又是谋求健康的一个重要手段。世界卫生组织提出的健康新概念是：所谓健康不单纯是不患疾病，而是指在身体上、精神上、社会适应上完全处于良好的状态，即包括生理健康、心理健康和道德健康三个方面。有人把它们归纳为"四快"和"三良好"。"四快"即吃得快、便得快、睡得快、说得快。"三良好"指良好的个性人格、良好的处世能力、良好的人际关系——助人为乐、与人为善、对人际关系充满热情。这表明，助人为乐已经构成现代健康新概念的一个重要组成部分和重要标志。助人为乐，与人为善，是达到健康长寿的重要途径之一。

二、见义勇为是助人为乐的突出表现

与助人为乐密切联系且更加难能可贵的公民道德规范是见义勇为。见义勇为，一般来说是指面对坏人坏事，为保护他人和国家财产和人身安全，置个人安危于不顾，挺身而出的义举。

见义勇为集中表现了人们的正义感、责任感和使命感，体现着人们的道德良心和人格尊严。它有以下两个特点。

第一，需要勇气。孔子曾说："见义不为，无勇也。"①又说："勇者不惧。"②为什么有人能做到义举，有人却做不到呢？如面临飞机失事、冰海沉船、奔马受惊、歹徒行凶、天灾人祸等危急情况，缺德者趁火打劫，火上浇油，乘人之危，捞取好处；冷漠者见难不帮，见危不救，幸灾乐祸，袖手旁观；胆怯者知难而退，逃之夭夭；唯有勇敢者知难而上，冒死帮救，相信正义定能战胜邪恶。所谓"英雄面前无困难，困难面前有英雄"，就是对见义勇为者的礼赞。请看下面两个案例。

据《检察日报》报道，2001年1月8日18时许，天长市冶山镇张巷村农民王某驾车经过张巷村村部附近的天冶公路时，发现路边有一辆自行车架在路上，车上一个篓子，周围却没有人，他料想骑车人出事了，但考虑到多一事不如少一事，就没有停车。当晚20点，王某的妻子满身泥水地回家并告诉他，自己在张巷村村部附近的天冶公路上被一个骑自行车的抢劫了，这个人的自行车架在路上，车上有一个篓子。原来正是刚才王某所看到的那辆车！后经公安机关查明：王妻其实是被强奸而非被抢劫。得知真相的王某这时真是后悔不已，要是当时自己能勇敢地站出来设法营救就好了。

据《人民日报·华东新闻》报道，2001年11月12日17时40分，南京钨钼材料厂下岗工人周光裕骑车经过南京站铁路对面时，突然听到有妇女

---

①《论语·为政》。
②《论语·子罕》。

呼救：有人抢钱啦！他毫不犹豫地冲了过去，追赶两名劫匪。在搏斗中，他被劫匪猛刺数刀，其中从左锁骨刺下的一刀穿透了肺部，这致命的一刀使英雄倒下了。周光裕的壮举在南京市民中激起强烈反响。市民们听说他家境贫寒，纷纷解囊，短短一个多星期就给他的家人捐款16万元。南京市委作出决定，在全市开展向周光裕学习的活动。11月29日，在南京雨花台功德园英模丰碑园内，上千人自发赶来，为勇斗劫匪光荣献身的市民周光裕送行。见义勇为者受到了人们的普遍尊敬。

第二，旨在维护正义。孔子说："君子义以为上，君子有勇而无义为乱，小人有勇而无义为盗。"①见义勇为固然要靠勇敢的行为来体现，而英勇的品质更来自对"义"的追求和捍卫。比较而言，"义"比"勇"更加重要，有勇而无义会危害社会。用孔子的话说，君子把义看成最高尚的，君子有勇没有义就会犯上作乱；小人有勇没有义，就会做强盗。看来见利忘义、背信弃义、忘恩负义之人，少些"勇"反倒好一些，对社会的危害或威胁也要小些。要是无义之人再"勇猛"起来，行凶作恶，横行乡里，称霸一方，危害社会，那后果就更不堪设想了。理想的人格应该是既有义，又有勇，能够见义勇为。我们所称颂的勇，应该是奠定在"义"的基础上的勇。"所贵勇者，为其行义也。"②道德上的勇敢，在于去做那些合乎道义、值得去做的事情。

那么，什么是义？"义"有多种含义，主要指道义、仁义、正义、情义、行义之意。见义勇为是中华民族的传统美德，自古以来有无数仁人志士为了正义而舍生取义。今天，我们每个公民都应当发扬这种无私无畏、英勇拼搏的精神，对损害国家、集体和个人利益的行为，要敢于挺身而出，伸张正义。如果面对邪恶，大家都能挺身而出，见义勇为，邪气自然成不了气候，社会环境也得到相应净化，社会风气也会得以好转。

---

①《论语·阳货》
②《吕氏春秋·当务》。

三、施人慎勿念，受恩慎勿忘

生活中离不开人们彼此的互相帮助。人生在世，谁都会有遇到困难的时候。遇难思亲，渴望帮助。当我们看到他人有难处的时候，应当主动热情地帮助别人。有帮助就有受助，当然，有受助必有帮助。生活中人人需要别人帮助，也接受过别人帮助。一个人自出生以来，在没有能力帮助别人之前，就已经无数次得到过别人帮助了。帮助与受助，总是帮助在先，受助在后，没有帮助的义举就没有受助的幸运。所以，我们每个人都应当主动积极地去帮助其他需要帮助的人；对于曾经帮助过自己的人更不应该遗忘。

从帮助的一方说，"施人慎勿念"是一种美德。帮助了别人，并不在乎对方一定要对自己感恩戴德——回报。助人为乐、见义勇为都不是市场行为。不是等价交换，而是道德行为，在行为之前，指导思想上就做好了"施不望报"的精神准备。这种高尚美德是无价之宝，是不能用金钱来衡量的，也是金钱买不到的。一旦把等价交换观念引入互助精神，往往会在双方讨价还价之际，就失去了救助的机会。

从受助方来说，"受恩慎勿忘"也是一种起码的道德品质。如果得到别人帮助，转眼就抛到九霄云外，那将不利于助人为乐社会风气的形成，也会使他人感到世态炎凉，人情淡漠，不利于建立良好的人际关系。古话说："滴水之恩，当涌泉相报"。知恩图报是有良心的表现；以德报怨则是道德高尚的行为；而知恩不报、记人小过、忘人大恩，甚至忘恩负义、恩将仇报，是良心泯灭的表现！讲良心，图报恩，但又不限于仅仅报答施恩者，还可以继承和发扬施恩者的道义，回报他人，回报社会，从而使互助精神发扬光大，使更多的人获得帮助。

2001年11月10日版的《中国书刊博览》上有篇短文读后让笔者久久难忘：弗莱明是一个穷苦的苏格兰农夫。有一天，当他在田里工作时，听到附近泥沼里有人发出求助的哭声，于是他放下工具，跑到泥沼边救出了一个孩子。隔天，一位自称是被救孩子父亲的绅士来到农夫家。绅士说："我要报答你，你救了我小孩的生命。"农夫说："我不能因救你的小孩而接受报酬。"这时，绅士看见了农夫的儿子，便说："我们来个约定，让我带走你的儿子，我会让他接受良好的教育，他将来一定会成为一位令你骄傲的人。"农夫答应了。后来农夫的小孩从圣玛利亚医学院毕业，并成为举世闻名的弗莱明·亚历山大爵士，也就是盘尼西林的发现者。他在1944年受封骑士爵位，并且获得诺贝尔奖。数年后，绅士的儿子染上肺炎，是什么救活了他呢？盘尼西林。

《演讲与口才》2001年第8期上载有这样一则故事：很多年以前有两个穷小伙在斯坦福大学边上学边打工，生活和学习都非常艰难。他俩想和一位著名的钢琴家合作，为他举办一场独奏音乐会，想以此赚点钱交学费。这位大钢琴家就是伊格纳西·帕德鲁斯基。他的经纪人和小伙子们说，他们必须先筹到2000美元。这笔钱在当时不是小数目，但小伙子们还是答应了。他们拼命工作，但最后才挣到1600美元。他们怀着忐忑不安的心情，带着1600美元现金和400美元的欠条去找大钢琴家，并许诺一定会把所欠400美元挣到送来。"不用，孩子们"，帕德鲁斯基回答说，"不必这样，完全不必"。说完他把欠条撕成两半，并把1600美元送回他们手中说："我愿意免费出演这场演奏会。从这些钱中扣除你们的食宿费和学费，如果还有剩余就归我"。许多年过去了。第一次世界大战结束后，帕德鲁斯基担任了波兰的国家总理。由于经济萧条，无数饥民在向他呼救。身为总理的他不得不四处奔波，而当时能帮助他的只有美国食品与救济署的署长郝伯特·胡佛。胡佛得到了帕德鲁斯基求助后，立即答应了他的请求。不久，成千上万吨食品运到波兰，解救了波兰的饥荒。后来，帕德鲁斯基总理在法国巴黎见到了胡佛，当面向他致谢。胡佛回答说："不用谢，完全不用。帕德鲁斯基先生，有件事您可能忘了，早先有两个穷大学生很困难，是您帮助了他们。其中一个就是我。"这是帕德鲁斯基当初从未料想到的。

应当看到，我们社会中绝大多数公民是愿意成人之美、助人为乐的，见义勇为的感人事迹也层出不穷，知恩图报者也不乏其人。

加强思想道德修养　培养健康人格*

人类的修养或自我修养，其内容体现在多方面，通常所说的修养一般是指思想道德方面的修养。加强思想道德修养的目标是培养健康的人格，它是自古以来人们提高自身素质的重要途径，也是当代中国改革开放和社会主义现代化建设对人才提出的基本要求。但是，今天不少人对思想道德修养的重要性认识不够，因此强调加强思想道德修养十分必要。当代大学生是国家和民族的希望，应当具有在思想道德方面加强自我修养的自觉性，培养自己健康人格。

一、加强自我修养是当代中国对人才提出的基本要求

（一）思想道德修养是成才的重要途径

一个人成才有两条基本途径：一是接受教育，二是进行修身。前者包括学校、家庭和社会的教育，主要是学校的教育；后者一般是指将从各种教育活动中所接受和获得的知识理论和文化信息转化为个人素质的自我教育活动，以及这种活动所达到的境界。由于思想道德素质在人才的素质结构中起着主导作用，所以，思想道德修养是成才的重要途径。

---

* 钱广荣主编：《思想道德修养教程》第十二章，合肥：安徽大学出版社2000年版。

　　思想道德修养作为人才某一个方面的自我教育活动，其转化对象主要是从学校的思想道德教育中获得的道德知识、理论和人生价值观。这些知识和理论能否真正变成人的思想道德素质，关键还要看我们能否自觉地进行自我修养活动。教育的目的与价值在于提高和改善人的素质，促进人的全面发展与进步，思想道德教育也是这样。与其他方面的教育一样，思想道德教育的目的与价值能否实现，关键要看受教育者是否能够自觉进行自我修养活动。一个学生在思想道德教育中获得了关于道德和人生价值观方面的知识和理论，并不等于说就培养和提高了自身的思想道德素质，因为由知识理论到人的素质还需要一个自我修养过程，这是一个将社会价值转化为自身价值的过程。从这一点看，受教育者的思想道德修养比教育者的思想道德教育更重要，自我修身历来是受教育者提高自身思想道德素质的基本途径。为什么接受同样的思想道德教育，有些学生的思想道德素质得到提高，发展较好，有些学生则较差，原因就是自我修养过程不同。

　　一切修养都需要自觉，思想道德修养更是如此。一般意义上的修养，其转化过程主要是积累，而思想道德修养其转化过程不仅仅是积累，同时还包含有改造，因此更依赖于自觉。俗话说，"君子成人自成人"。"君子"是古代知识分子在做人问题上坚持的一种思想与道德方面的标准，也是一种人格范式。"君子成人自成人"说的是做"君子"靠自觉，要做"君子"就必须自觉进行自我修养活动，把自觉性看成是加强思想道德修养的根本，这是很有道理的。从哲学上看，自觉性是人的主体性即主体意识和主体精神的表现。主体性是人作为主体存在的内在根据，或者说是作为主体的人的本质特性。人与一般动物的本质区别是人的社会特性，人与人之间实际上存在的差别则是人的主体性。具有主体性的人，会自觉、主动、积极地投身到认识与改造自然、社会和人自身的活动中，努力去实现自己的人生价值。在思想道德方面能够自觉进行自我修养活动，正是人在认识和改造自身问题上所表现出来的主体性。

（二）加强思想道德修养是当代中国对人才提出的基本要求

在我国封建社会，人们的言行通常是由纲常礼教来规范和制约的，言行只要不越纲常礼教就不会受到社会的追究，一般情况下不太重视人的自觉性。但是，有所作为的人一般都十分注意自身修养，这样的人多为知识分子。知识分子能够坚持自我修养，自觉地约束自己的行为乃至于思想，使自己的思想行动不脱离封建社会的纲常礼教。如今一些学者谈到中华民族优良传统，经常说起古人注重修身这一点，其所指的古人实际上多是中国古代的知识分子。今天，我们在自我修养的目标、内容和方式等方面，与古人有着重要的不同，但是，古人注重自觉进行自我修养活动这一点仍然是值得我们认真学习的。中国共产党人在领导广大人民群众进行革命斗争的过程中，也十分注意自身的革命修养，用马克思列宁主义、毛泽东思想武装自己的头脑，坚持进行自我思想改造。可以说，没有共产党人自觉进行自我修养活动，就没有中国共产党的发展、壮大，就没有中国革命和社会主义事业的成功。我们应当继承和发扬中国共产党人的这种优良传统。

当代中国正在大力推进改革开放和社会主义市场经济建设。在这个历史新时期，立志成才和希望大展才华、实现自己人生价值的人可以获得各种成功的机遇，同时，那些心术不正、企图实现个人不良目的的人也可以遇到一些让自己目的得逞的机会。在思想理论界和实际生活中，人们价值观念紊乱、行为失范的现象大量存在，不少情况下是从真从善从美还是从假从恶从丑，完全取决于人们的思想觉悟和道德水准。这就要求人才必须具备与改革开放和发展社会主义市场经济相适应的思想道德素质，而要如此就必须注意自觉加强自身的修养。目前不少人包括一些即将走上工作岗位的大学生，并没有真正意识到当代中国的改革开放和发展社会主义市场经济对人才提出的这种基本要求，他们不仅没有具备相应的思想道德素质，而且缺少进行思想道德修养的自觉性，有的甚至还错误地认为关于自我修养的要求已经过时了，一提到"修养"两个字就很反感。这就充分说明，在当代中国，强调立志成才的人加强思想道德修养是十分必要的。

当代大学生是国家和民族的未来，担负着建设社会主义现代化事业的历史重任，更应当注意加强思想道德修养，提高进行思想道德修养活动的自觉性。如果说，在封建社会人们注重思想道德方面的自我修养，仅仅是为了使自己的思想和行动符合封建社会的价值标准，为封建统治者服务的话，那么，在当代中国改革开放和建设社会主义现代化的伟大事业中，强调加强思想道德修养，则是为了提高自身的素质，培养健康的人格，这既是为了人民的利益，也是为了充分施展自己的才华，实现自身的人生价值。

（三）思想道德修养的目标是培养健康人格

人做任何事情都会抱有某种动机，因此事先一般都会设定相应的目标。思想道德修养作为人们在思想与道德方面所进行的自我教育活动，也应当有目标，这个目标就是健康人格。

人格，最早作"面具"讲，后来才逐渐具有人文意义，并且成为多学科的研究对象。心理学意义上的人格，具有性格、兴趣、情感、气质等含义。思想与道德意义上的人格，一般专指道德人格，是指个人做人与做事的一致性、说与做的一致性。这种"一致性"可以从两个方面来理解。一是个人在社会生活中所处的角色地位与其实际所做的事、所起的作用保持一致。二是个人的尊严与价值保持一致。这两种"一致"达到一致，便是健康的人格。因此，健康人格，实际上是指一个人在思考和处理个人与社会及他人的关系问题上，一贯坚持和奉行的与自己角色地位相对应的社会价值标准，并且能够树立言行一致的思想与作风。在主体的社会实践中，健康人格表现出一种表里如一、言行一致的良好品格，一种"富贵不能淫，贫贱不能移，威武不能屈"的坚持精神和高尚情操。

健康人格的意义，总的来说有助于主体实现自己的人生价值。一个人具备了健康的人格，就会尊重、关心和热爱社会集体，重视对社会集体作出实际的贡献，把实现社会集体的利益放在第一位；会自觉地按照社会的价值标准处理自己与他人和集体的利益关系，善待他人，善待集体，在特殊的情况下还会以社会集体和他人的利益为重，为了社会和他人的利益而放弃个人的利益，直至牺牲自己的生命，而不至于为个人主义、利己主义所累。因此，人格健康的人一般都能够对社会作出较大的贡献，较好地实现自己的社会价值和自我价值。人格健康，还有助于改善人的精神生活，提高人的精神生活质量。因为，健康人格不仅会使人经常处于心境平稳、心情愉悦的心理状态，而且会促使人不断追求和营造高尚的精神

二、加强思想道德修养的主要目标和内容

（一）树立马克思主义的世界观和人生观

一个人在成才的过程中，其所持有的世界观和人生观支配其思想和行动、决定其人生追求和人生道路，世界观和人生观的修养是最重要的思想修养。人生观是世界观的重要组成部分，一个人的人生观总是受其世界观的指导和制约的。世界观历来有科学与谬误的分野，人生观历来有正确与错误的区别。树立马克思主义科学的世界观和人生观，是大学生加强思想修养的首要目标和内容。

马克思主义世界观的基本内容包含两个部分。第一部分是辩证唯物主义的自然观。马克思主义世界观真实地反映了自然的本来面貌，从根本上与以往一切形式的唯心主义与神学的自然观划清了界限，因而是科学的自然观。第二部分是唯物史观。马克思主义之前，一切形态的世界观关于社会历史的看法都无一例外地不能摆脱唯心主义的羁绊，马克思和恩格斯在新的历史条件下将辩证唯物主义贯彻到底，运用到广阔的社会历史领域，创立了历史唯物主义。它认为：社会存在是第一性的，社会意识是第二性的，社会存在决定社会意识，社会意识不仅能够反映社会存在，而且可以能动地作用于社会存在；物质生活的生产方式决定着社会生活、政治生活和精神生活的一切过程；自有阶级以来的人类历史是阶级斗争的历史，人

民群众是创造历史的真正动力；社会历史的发展有着不以人的意志为转移的客观规律，生产关系与生产力、上层建筑与经济基础之间的矛盾是推动社会发展的基本矛盾；共产主义是人类最理想的社会制度。

人生观是关于社会与人生的根本看法和态度。马克思主义的人生观包含三个部分。第一部分，科学的人生价值观，从个人与社会的关系上回答人的一生是怎么回事，即人为什么要活着以及人的一生应当怎样度过等。第二部分，科学的人生理想和目标体系。一般来说，一个人的人生理想和目标都是一种体系，包含职业、生活、道德等理想与目标，从时间上看还有近期、长远、最终的理想和目标等。在马克思主义看来，人们在确立这些理想和目标的时候，都应当考虑到社会的现实条件、社会发展的实际需要、自身素质的实际水平，凡是在考虑了这些因素基础上所确立的理想和目标，就是科学的。第三部分，积极的人生态度。它是履行人生观、实现人生价值的必要条件。没有这个条件，任何关于人生价值、人生理想和目标的思考都没有实际意义。马克思主义的科学的人生观就是由这三个部分构成的。

（二）坚定正确的政治方向

政治方向的修养也就是人们通常所说的政治修养，其目标是"正确"与"坚定"。大学生应当有正确坚定的政治方向，加强自身的政治修养。

马克思主义认为，政治是经济的集中表现，掌握了政权的阶级"如果不从政治上正确地处理问题，就不能维持它的统治，因而也就不能解决它的生产任务"[①]。改革开放以来的实践表明，在以经济建设为中心、大力推动社会主义现代化建设事业的同时，一定要讲政治，在政治问题上一定要保持清醒的头脑。在当代中国，正确的政治方向，就是坚持中国共产党的领导、坚持社会主义制度、坚持人民民主专政和马克思主义的方向。大学生在这些大是大非的问题上，立场要坚定，观点要正确，态度要鲜明，坚信只有社会主义才能救中国，只有共产党才能领导人民建设社会主义。

①《列宁选集》第4卷，北京：人民出版社1972年版，第442页。

这样来认识和把握政治方向就是正确的，在政治上所表现出来的人格就是健康的。

大学生的政治方向是否正确、坚定，集中体现在是否为建设中国特色社会主义、为中华民族在 21 世纪的腾飞和充分实现自己的人生价值而立志成才，为成才而努力学习、奋力拼搏。这里涉及三个问题。一是学习目的。人做任何事情都会有目的，恩格斯说："在社会历史领域内进行活动的，全是具有意识的、经过思虑或凭激情行动的、追求某种目的的人；任何事情的发生都不是没有自觉的意图，没有预期的目的的。"①学生的学习活动总是抱有一定的目的，或者是为了祖国和人民，或者是为了自己或家庭，或者两者兼而有之。大学生的学习应当是为了报效祖国，为了投身祖国的社会主义现代化建设事业，并在这个过程中实现自己的人生价值。二是学习目标。学习目的正确，还需要有明确的学习目标，具体来说就是成为什么样规格的人才。大学生的学习目标，也就是党和国家所规定的培养目标。确立学习目的和设定学习目标，也就是人们通常所说的立志。立志的重要性正如墨子所说的，"志不强者智不达。"三是学习态度。态度作为主体的行为倾向，是体现目的和实现目标的关键所在。态度不积极，目的是空话，目标也是空想。

（三）优良的道德品质

道德品质是人才素质结构中的重要组成部分。道德品质的修养即我们平常所说的道德修养，其目标是要求人们做道德品质优良的人。

大学生道德修养的内容，首先体现在社会主义社会道德的价值主导方向。任何社会提倡的道德价值都是一个体系，其中必定有一种属于主导性的价值，它体现社会制度的基本要求和社会道德进步的基本方向。社会主义道德的主导价值是为人民服务和集体主义。大学生应当懂得为人民服务的必要性和重要性，做乐于为人民服务的人，应当能够正确理解集体、热爱集体、关心集体，做乐于为集体作出贡献的人。其次，是关于社会公

---

① 《马克思恩格斯全集》第21卷，北京：人民出版社1965年版，第341页。

德、恋爱道德的修养。大学生应当做遵守社会公德的模范，在社会公共场所要模范地遵守秩序、爱护公物、尊老爱幼、见义勇为。大学生正处于青年早、中期，不少人因此而涉足爱情，这本是无可厚非的。但是，大学生在对待爱情问题上，应当加强自我修养，表现出优良的品格和情操。再次，是关于职业道德修养。大学教育是就业准备教育，大部分大学生毕业后会走上工作岗位。为了帮助大学生走上工作岗位后能够具备良好的职业道德品质，有些高校开设了职业道德课程，大学生应当认真学习这些课程，把这些课程所涉及的职业道德知识，作为自己进行道德修养活动的重要内容。

（四）高尚的审美情趣

审美情趣的修养目标是"高尚"。大学生是正在接受高等教育的人，其审美情趣毫无疑问应当是高尚的。

审美情趣的修养不同于人们通常所说的审美修养。后者的主要内容是从审美意识和审美能力的意义上说的，而前者的主要内容则是情趣。审美情趣，主要由审美意识和审美风格构成，这些都受人的思想水平和道德标准支配。所以，审美情趣的修养本质上属于思想道德修养。

美的价值在于能够启迪人的心智，激发人的情感，陶冶人的情操，培养人的品质。一个人能否认识和把握美的价值，以发展和完善自身，关键在于他的审美情趣。爱美之心人皆有之，但在为什么要爱美、怎样爱美这些问题上，却反映了人的审美情趣和思想道德水准。比如，同样是爱花草树木、名胜古迹，有的人持欣赏赞美并伴之以爱护、保护的态度，有的人则不是这样，或者攀摘花草树木，或者在文物上刻上"×××到此一游"。再比如，同样面对一幅美丽的绘画作品，有的人只是欣赏，从中汲取美的营养，有的人却将其撕下来据为己有。这里，都有一种审美情趣上的高尚与低下的分野，分野的实质反映出思想道德水准上的差别。

美有三种基本形态，即自然美、社会美、艺术美。在日常生活中，我们经常会感受到某些社会事物具有某种美的性质，因而成为我们的审美对象，由此而产生了社会美。社会美的基本成分是社会的道德风尚和人的道德品质。道德风尚反映社会发展的实际需要，道德品质体现人们精神生活的需要和追求，无疑都会给人一种美感。所以，在社会美的审美问题上，情趣高尚与否应当看其对良好的道德风尚和道德品质所持的态度。《礼记·礼运》曾以赞美的笔调对所谓的"大同世界"作了这样的描绘："大道之行也，天下为公，选贤与能，讲信修睦。故人不独亲其亲，不独子其子，使老有所终，壮有所用，幼有所长，矜、寡、孤、独、废疾者皆有所养，男有分，女有归。货恶其弃于地也，不必藏于己；力恶其不出于身也，不必为己。是故谋闭而不兴，盗窃乱贼而不作，故外户而不闭，是谓大同。"在封建专制社会里，要构建这样的"大同世界"当然是幻想，但由此我们至少可以看出，古人在社会美的审美问题上，情趣是高尚的。

一般说来，大学生都具有一定的审美能力，在认识上能够分清美与丑，对于祖国山河美、家乡故土美、文学艺术美都有自己的欣赏能力，但仅仅如此是不够的。当代中国正在奋力推进改革开放和社会主义现代化建设事业，人们的思想道德观念正在发生深刻的变化，由于价值观念紊乱、行为失范的现象较为普遍，所以真善美与假恶丑并存。这种情况将会在一个相当长的历史时期内存在。因此，大学生还需要加强关于社会美的审美能力特别是审美情趣的修养，培养高尚的审美情趣。

三、加强自我修养的基本途径和方法

（一）认真学习理论知识

修养是把知识理论和文化信息转化为自身素质的过程及由此而达到的境界。学习，是获取知识理论和文化信息的活动。因此，学习是进行一切自我修养活动的前提条件。没有认真的学习活动，便不可能有真正的自我修养。

思想道德修养的前提条件是认真学习马克思主义、毛泽东思想和邓小平理论。它们虽然形成于不同的历史时代，指导的实践和解决的问题也不一样，但它们是有着内在逻辑关系的社会科学体系，都是科学的世界观和方法论。学习马克思主义、毛泽东思想和邓小平理论，不仅使我们获得科学的知识和理论，更重要的是给我们的思想道德修养指明了方向，因此它是思想道德修养的基本途径。大学生用科学的理论来指导自己的思想道德修养，应当特别注意三点。一是要实事求是地看待中国改革开放和社会主义现代化建设事业所取得的巨大成就，以及目前所存在的问题。二是要实事求是地确立自己的人生理想和人生奋斗目标，既不要好高骛远，也不要甘心于碌碌无为。三是要培养理论联系实际、脚踏实地的优良学风，为将来报效祖国、投身于祖国现代化建设事业而努力搞好自己的专业学习，力求做一个全面发展的优秀人才。

（二）积极参加社会实践，走与人民群众相结合的道路

人类自从有了自我修养活动以来，便有两种不同的修养观。一种是脱离社会实践、脱离广大人民群众，只求个人所谓"自我完善"的修养，它使人走向自我封闭，最终不能提高和改善人的素质。另一种是引导人们投身社会实践，与广大人民群众打成一片，把提高和改善自身素质与服务社会和人民联系在一起，这便是马克思主义的修养观。中国的革命和建设的实践证明，青年知识分子只有坚持马克思主义的修养观，选择积极参加社会实践、走与人民群众相结合的途径，才能使自己在提高和改善自身的思想道德素质的同时，保持与社会和人民群众血肉般的联系，与社会同进步，与人民同呼吸，成为受人民欢迎的知识分子，从而充分地实现自己的人生价值。

早在20世纪30年代的革命战争期间，毛泽东就在纪念五四运动的一篇文章中说道："革命的或不革命的或反革命的知识分子的最后分界，看其是否愿意并且实行和工农民众相结合。"[1]后来他在《青年运动的方向》中又说："全国知识青年和学生青年一定要和广大的工农群众结合在一块，

---

[1]《毛泽东选集》第2卷，北京：人民出版社1991年版，第559页。

和他们变成一体，才能形成一支强有力的军队。"①毛泽东在这里讲的是战争年代青年知识分子走与工农相结合的道路与其健康成长之间的必然联系，走与工农相结合的道路也就是投身革命战争的社会实践，两者是一致的。今天，青年知识分子仍然必须坚持走与工农相结合、积极参加社会实践的"运动方向"，这是大学生健康成才的必由之路，也是大学生进行自我修养活动的重要途径。我国是人民当家作主的社会主义国家，任何人读书成才的目的都应当是为了建成社会主义现代化强国，在为人民服务的过程中实现自己的人生价值。能否做到这样，关键要看对建设社会主义现代化伟大实践的认识与理解，对广大劳动人民的感情。因此，大学生应当注意积极参加社会实践，热心接近人民群众，虚心向人民群众学习，从中汲取营养，加强思想道德方面的自我修养，使自己一辈子身处火热的社会实践中，与人民群众心连心。

（三）正确开展批评与自我批评

由于受到主客观条件的限制，每个人在学习、工作和生活中出现错误和失误都是难免的。大学生一方面求知欲旺盛、接受新知识新事物能力强，另一方面又年轻气盛、缺乏社会阅历和人生经验，往往容易发生错误。纠正错误，要依靠批评和自我批评。批评别人的错误，需要认识别人错误的性质和程度，这样就需要站在对方的立场上对所犯错误加以思考，思考的过程实际上也是提高自己认识错误的能力和"免疫"能力的过程。批评自己的错误叫自我批评，是一种典型的自我修养活动，勇于开展自我批评的人是有利于培养其健康人格的。因此，及时开展批评与自我批评以纠正错误，是加强自我修养的重要途径。

不论是批评还是自我批评，最重要的是批评要正确。所谓正确，有三层含义。一是目的正确。开展批评和自我批评的目的都是为了总结经验，今后少犯错误或不犯同样的错误。二是根据正确，也就是要言之有据、实事求是。三是方法正确，讲究方法得当，开展批评时尤其应当注意这一

---

①《毛泽东选集》第2卷，北京：人民出版社1991年版，第566页。

点。要注意批评的对象、时间和场合，具体问题具体对待。

（四）向先进模范人物学习

向先进模范人物学习，就是向这样的人看齐。这是加强思想道德修养的又一个重要途径。孔子说："见贤思齐，见不贤而内自省也。"先进模范人物是道德的践行者、精神的引领者、时代的奋斗者，他们的先进事迹和高尚品质，具有巨大的感召力，向他们学习有助于净化我们的灵魂，培养健康和高尚的人格。

首先应当向在中国革命和建设事业中涌现出来的领袖人物学习。1978年6月2日，邓小平在全军政治工作会议上说："我们的毛泽东同志、周恩来同志以身作则，严于律己，艰苦奋斗，几十年如一日，成为我党我军优良传统和作风的化身。他们的感人事迹在全党、全军、全国人民中，发生了多么巨大和深远的影响！不仅影响到我们这一代，而且影响到子孙后代。"[1]学习革命领袖的伟大人格，可以陶冶我们的革命情操，坚定我们的政治信念，这既是大学生加强自我修养的需要，也是继承革命传统的一项重大的历史责任。其次，要向各行各业的先进模范人物学习，学习他们注重奉献、兢兢业业的优良品格和卓有成效的业绩，准备着将来为国家和人民作出突出的贡献。再次，向优秀教师学习。一些长期默默耕耘在大学校园里的教师，不仅在教学科研方面造诣很深、贡献突出，而且在处理自己与教育事业及他人的关系问题上也超凡脱俗，追求一种崇高，在师生中德高望重，令人敬仰。这样的教师应当是大学生认真学习、加强自我修养的榜样。向优秀教师学习是大学生向先进模范人物学习的最现实、最可靠的途径。而在这一点上，有些同学恰恰没有引起应有的重视。

（五）坚持慎独

慎独，是儒家的一种道德修养方法。它的意思是，一个人独处，即在别人看不见、听不到的时候，能够高度警惕自己，自觉地按照社会倡导和

---

[1]《邓小平文选》第2卷，北京：人民出版社1994年版，第125页。

推行的道德标准行事。《礼记·中庸》说："君子戒慎乎其所不睹，恐惧乎其所不闻，莫见乎隐，莫显乎微，故君子慎其独也。"慎独作为一种自觉进行思想道德修养的方法，实行的是自我监督、自我约束。大凡坏事，一般都是一人独处时干的，真正合伙干坏事的情况较少。这说明，一个人在独处的时候，如果没有强烈的自我监督、自我约束的意识，就很可能放弃社会道德标准去做坏事。慎独同时也是一种道德境界，一个人能够做到慎独，也就表明他的道德品质是高尚的。不论是作为修养的方法还是作为道德境界，慎独都具有典型的人格特征，能够做到慎独者其人格必定是健康的。

作为一种传统，慎独强调的实际上是自我防范，监督、约束自己不要做坏事。今天来理解慎独应当赋予它新的内容。不仅是要监督、约束自己坚持不做坏事，而且也要监督、约束自己坚持去做好事。因此，大学生应当培养慎独意识，养成慎独的习惯。

略论高校德育工作[*]

党的十一届三中全会以来，高校德育借助改革开放大潮的冲击和推动得到了长足的发展，对于维护国家的安定团结，培养社会主义事业的建设者和接班人，发挥了极为重要的作用。但毋庸讳言，这期间的高校德育又一直被一些重要的问题困扰着，当加快改革开放步伐、大力发展社会主义市场经济的新形势出现后，这种"困扰感"更为突出。因此，认真研究并从思想认识和实际操作上摆脱这些困扰，用新的姿态迎接挑战，对于加强和改进高校德育工作是十分必要的。

一、困扰高校德育工作的主要问题

概括起来说，这些年来困扰高校德育工作的问题主要有以下几个。

第一，怎样才能增强德育效果？从教育的本质及其社会职能来看，高校德育是高等教育最重要的部分，应当放在首位。过去人们是这样认识的，也是这样宣传的，并且试图这样去操作。但是，正如许多德育工作者所深切感受的那样，高校德育的效果并不尽如人意，在个别学校甚至很差，以至于有的学生把接受德育看成是一件"痛苦的事情"。德育教师也时常发出这样的感慨："我们反反复复做工作的结果，往往抵不上专业课

＊原载《安徽教育学院学报》1994年第1期。

教师在课堂上说的一句话"。作为一项应当放在首位的教育事业，其教育效果却差强人意，是一个值得深思的问题。

第二，怎样才能理顺德育管理体制？德育管理体制是一个开放的系统，其功能如何，要看其管理体制是否反映系统的运作要求。当前高校德育系统有三个层次，一是马列主义理论课，二是思想政治教育课，三是日常思想政治工作。在校级管理上，这三个层次一般分别属于三个部门主管。在省级管理上，分别属于省教委和省委高校工委，在中央一级管理上则分别属于国家教委的社会科学与艺术教育司和思想政治工作司。同是德育工作，却分别属于不同部门主管，实践证明这样做会造成力量分散，动作不协调等多种弊端。人们看在眼里，也急在心里，但就是理不顺，这是为什么？

这些困扰归纳起来可以说明一个问题：高校德育还不能真正适应改革开放的新形势，正面临严峻的挑战，亟待改进和加强。

二、转换观念是摆脱困扰的关键

高校德育工作为什么长期被这些问题困扰？原因比较复杂。有受教育自身特殊性制约因而工作本来就较难做的原因，有德育对象身处改革开放大潮中思想观念变得较为复杂的原因，有德育工作者的知识和智能结构一时难以适应时代要求的原因，等等。但是我认为，根本的原因是德育工作者没有高度重视党的工作重心发生转移这一新的历史特点，没有根据党的工作重心发生转移适时地转换德育的职能观念，人虽然处在改革开放大潮中，思想却还基本上停留在已经过去了的时代。

新中国的高校德育是在直接继承革命战争年代党的思想政治工作的优良传统的基础上发展起来的。在革命战争年代，思想政治工作的职能和根本任务是为革命战争服务。毛泽东同志在说到人民解放军政治工作的职能和根本任务时曾指出："这个军队形成了为人民战争所必需的一系列的政治工作，其任务是为团结我军，团结友军，团结人民，瓦解敌军和保证战斗胜利而斗争。"①毛泽东同志在为陕北公学的题词中也曾说过："要造就一大批人,这些人是革命的先锋队"。1949年9月颁布的《中国人民政治协商会议的共同纲领》,在新中国成立后一度起着临时宪法的作用,它要求新中国高校思想政治教育必须开展彻底反对帝国主义侵略,肃清殖民地奴化思想和民族投降主义的爱国主义教育。这显然是为建国初期的政治斗争服务的。1952年10月28日,当时的中华人民共和国教育部发出了《关于在高等学校有重点的试行政治工作制度的指示》,要求高校要设立"政治辅导处"和政治辅导员,负责管理教职员工和学生历史档案、政治材料,掌握师生员工的政治思想情况,开展马列主义理论教学和日常政治思想工作。此后不久,"政治辅导处"被撤除,但政治辅导员保留下来,高校德育工作的基本职能和根本任务已经明确,即围绕现实政治斗争的需要,开展形势政策教育、马列主义理论教育和日常思想政治工作。关于这个历史过程,我们可以从毛泽东同志的"教育为无产阶级政治服务"等有关指示,以及后来高校德育的实践得到充分说明。

也就是说,党的十一届三中全会以前,高校德育与各行各业的思想政治工作一样,是以为现实政治斗争服务,以政治教育为中心内容为基本特征的,适应了以阶级斗争为纲的时代提出的客观要求。自然会使德育工作者相应地形成着重以学生的政治表现看德育的效果,以政治斗争形势看德育的地位和作用,并据此设计德育教师队伍建设的观念。我们没有必要对这种观念具体发表评论,但是有一点必须指出:在党的工作重心由政治斗争转移到经济建设上来以后,这种观念已经不能充分反映新时代向高校德育提出的职能要求。改革开放以来,我们之所以一直被一些重要的问题困扰着,理不清、说不明,根本的原因就在这里。因此,德育工作者必须转换观念,其思维方式和工作方式必须从以政治斗争和政治教育为中心,转换到以为经济建设服务为中心,即以开展适应改革开放新形势的品格教育为中心上来。必要的政治教育也应当紧紧围绕这个中心来开展。

---

① 《毛泽东选集》第3卷,北京:人民出版社1991年版,第1040页

三、以改进促加强，把高校德育工作提高到新水平

当前加强德育工作的基本思路应当是"改"字当头，以改进求加强，只有这样才能最终摆脱困扰，把高校德育提高到新水平。

首先，要"改进"德育目标体系，充实和丰富德育目标。高校培养的大学生应当具备什么样的品格，过去人们研究和实验得很不够，基本是从抽象的原则出发。1984年国家教委政教司曾主持制定过"共产主义思想品德教学大纲"，对德育培养目标作了诸如："坚持四项基本原则""全心全意为人民服务""共产主义远大理想""集体主义精神"等指标规定，这些无疑是正确的。但仅有这些指标显然不够，还难以培养学生具备主动适应新形势客观需要的思想品德，必须丰富和充实。高校培养的学生将来都是各行各业的建设人才，都要身处改革开放的大潮之中，迎接市场经济的各种挑战，因此必须具备能够"面向现代化，面向世界，面向未来"的品格素质。这就要求高校德育目标体系必须增加效益观念、国际意识、竞争意识和自我调控能力等。

其次，要改进德育系统工程的层次序列，确立马列主义理论课和思想政治教育课的主渠道、主阵地的地位。在学校德育系统工程中，过去由于以政治斗争和政治教育为中心，最受重视的是日常思想政治工作，而马列主义理论课和思想政治教育课却被摆在次要位置，没有得到应有的关心。这造成两种不良后果。一种是不能把主要精力用在系统反映和实现德育培养目标上，降低了德育目标要求及德育效果。本来，马列主义理论课和思想政治教育课，由于其教学内容较为系统地体现了无产阶级的世界观、政治观、人生观和道德观，因而理所当然地要充当实现德育目标体系的主渠道和主阵地，而日常思想政治工作由于受其对象广泛及自身多样化的特点的制约，是不可能担当此重任的。因此"两课"教育与日常思想政治工作这三个层次的序列应当是："两课"是龙头，日常思想政治工作要围绕"两课"或根据"两课"所提示的德育目标运转。另一种不良后果，是把

从事日常思想政治工作的德育教师当作干部来培养和使用，肢解了德育教师队伍的整体结构，这是引起这部分德育教师不能安心本职工作的主要原因。政工干部，本是以政治斗争和政治教育为中心的德育模式的产物。所以，在党的工作重心没有发生转移之前，这支队伍充满活力，很少出现人心浮动的情况，他们以自己是政工干部而感到自豪和光荣。如果说80年代，由于资产阶级自由化一次比一次严重的泛滥不时地形成了紧迫的政治斗争形势，要求这部分人必须作为政工干部处于时常被紧急动员的状态的话，那么进入90年代以后，这种情况势必会发生改变，政工干部原有的工作作出相应的调整就是势在必行。这样说，是不是看不到资产阶级自由化思潮重新泛滥的危险，看不到国际上以我为敌的反动势力一刻也没有放弃对我进行和平演变的阴谋呢？不是。这种危险和阴谋将会长期存在，不会以我们的意志为转移，对此不应当有丝毫的怀疑和动摇。但是，在笔者看来，要真正加强这支队伍的建设，最重要的还是要转换"建队"思想，将他们作为德育教师来培养而不仅仅是政工干部。换言之，他们必须首先是能"教书"的教师，是称职的德育教师，然后才是政工干部。试想一下：一个连德育方面的课程都不愿上、上不好的人，怎么可能有勇气和能力面对当代大学生，根据德育目标体系的要求去开展有效的日常思想政治工作呢？

再次，改进"两课"尤其是马列主义理论课的教学方法。新中国成立不久，高校的马列主义理论课便根据当时教育部的指示，取消了"政治课"的名称，规定"把思想政治课目作为业务课的重要组成部分"。从此，这门课在教学方法上就开始向理论文科的业务课看齐，基本上是从书本到书本，长期严重脱离社会现实和学生的思想实际。党的十一届三中全会以后，高校德育工作的研究很活跃，包含马列主义理论课在内的"大德育"的思想越来越被高校德育工作者和德育主管部门所接受，但这门课过去存在的脱离社会现实和学生思想实际的情况依然存在。与此同时，在有些高校，思想政治教育课为了追求正规化，在教学方法上也出现了向马列主义理论课看齐的现象，凡是在高校多年从事两课教育而又注意接触学生的人都看到，脱离实际的教学方法，是"两课"尤其是马列主义理论课不大受学生欢迎的一个重要原因，因此必须改进。改进的办法，除了实行启发式教学方法，增加讨论实践环节以外，还应提倡"两课"教师兼做学生日常思想政治工作，并将此作为教师考核的一项重要指标。

最后，改变消极等待上级指示的思维定式，充分发挥主观能动性和开拓进取精神。高校德育过去长期以政治斗争为中心，突出政治教育，与之相适应便养成了凡事等待上级指示的思维定式。比如，80年代初创建的思想政治教育课，实践证明，由于有正视改革开放的社会现实，贴近学生的思想实际，教学方式又比较灵活，所以受到学生欢迎，教育效果比较好。但在有些高校，它的生存和发展却一直步履艰难，其中一个重要的原因就是每走一步都要等候上级的文件。这种思维定式束缚了广大德育工作者的主观能动性和开拓进取精神，它把人变懒了，变蠢了，使得高校德育成为高等教育体系中最少具有创新、最缺乏活力的领域之一。党的十四大报告强调指出："十四年伟大实践的经验，集中到一点，就是要毫不动摇地坚持以建设中国特色社会主义理论为指导的党的基本路线"。同时又指出："坚持党的基本路线不动摇，关键是坚持以经济建设为中心不动摇"。应当看到，这种大政方针指导下的社会主义实践，实际上已经向高校德育提出了一系列新的更高的要求，高校培养的人才只有具备这样的品格才能适应要求。既然如此，一个不能以积极创新、开拓进取的精神对待自己事业的德育教师，怎么能够培养出这样的人才呢？

高等教育必须把德育放在首位*

高等教育必须把德育放在首位，这本来并不是一个新鲜的问题。然而多年来人们深切地感到，要在认识和实践上真正理解和解决这个问题并不容易。党的十一届三中全会以来，在改革开放的新形势下，邓小平同志多次告诫全党要注意加强思想政治工作，坚持四项基本原则，反对资产阶级自由化。

首先，高等教育必须把德育放在首位，从根本上来说，是由高等教育的阶级属性决定的。大家知道，教育作为一种特殊的上层建筑，是受一定社会的经济关系和政治制度制约的，所以人类自从进入阶级社会以来，教育总是属于一定的阶级、为一定的阶级培养接班人，因而总是具有鲜明的阶级性的。高等教育更是如此。

人类的高等教育发端于奴隶社会中期，作为学校教育的高级形式，其创建的宗旨就是为统治阶级培养捍卫和治理国家的专门人才，从一开始就把德育放在最重要的位置。古希腊最初的高等教育是在国立体育学校和青年军事政治学院（"埃弗比"）进行的，培养目标是国家的管理人才和军事领导人。学生入学时必须宣誓绝对效忠奴隶主国家，学习期间必须经过严格的政治和道德方面的训练，否则不得毕业。盛行于古希腊乃至影响整个西方道德文明史的"四主德"，即智慧、公正、勇敢、节制，曾是当时

---

* 原载《高教新探》1990年第3期。

高等教育中德育的基本内容。我国古代高等教育的宗旨，也是为了培养统治阶级的接班人，最看重德育。《礼记·大学》开宗明义写道："大学之道，在明明德，在亲民，在止于至善"，意思就是要让学生发扬自身固有的道德观念，以教化老百姓，促使人们达到完美的道德境界。此说的立论前提，固然是没有超越先验论，但其对德育地位的高扬却是值得今人借鉴的。从教育内容来看，我国古代高等教育也是把德育放在首位的。古人以"六艺"，即"礼""乐""射""御""书""数"立教，其中摆在前面的两项"礼"和"乐"，就是关于政治规范和道德修养方面的。当今世界许多国家和地区的高等教育，都注意到德育的首要位置。如美国，把德育目标看成是"教育的最高目的"。教育内容的安排也是如此。如苏联强调人的德、智、体、美、劳的全面发展。这些都说明，从培养目标和教育内容上来体现德育的首要位置，从而反映高等教育的阶级属性，是高等教育过程的一种普遍现象。

其次，高等教育把德育放在首位，是由人才的成长规律所决定的。马克思主义认为，任何事物的发生与发展都有其自身的规律，人只能认识和利用规律而不能违背和改变、创造规律，否则就要受到规律的惩罚。人才的成长也有其自身的规律。

所谓人才，是指具有一定的思想水平和专门知识技能的人。人才的成长是其内部诸种素质在外部条件的作用下相互影响的过程，这就是人才成长的规律。一般来说，人才是由德、识、才、学、体五种素质有机构成的，其中起主导作用的是德的素质。德，集中表现为人的政治立场、人生目的，以及人在处理个人与他人、个人与国家集体关系上的基本态度。它制约着人才的行为方向和价值。人的行为总是受其思想意识支配，所谓"无意识"或"下意识"的行为，其实不过是一种思维定式和行为习惯的自然流露，或者说是一种不自觉的行为而已。支配人的行为的思想意识，其核心部分是人的"德"。"德"使人的行为具有目的性和价值取向，因而从根本上影响人的行为价值。诚然，人才的其他素质，即识、才、学、体，对人才的行为会产生重要影响，但它们只能一般地影响行为价值的量，不能制约行为价值的方向，因而也就不能从根本上影响行为价值的量。换言之，人才的其他方面的素质的行为价值，是以德的素质为先决条件和主导因素的。实际上，这是人才成长的普遍规律，区别只是在于不同的阶级、不同的国家，对人才的德的素质的要求不一样，有的甚至是根本对立的。人才之所以具有鲜明的时代性、进步性、阶级性这些基本特征，原因也在于此。既然如此，作为培养社会主义现代化建设人才的高等教育，必须把德育放在首位。

再次，高等教育把德育放在首位，是当前国际斗争形势提出的客观需要。当前国际形势的总趋势是由紧张趋向缓和，由对抗转向对话，和平与发展成为当今世界的两大主题。但是国际反动势力从来没有放弃敌视和颠覆社会主义制度的根本立场，其根本战略就是实行和平演变，同我们"争夺"青年一代。这几年，随着我国实行对外开放，他们加紧推行这个根本战略，通过各种渠道传播西方资本主义的政治模式、经济模式、价值观念，以及腐朽的思想和生活方式。事实表明，在当今世界，无产阶级与资产阶级、社会主义与资本主义的对立和斗争是客观存在的。如果我们放松了警惕，把德育放在次要的甚至可有可无的位置，不注意对学生加强思想政治教育，那么我们的高等教育就势必要偏离社会主义的办学方向，我们的大学生就势必受到和平演变的影响。

综上所述，高等教育把德育放在首位，是由高等教育的阶级属性、人才的成长规律和当前国际斗争的客观需要所决定的，也是不以人的意志为转移的客观规律。

高等教育如何把德育放在首位，必须切实抓住以下三个环节不放。

第一，要切实加强党对高校的领导，发挥高校党委的政治核心作用。这是高等学校把德育放在首位，坚持社会主义的办学方向，培养社会主义事业的接班人和建设者的根本保证。高校党委在对思想政治教育工作实行全面负责的同时，还应该对教学、行政方面的重要工作实行政治领导，通过集体讨论提出指导性的意见，使党的教育方针在各项工作中都能得到体现。

　　第二，要切实加强德育教师队伍的建设，发挥其在德育工作中的骨干作用。这是把德育放在首位的组织保证。加强这支队伍建设，当前最重要的工作有两个方面。一是要坚决纠正那种轻视德育和德育教师的思想倾向。二是要提高德育教师的素质。高校德育教师队伍中的多数人，由于没有经过应有的专门培训和提高，在理论素养、思想作风、工作方法等方面难免存在一些缺陷，不大适应新形势下德育工作的实际需要。因此，高校应把培训德育教师作为一件大事，常抓不懈。这是加强德育教师队伍建设的一项带有根本性的任务。

　　第三，要切实实行教书育人制度，发挥广大教师在德育工作中的主力军作用，这是把德育放在首位的基础建设。关于教书育人，应当说，这几年的舆论工作做得并不差，但毋庸讳言，实际工作做得并不怎么样，主要表现在没有实行相应的制度，基本上还是停留在口头上。因此，很难调动广大教师教书育人的积极性，把教书育人变成他们的自觉行动。教书育人是教师最基本的职责，即教师不仅要给学生传授知识技能，更要教育学生做人，帮助学生树立正确的世界观、人生观、价值观。

　　笔者以为，高校若能扎扎实实地抓好上述三个方面的工作，就一定能把德育放在首位。

课程德育要重视"问题教育"*

中共十八大报告在阐述"扎实推进社会主义文化强国建设"的战略布局时，作出"深入开展道德领域突出问题的专项教育与治理"的战略决策。实施这项旨在全面提高公民道德素质的重大工作部署，既要着眼于当前，也要立足根本和长远，深入开展青少年的道德教育。而要如此，就应当立足唯物史观视野，坚持问题导向，重视学校德育课程的"问题教育"。

课程德育是学校德育的主渠道，长期以来坚持实行"正面教育"，这是毋庸置疑的。但存在忽视"反面教育"或"问题教育"的偏向，却是需要引起重视、进行认真研究并给予纠正的。

一、课程德育开展问题教育的必要性与意义

所谓问题教育，亦可称为反面教育，是相对于正面教育而言的，指的是将道德失范和诚信缺失之类道德问题作为反面教材，并关联受教育者的思想认识问题开展的道德教育。

科学的道德教育应当包含正面教育和问题教育两个方面。缺乏问题教育的课程德育培养出来的学生，一般知"道"不少，得"道"不多，多是"道德书生"和"道德宝贝"。他们要成为真正的"道德人"还有待于走上

---

* 原载《中国德育》2014年第16期。

社会后继续接受道德教育和实践，而当今社会所能用于促成道德人的资源，既有限又复杂。要想促使受教育者走上社会之后真正逐渐成为道德人，还是要看其在校期间接受的道德教育是否科学，而科学的道德教育应当包含"正面教育"和"问题教育"两个方面。

学校德育作为一门教育科学，要恪守关怀社会现实和人的发展进步的意义向度，不可回避社会现实生活中的道德问题，更不应有意掩饰现实问题的真相。把真实的问题告诉受教育者，并帮助他们学会正确看待这些问题，是课程德育应当具备的科学品质。

课程德育重视问题教育的必要性与意义，可以从以下几个方面来分析和认识。

第一，从学理上来看，受教育者理解和接受道德知识需要正视"道德问题"。唯物史观认为，道德根源于一定社会的经济关系，本质上属于观念的上层建筑。恩格斯说："人们自觉地或不自觉地，归根到底总是从他们阶级地位所依据的实际关系中——从他们进行生产和交换的经济关系中，获得自己的伦理观念。"[①]而"每一既定社会的经济关系首先表现为利益"[②]。就是说，道德的根源及其本质特性决定道德的基础和对象都是利益关系。由于实际生活中的利益关系是普遍的，且难免会出现这样那样的矛盾和问题，所以如何面对和处置道德问题是一切道德教育的必备内容。科尔伯格的"道德两难"教育主张之所以会引起中国德育学界的广泛关注，就在于它反映了道德教育这一内在要求，将正面教育与问题教育（反面教育）合乎逻辑地贯通了起来，并凸显其间的问题教育。

第二，从优良道德品质形成的演绎逻辑和客观过程来看，受教育者接受问题教育是必备的环节。瓦·阿·苏霍姆林斯基曾将少儿时期的发展水准形象地比喻为"人的初稿"阶段[③]，其间的寓意显而易见。"初稿"日益完善而"成文"，必须经过不断的"补充"和"修改"，问题教育正是"补

---

① 《马克思恩格斯文集》第9卷，北京：人民出版社2009年版，第99页。

② 《马克思恩格斯文集》第3卷，北京：人民出版社2009年版，第320页。

③ ［苏］苏霍姆林斯基：《关于人的思考》，尹曙初译，长沙：湖南教育出版社1983年版，第17页。

充"和"修改"的必要方式。在这种过程中，受教育者还需要在教育者的指导下应对来自环境之不良因素的"涂鸦"和"篡改"。教育者如果忽视问题教育，就不能把握这些过程要素，促使受教育者形成优良的道德品质。

第三，从教育者把握德育课程教材内容来看，教学中补充"问题"内容是必要的。目前课程德育教材的内容记述的道德现象与社会生活实在的道德现象，并不是同一种性质和意义的现象。前者是"纯粹理性"，后者是"生活世界"。而我们的学生就在"生活世界"之中，如果教育者在实施课程德育工程中，不能增加相关"问题"的内容，学生获得的道德知识和理论就是片面的，就难以全面理解和把握社会和人生，也难以正确认识和看待自己。

第四，从素质教育的基本精神和要求来看，优良道德品质的结构应当包含必要的道德能力和道德经验。"做事"需要必要的能力和经验，"做人"也需要相应的能力和经验。有的人面临道德选择为什么会觉得力不从心？有的学生见义勇为为什么会反被诬为肇事者？原因与缺乏一定的道德能力和经验不无关系。这种能力和经验的培育，同样需要课程德育开展"问题教育"。

引起目前的学校道德教育的"缺效"性问题的原因自然是多方面的，但从学校道德教育自身来检讨，与作为主渠道的课程德育轻视以至忽视"问题教育"有一定的关系。古人曰："教也者，长善而救其失也。"[①] "长善"若称为"正面教育"，那么"救其失"则是"问题教育"。今天的课程德育，应当汲取古人的这条重要经验。

二、课程德育或缺问题教育的认知归因

一是教育者没有真正认识和把握德育课程与智育课程在"解惑"上存在的差别，只是按照智育课程的范式来进行德育课程的教学。通俗地说，

---

① 《礼记·学记》。

德育课程的"解惑"是帮助受教育者理解与"做人"相关的问题，智育课程的"解惑"是促使受教育者把握与"做事"相关的知识。如果忽视这种根本性的差别，自然也就会忽视课程德育需要面向道德现象世界的问题开展问题教育。

二是误以为正面教育就是正面传道。其突出表现就是直截了当地传授课本上的道德知识，讲如何做人的大道理或古今中外道德榜样的高尚品质，须知，"正面教育"的主旨是"讲正面"，"讲正面"既可以"正面讲"，也可以"反面讲"。"反面讲"的"讲正面"，就是要通过对"反面教材"的"解惑"，辨析和彰显"正面"的"做人"道理。

三是误用教育平等和民主的原则。其表现就是以为平等待生、实行课堂教学民主，就是不得罪学生，更不敢轻易批评和责罚学生，乃至放弃严格要求学生。据说，在一个小学课程德育的课堂上曾发生过这样一件事情。有个学生在课堂喧哗，老师说："你要是不愿听就给我出去。"那学生回嘴道："你要是不愿讲，就给我滚。"结果老师没有理会他，还是继续上课。这位老师对这样的现象听之任之、没有就此进行"问题教育"，也是失之偏颇的。这里所体现的并不是师生平等和教育民主的原则，而是放弃了利用德育课程进行"问题教育"。

四是混淆了必要责罚与体罚的界限。我们反对体罚有过错的学生，因为这样做会损伤学生的身心健康，于教育无益。但是，不可因此而一概否认采取责罚乃至惩罚的方式教育有过错学生的必要性，尤其是那些因缺乏起码责任感而犯错的学生。人的本质特性决定人必须对自己的行为负责，马克思说："作为确定的人，现实的人，你就有规定，就有使命，就有任务，至于你是否意识到这一点，那都是无所谓的。"①责任感是人的一切优良品德的基础。让责罚型的"问题教育"进课堂，目的在于通过理性辨析教育学生要对自己的过错行为负责，培育学生的责任意识。

---

①《马克思恩格斯全集》第3卷，北京：人民出版社1960年版，第329页。

三、课程德育开展问题教育的基本思路

首先，要明确问题教育的目的和宗旨。问题教育旨在通过解剖"不应当"的道德问题而阐明"应当"的道德要求，让受教育者明了"正面"的道理。换言之，问题教育的"反面说"是为了达到"说正面"的目的。在这种意义上也可以说，问题教育也是一种正面教育，两者的德育宗旨在本质上是一致的。不同的是，必要的问题教育在多数情况下可以让学生记忆深刻，培育和增强学生对于"道德失范"和"诚信缺失"的免疫力，教育效果尤佳。道德主要是依靠人们自觉的内心信念来维持的。没有接受过问题教育的人，大多难以养成敬畏和尊重道德规则的内心信念。从贯彻和实现德育的宗旨看，科学的课程德育应当把正面教育与问题教育贯通起来，使之犹如车之两轮、鸟之两翼，相互依存、相得益彰。

其次，要选好、用好用于问题教育的"问题"。选好、用好问题教育中的问题非常重要。这样的问题有三类。一是实际存在的道德问题，包括现实社会生活中道德领域存在的突出问题，二是学生成长过程中实现道德品质方面存在的缺陷和不足的问题，三是学生对这两类问题在思想认识上存在的问题。选用的"问题"要少而准，富含典型的教育意义，契合不同阶段学生的理解力。问题教育的关键在用好"问题"，即通过老师的分析和讲解达到正面教育的目的。因此，开展问题教育也应防止把问题教育变成问题展览的情况发生，否则将会适得其反。

再次，要将活动德育之问题教育的内容转移到课程德育之正面教育的课堂上来。目前，我国学校德育包括高校的思想政治教育，一般都比较重视活动德育和日常思想政治工作中的问题教育，这种做法已经成为一个重要的道德和思想政治教育的经验。然而却不能注意将相关的问题教育合乎逻辑、恰当地转移到课程德育的课堂上，在正面教育中展开分析和理解对问题案例进行问题教育的必要性和意义。同时，也可以让课程德育的正面教育走进活动德育的问题教育，在问题教育的过程中，深化和强化正面教育的效果。

陶行知论德育素质目标*

"人中人"，是伟大的人民教育家陶行知先生所倡导的德育素质目标。对此，陶行知十分看重，认为它是学校道德教育的"指南针"。

陶行知把学生品德概括为三种"人"，即"人上人""人中人""人下人"。"人中人"是相对于"人上人"和"人下人"而言的，他在《如何使幼稚教育普及》一文中说："我们应当知道，民国中只有人中人，没有人上人，也就没有人下人。"所谓"人上人"，陶行知将其看作是"做坏事，吃好饭"，骑在人民大众头上作威作福的统治者；"人下人"，就是身受压迫剥削而不知觉悟，为奴性所窒息、失去自尊心和自信心的人。在陶行知看来，几千年的封建专制统治，近百年的半殖民地半封建的民族遭遇，使得中国少数社会地位不高的知识分子缺少独立的人格意识，养成了卑躬屈膝的奴性品格，这是中国知识分子的一个悲剧。他认为，位卑并不可卑，可悲的是位卑而丧志，甘愿做"人下人"。

何为"人中人"？前一个"人"，指的是"人群"，即中国的人民大众，后一个"人"，是指"个人"。所谓"人中人"，就是从老百姓中来又回到老百姓中去，为老百姓服务的人。陶行知创办育才学校时曾有人对其办学宗旨产生疑问，他郑重申明道："育才学校不是培养人上人。有人误会以为我们要在这里造就一些人出来升官发财，跨在他人之上，这是不对的。

＊原载《行知研究》1997年第4期。

我们的孩子们都从老百姓中来，他们还是要回到老百姓中去，以他们所学得的东西贡献给老百姓，为老百姓造福。"需要特别指出的是，陶行知反对学生做"人上人"，却并不一概反对学生"做官"。他认为，做官并不等于就是做"人上人"。封建传统教育宣扬"十年寒窗苦，方为人上人"，公开鼓励学生读书做官，跨在他人之上，因此做官就是做"人上人"，两者是一回事，这种想法与做"人中人"是格格不入的。但是，只要学生将来毕业后乐于做人民大众的"人"，那么做官与做"人中人"就是一致的。他说："做官并不坏，但只要能够服侍农人、工人就是好的。"正因为如此，陶行知毕生致力于革新中国传统教育，引导学生与工农大众打成一片，与工农同甘共苦，一道参加改造旧中国的革命实践。不难看出，陶行知先生所推行的"人中人"这种德育素质目标，与我们今天为培养社会主义事业接班人和建设者而提出的德育素质要求，也是一致的。

那么，究竟什么样的人才称得上"人中人"，或者说"人中人"作为一种德育素质方面的目标，应当具备哪些特殊的要求呢？陶行知认为，最重要的有五条。

第一，要具备为国家民族，尤其是为广大农民谋利益的品格。中国是一个农业大国，陶行知深谙这一国情，他少儿时期是在他的家乡——安徽歙县山区度过的，此后虽求学于异国他乡却仍始终与农村保持着密切的联系。他对"农村破产无日，破于帝国主义，破于贪官污吏，破于苛捐杂税，破于鸦片烟，破于婚丧不宜"悲惨状况感受深切，自幼养成同情、关心劳动人民的优良品格。他希望"被压迫的一齐来出头，人的脚底下不再有人头"，常教导学生说："我们最伟大的老师是老百姓"，"要常常念着农民的痛苦，常常念着他们所想得的幸福。"他指出，那些瞧不起老百姓，在老百姓面前自恃清高、摆臭架子的人，是不配称作"人中人"的。

第二，要具备"摇不动"的"国人气节"。陶先生在《南京安徽公学办学旨趣》中说："做'人中人'的道理很多，最要紧的是要有'富贵不能淫，贫贱不能移，威武不能屈'的精神。"以后他在《勉育才学校师生》中又补充了"美人不能动"的精神。这种精神，必须有独立的意志，独立的思想，独立的生计和耐劳的筋骨，耐饿的体肤，耐困乏的身体，去做那摇不动的基础。"在他看来，这是中国人应当具有的"国人气节"，学校教育就是要培养学生这种品格。陶先生正是具备这种品格的伟大战士。他一生坎坷，从不为高官厚禄所引诱，也不畏恶势力的诬陷和迫害。国民党反动派杀害李公朴、闻一多之后，他对师生说他准备"挨第三枪"。1946年7月16日，在反动派就要对他"下毒手"之际，他给育才学校师生写了《最后一封信》，号召师生不畏强暴，坚持斗争，永不动摇，保持这种"国人气节"。陶行知的学生中有不少人后来走上革命道路，成为无产阶级的优秀战士，为中国的革命事业作出了积极的贡献，这与陶行知坚持和倡导这种德育素质目标，并且以身作则、率先垂范是密切相关的。

第三，要具备"智仁勇合一"的品格。智、仁、勇原为《中庸》推崇的"天下之达德"，即最高的道德标准。陶先生认为，智仁勇三者，是中国最重要的精神财产，过去它被认为'天下之达德'，今天仍然为个人完美发展之重要的指标。尤其是目前抗战建国时期我们需要智仁兼修的个人。因此，智、仁、勇三者应当"合一"，学生只有具备了"智仁勇合一"的品性，才会心甘情愿地做"人中人"，热诚地了解社会与大众，乐于为社会和大众服务。据此，陶行知对它们的相互关系作了辩证的思考和阐发指出，不智而仁是懦夫之仁；不智而勇是匹夫之勇；不仁而智是狡黠之智；不仁而勇是小器之勇；不勇而智是清谈之智；不勇而仁是口头之仁。这种思想是很有见地的，他强调德育要把道德认知、道德情感和道德行为结合起来，即使在今天也具有重要的指导意义。

第四，要具有公德和私德的素质。陶行知认为，"在德育上，公德和私德，都不可欠缺的"。他强调公德的教育在今天来说即指的是社会公德、职业道德、家庭美德等，陶行知更强调的是"私德是公德的根本"。他说："私德不讲究的人，每每就是妨碍公德的人，所以个人私德更要紧。"私德最要紧的是什么？陶行知指出，私德最要紧的是'廉洁'，一切坏心术、坏行为，都是由不廉洁而起。这是道德教育中极为重要之点，也是陶行知在德育方面精辟的概括，更是今天德育素质教育中应当借鉴的。

　　第五，要有艰苦奋斗的自立精神。陶行知在晓庄时曾写过一首广为传颂的《自立歌》："滴自己的汗，吃自己的饭，自己的事自己干，靠人、靠天、靠祖上，不算是好汉！"从一定意义上说，他创立和毕生推行的生活教育正是以学生的自立精神为基础的。但他同时又指出，自立不应是从自私的考虑出发，自立与做"人中人"不可相悖。他在《晓庄三岁敬告同志书》中说："自立不是孤高，不是自扫门前雪。我们不但是一个人并且是一个人中人。"就是说"人中人"要生活、服务在人民大众之中，自主、自立、自强在人民大众之中，而不是要脱离人民大众，更不是要站在人民大众的对立面。这种看法充分显示陶先生"人中人"德育素质目标的辩证思想。今天，我们有些青少年学生在强调自我意识和个性发展时，往往忘记了做"人中人"，在行动上表现出轻视工农、轻视实践的倾向。而我们一些从事德育工作的教师在对学生进行教育时，往往也不大注意将做"自立人"与做"人中人"结合起来，他们应从陶行知这种教育思想中得到启迪。

　　综上所述，陶行知倡导的"人中人"的德育素质目标，作为一种道德人格标准，承继了中华民族优良的传统道德，特别是优秀知识分子正直、重气节、关心社会下层人士的道德精神，同时也具有鲜明的时代特征，对于我们今天的德育工作仍有重要的借鉴意义。

陶行知的德育自治思想及其意义[*]

凡是杰出的教育家都无不重视德育问题，陶行知作为伟大的人民教育家亦是如此。他在毕生致力于"生活教育"的理论建设和实验的研究中，一直很关心德育问题。他的德育思想的核心概括起来就是："注重自治"。他在《学生自治问题之研究》一文中，明确提出学校教育应当立足于学生"自治"，即"智育注重自学""体育注重自强""德育注重自治"。[①]陶行知德育自治的基本思想，可以从两个方面来理解。从学生方面来说，学生自治，不是自由行动，乃是共同治理；不是打消规则，乃是大家立法守法；不是放任，不是和学校宣布独立，乃是练习自治的道理。为防止引起误解，他提醒学生注意三点：第一，实行自治的学生不是个人，而是指全校的同学，有团体的意思；第二，实行自治，也就是自己管理自己，有自己立法、执法、司法的意思；第三，学生自治与别的自治不一样，其目的全在于学生将来如何做社会的主人，国家的主人。从学校方面来说，学生自治是学校中的一件大事。因为今日的学生，就是将来的公民，将来所需要的公民即今日所应当养成的学生。因此，学校不能撒手不管、放任自流，而要为学生预备种种机会，使学生能够大家组织起来，养成他们自己管理自己的能力。

　＊原载《思想教育研究》1995年第4期。

　①《陶行知全集》第1卷,成都:四川教育出版社1991年版,第28页。

　　陶行知认为，德育自治是学生进行自我教育的一种有效形式，好处甚多。第一，为道德修养提供了一种实验的途径和方法。陶行知一贯重视学生的道德修养，认为"道德是做人的根本。根本一坏，纵然是你有一些学问和本领，也无甚用途"①。而德育自治正是学生进行道德修养的好机会、好途径。他对当时智育和体育均有实验的方法，唯独道德没有实验的方法甚为不满，认为这是造成"嘴里讲道德耳朵听道德，而所作所为却不能合乎道德的标准，无形无影当中，把道德与行为分一为二"的根本原因。要克服这种弊端，就得给学生一些"自己做"的机会，以养成学生对于公共事业的愿力、智力、才力，即对于公共事业的热情、责任心和办事能力。

　　第二，学生自治能够体现青少年学生心理发展的特点，符合教育规律，因而易受到学生的喜爱，产生好的德育效果。陶行知指出，由于所处的地位与环境不同、所具有的经验不同等，教育者与被教育者之间往往会存在一种"隔膜"，这种"隔膜"妨碍了德育的正常开展，以至于教师想得越周到、办得越精细的事情，却往往适得其反，越是害了学生，因为教师"随便怎样精细周到，总不如人之自为"。自治即是学生自己为之，身在其中，自己为自己立规矩，此时学生既是教育者又是被教育者，自然就会自觉自愿地去遵守规矩，"所以自己所立之法的力量，大于他人所立的法；大家共同所立之法的力量，大于一人独断的法。"

　　第三，学生自治有助于提高学生自我约束的自觉性和能力，促进良好的校风校纪的形成。陶行知认为，没有学生主动参与的"被治"式的德育，会养成学生对于老师的依赖心理和习惯以及爱做表面文章的不良习气。如教师在的时候，就规规矩矩，不在的时候，就肆行无忌；或认为既然有教师负责，便不愿"多事"，对同学的"为非"采取严守中立的态度。这样，就很难严明校纪，形成良好的校风。自治不同于"被治"的地方在于它是互相监督、相互纠正不良行为的"共同自治"，各人所想所为都要对大家负责，因此有助于严明校纪，形成良好的校风。

　　第四，学生自治还有助于培养学生独立战胜困难的意志品质和积累社

－－－－－－－－－－
①《陶行知全集》第3卷，成都：四川教育出版社1991年版，第464页

会生活经验。陶行知特别重视学生意志品质的培养，他创办晓庄师范、山海工学团和育才学校等，可以说都包含着培养学生意志品质和帮助学生积累生活经验的教育设想。他说："我们德育上的发展，全靠着遇了困难问题的时候，有自己解决的机会。"他坚决反对德育上那种让"别人代我解决问题"的"保育主义"，认为那样做不利于学生养成独立判断、独立自主地解决问题的意志品质、责任意识和社会生活能力，而这正是旧德育的症结所在。

陶行知指出，德育自治作为一种改革旧德育的创造，不是很快就能被学生理解和正确掌握的，而且可能产生认识上的偏差，形成一些不利于德育自治的"弊端"。比如，把自治团体当作"驱公众争权利"的工具，因为，大凡学生团体都会有一种特别的势力，这种势力比个人的大得多，便于采取团体行动去干某一件事情，所以如果用得不当，那是有"危险"的。再比如，自治团体与学校立在对峙地位，这会导致自治走向歧途，失去其本来的意义。他强调，学生德育自治组织与校方之间不是对立的关系，而应当是协助的关系。此外，实行自治，还可能会发生这样的弊端："把学生自治误作治人看"，自治者成了"人上人"，自治团体成了"治人"的工具。这些都是与培养"人中人"的德育目标相违背的。他认为，德育的目标应是培养"人中人"，而不是"人上人"，把德育自治团体看成是治人的工具，自治者做起"人上人"来，那就从根本上违背了德育自治的宗旨了。但这些弊端，"都是办理不妥当的过处，并非学生自治本体上的过处。"那么如何防止和克服这些"弊端"呢？

陶行知认为，最重要的是要对学生自治的范围、学生自治团体与学校的关系等，作出明确的规定。就范围来说，凡属于学生自治的事，必须是"学生愿意负责，又能够负责的事件"，因为"自治与责任有连带关系。"就学生自治团体与学校的关系来说，必须明确自治不是包揽学校的一切，明确学生自治与教师的指导是一致的，教师放弃指导实际上是一种轻视自治的表现。

此外，防止和克服学生德育自治可能出现的"弊端"，需要学生与教师双方共同努力，师生共生活，同甘苦，建立起融洽的关系。他说："一校之中，人与人的隔阂完全打通，才算是真正的精神交通，才算是真正的人格教育。"①由于历史的局限，陶行知的德育自治思想在实践上受到很大限制，他只是在自己创办的学校里开展过一些实验。今天时代不同了，社会主义新中国为学校德育自治提供了必要的政治条件，改革开放和发展社会主义市场经济对人才素质的要求，为普遍试行德育自治提供了现实可能性。但是，目前在我国青少年学生中，特别是在高校学生中，"不愿被治"又"不能自治"的情况比较突出，陶行知当年指出的学生自治中的那些弊端依然存在，我国青少年学生亟须通过实行德育自治提高"自治"的能力。现在有不少学校加强了对学生会的指导，成立了学生自律部，学生伙管委等学生自治组织，但也有一些学校领导缺少这方面的自觉性，他们不注意创造条件给学生以自我管理的机会，培养他们进行自我教育的能力。实践证明，这种把学生放在"被治"地位上实施德育的做法，不仅收效甚微，而且容易把学生推向与学校对峙的地位。由此看来，研究和实践陶行知关于德育自治的思想，对于改进和加强我国学校的德育工作，是有重要的现实意义的。

①《陶行知全集》第1卷，成都：四川教育出版社1991年版，第43页。

大学生与社会公德*

任何历史类型的社会道德都是一种逐步形成的规范体系。这个体系由不同层次的道德规范组成，社会公德是这个体系的最低层次。社会公德是社会道德风尚和文明程度的重要标志，也是每个人道德学习的起点。大学生要想使自己成为德智体美全面发展的合格人才，就必须了解和掌握社会公德的基本特征和主要内容，模范地遵守社会公德。

一、社会公德的基本特征

社会公德是调节社会公共生活中个人与个人、个人与集体之间最基本、最一般的关系的行为准则。它的基本特征表现在三个方面：

第一，广泛的群众性。作为道德的规范要求，社会公德职能范围最广，能够得到全体社会成员的认可，比如在课堂上、在影剧院，不论是谁都会认为"不准大声喧哗""不准抽烟"等这类规定是不可缺少的道德规范，谁违背了都会妨碍公共生活，受到公众舆论的指责。作为道德的实践形态，由于社会公德是规范体系的最低层次，所以，它能够为绝大多数社会成员所拥护和遵守。

＊张正元主编：《大学思想品德教程》第十三讲，合肥：安徽人民出版社1987年版，此篇内容为钱广荣所著。

第二，大部分内容与行政纪律有关。社会公德的规范要求大部分都同某些行政纪律相重叠。马克思主义道德科学认为，道德具有示范性与禁止性相统一的特点，这个特点体现在社会公德方面，禁止性更为鲜明。因此，违背社会公德的行为总是用禁止的方式纠正，并且常会受到有关行政部门的处罚，如在大街上随地吐痰，影响公共卫生，不仅会受到道德舆论的指责，而且也会受到行政管理部门的罚款处分。

第三，同法律规范衔接。德国有位法学家曾说过，法律是人的最低限度的伦理。就是说，法律与道德这两种类型的行为规范之间是密不可分的。假如把法律与道德都看成是一个完整的规范体系的话，那么法律与道德的衔接点主要是社会公德。一个人如果置社会公德于不顾，缺乏最起码的道德观念，在社会公共场所做"缺德"的事，那就表明他已处于违法犯罪的边缘。

由于社会公德具有上述基本特征，所以它是面向全民的，属于向全体社会成员提出规范要求的"全民道德"。这种性质使社会公德与其他规范形式的社会道德有明显的区别。正是这个区别，使社会公德的历史继承性表现得最为充分，像诚实守信、见义勇为这些公德要求，在我国已经讲了几千年，今天仍不失为公共生活领域里基本的行为准则。

社会公德的客观基础是社会公共生活中的共同利益和共同需要。在一定社会里，人们的利益和需要是个多层次的社会现象。人作为阶级的存在，利益和需要是彼此对立的。而人作为"类"的存在，利益和需要又有许多共同点。比如，人们对于公共生活中的安全、秩序，卫生等方面的利益和需要就是共同的，这些共同点是人们正常进行社会公共生活的基础，也是人类社会得以生存和发展的基本条件，任何人都不会否认其存在的必要性。为了创造和维护这些最基本的条件，社会便规定了一些"起码的公共生活准则"，这就是社会公德。

由于人们的共同利益和需要是个历史范畴，在不同的时代，共同利益和需要的内容和方式有所不同，因此，社会公德虽然属于全民性的道德，却并不是永恒性的道德，它是随着社会物质文明和精神文明的进步而发展变化的。在原始社会，没有阶级对立，人们的利益和需要通过共同劳动、共同占有的方式实现。那时，公德与其他社会道德浑然一体。在人类进入阶级社会，产生阶级利益对立以后，区别于阶级利益的社会共同利益才应运而生。这时，社会公德开始逐步形成和发展起来。社会公德的出现，一方面表明人类的道德实践活动已经发生了阶级分化，另一方面表明人类公共生活范围在不断扩大。在私有制社会里，占主导地位的社会道德是剥削阶级的道德，社会公德受其支配和影响，所以，社会公德同它赖以产生的社会共同利益常处于相分离的状态中。就是说，共同利益往往为剥削阶级所侵吞，成为一己私利，社会公德在通常情况下却只是对广大劳动者提出的规范要求。社会主义铲除了剥削制度，消灭了阶级对立，劳动人民成为国家的主人，人们各种利益关系在根本上是和谐统一的。这就为社会主义制度下的社会公德的丰富和发展提供了丰厚的土壤。正如列宁所指出："人们既然摆脱了资本主义奴隶制，摆脱了资本主义剥削制所造成的无数残暴、野蛮、荒谬和卑鄙的现象，也就会逐渐习惯于遵守数百年来人们就知道的、数千年来在一切处世格言上反复谈到的、起码的公共生活规则。"①

二、社会公德的主要内容

社会主义社会的公德是历史上社会公德合乎规律的继承和发展。从总体上来看，它的内容贯穿着社会主义的集体主义和社会主义的人道主义精神，提倡在公共生活场所要有集体观念，与人为善，凭良心说话办事，遵守"起码的公共生活准则"，反对妨害他人参加正当的社会公共生活等。从具体要求来看，社会主义社会的公德内容是很丰富的。主要包括下述几项规范要求。

①《列宁选集》第3卷,北京:人民出版社1972年版,第247页。

（一）诚实守信

诚实待人，言而有信，是中华民族的传统美德。历代大思想家、大学问家都将这项道德要求看成是极为重要的人格标准和行为准则，一些有见识的封建君主也常用"诚者万善之本，伪者万恶之基"的思想训教臣民。忠，其最初含义并非指忠君，而是指尽心竭力去帮助别人，而要如此又必须做到言而有信。可见，在我国古代思想史上，作为共同道德要求，诚实与忠、信又是相通的。孔子主张与人交往要"主忠信"，即以忠、信二德为主。他说："居处恭，执事敬，与人忠。"意思是说平时待人仪表态度要端庄，办事要严肃认真，与别人相处要忠诚无欺。他的学生曾参提倡做人要严于律己，时常反身自问，主张每日"三省吾身"，其中的两"省"说的就是要检查有没有待人不忠、言而无信的行为。道德生活实践也表明，诚实与忠信是统一的。一个诚实的人，他在社会公共生活场所必定能够言而有信，表里如一，乐于助人，尽力为他人排忧解难，将方便让给别人，把困难留给自己，为方便和帮助别人而不惜做出牺牲，甚至包括自己的生命。

公共生活表现为人与人之间的直接交往，假如没有诚实守信这项公德要求，那是不堪设想的。我国在世界民族之林中素有礼仪之邦的美称，这与中华民族在长期的公共生活中形成诚实待人、言而有信的美德是分不开的。诚实守信这项道德要求的具体内容，概括起来说，就是要说老实话，办老实事，做老实人。有人认为，这样做人往往会吃亏，让不老实的人有机可乘，占到便宜。应当承认，就个人利益得失来说，做老实人往往是免不了要眼前"吃亏"，也就是说要或多或少地做出个人利益上的牺牲。但是，这种个人利益的牺牲，正体现了社会道德价值和个人的高尚品质。从某种意义上来说，没有自我牺牲便没有道德。人们都有这样的体验：在社会公共生活领域，特别是与同学、同事相处，诚实守信有着特别重要的意义，认真实践这项道德要求就获得别人的信任，自己也会在这种信任中体验到做人的尊严，获得自尊感和良心的满足，反之，待人不诚、言而无信，是会被人们唾弃的。这样看来，老实人归根到底是不会吃亏的，不老实的人却常常碰壁，终归要"吃亏"。

（二）敬老尊贤

敬，即恭敬，表示对他人谦恭的态度。司马光说，"敬，德之聚也，能敬，必有德"，认为"敬"集中反映出一个人的道德品质，能够敬重别人的人必定是道德高尚者。

敬重老人是社会公德的重要内容。它是在原始社会后期出现的道德要求。在此之前，由于生产工具十分粗糙落后，生产多是集体性的围猎或采摘，具有与动物群、自然界进行生存竞争的性质，表现为一种"体力竞赛"。因此，劳动收获甚少，只能实行平均分配，不论是氏族、部落首领还是一般成员，都一视同仁，人们的物质生活水平时常浮动在维持生命的水平线上下，饿死冻死的事经常发生。在这种情况下，不具备"体力竞赛"条件的体弱的老人，不仅得不到其他社会成员的敬重，而且会被当作包袱、废物遗弃。不难设想，在这样的社会环境里，是不可能产生敬重老人的道德要求的。敬重老人这项道德要求是社会生产力发展的必然结果。到了原始社会后期，随着社会生产力的发展和社会物质财富的增多，一方面，丧失了"体力竞赛"能力的老年人的生活有了一定的物质保障；另一方面，社会生产出现了大分工，特别是农业、手工业兴起后，老年人的社会地位得到了很大提高。因为老年人在长期的社会实践中积累了丰富的生产知识和生活经验，后辈需要他们的教诲和指导，这时就产生了敬重老人的道德要求。封建社会的中国是一个以田间耕作为主的农业大国，掌握田间耕作技术经验的老年人，不仅是农业生产的支柱，也是家庭伦理道德生活的核心，所以，在社会公共生活中受到普遍的敬爱和尊重。我国历代大思想家都十分重视倡导敬重老人这项道德要求。孟子曾说，"老吾老，以及人之老，幼吾幼，以及人之幼，天下可运于掌"，把敬老爱幼看成是治国安邦的大计。

贤，是中国儒家一贯主张的做人的道德标准。儒家把人的道德品质分为两种基本类型，即君子与小人。君子又分为贤人君子和圣人君子，还有"士君子"，即一般知识分子。圣人君子是儒家的道德理想，做人的最高标准。古人云："规矩，方圆之至也，圣人，人伦之至也。"贤人君子的道德境界没有圣人君子那么高，但他们也是德行高尚、才智超群之辈，"孔圣人"弟子三千，贤人也只有七十二。为了维护封建地主阶级的统治，儒家一贯主张尊贤，倡导贤明政治，极力主张治国要以"选贤良""尚贤使能"为本。相传朱元璋举事时，每到一处都张贴"招贤榜"，曰："贤人君子，有能相从立功者，吾礼用之。"夺取天下之后，他又屈己尊贤，不拘一格使用人才，并为此在南京兴建"礼贤馆"，广招天下贤能之士。当然，像朱元璋这样的封建统治者倡导尊贤，自然是为了促使臣民向君主尽忠。正如《说苑·尊贤》所说："虽有贤者而无以接之，贤者奚由尽忠哉？"但是，应当看到，倡导尊贤，推行贤明政治，对于催人进取，改善社会风气都具有积极的意义。

今天，在公共生活领域提倡敬老尊贤的社会公德是十分必要的。20世纪80年代以来，由于社会主义事业发展的需要，一大批老干部、老工人陆续离开了工作岗位。他们曾为社会主义新中国的诞生和富强艰苦奋斗，建功立业，为后代创造了巨大的物质财富和宝贵的精神财富。国家不仅应通过相关政策规定对其晚年生活给予特别的关照，而且公众也应当尽己所能地为他们提供各种方便，以表敬意。尊重贤者，就是要通过各种形式的社会舆论和具体措施，激励人们"见贤思齐""见不贤而内省"，自觉自愿地向先进模范人物学习。高等学校是"贤者"集聚之地，对于大学生来说，还应当具备尊敬师长的优良品质。

（三）遵守秩序

唯物辩证法认为，任何事物都有其自身固有的规律。社会公共生活作为一种社会存在，也有其自身固有的客观规定性。如：在大街上行走要靠右边，乘公共汽车要先下后上，在电影院看电影要按票面指定的方位入座，等等。这些客观规定性就是我们通常所说的公共秩序。遵守公共秩序是社会公德的基本要求，也是对公共生活中人际关系最直接的肯定和描绘。不遵守秩序，就必然会妨害他人，致使社会公共生活无法正常进行。社会也会因此而陷入不安定的状态。

遵守公共秩序的规范要求有两种不同形式。一种有明文规定，这就是公共生活纪律，如学生守则、交通规则、影剧院敞门入场条例、集体学习或休息场所的有关规章、农村的某些乡规民约等。它们通常是由专门的职能机构负责执行的，带有一定的强制性。另一种没有明文规定，是人们在长期的公共生活中所形成的道德经验和行为习惯，是彼此心照不宣的"契约"。如在商店买东西或在食堂买饭碰上人多时，不抢先、不拥挤、自觉按先后顺序排队等。道德行为贵在自觉，如果将上述两种规范形式作比较，自然是后一种规范更具有道德价值。

公共秩序对人们的行为具有明显的约束力。它是观察社会道德风尚的窗口，也是衡量个体道德的标志。为了实现社会风气的根本好转，促进社会主义精神文明的建设，每个人都应当养成自觉遵守公共秩序的良好习惯。

（四）见义勇为

义与勇都是中华民族传统道德的重要范畴。"义者宜也"，其功用在于分别事理。勇，是指履行社会道德规范时所具备的坚定态度和果断精神。见义勇为，就是说看见合乎道理、合乎道德的事情能够勇敢地去做。古人认为，知仁知义，见义勇为，是"天下之达德"，即共同遵守的道德。

作为一项社会公德规范，见义勇为主要是针对敢于向危害他人安全和社会公共生活秩序的坏人坏事作斗争而言的。历史上，见义勇为反映了被压迫、被欺侮的人们的利益和需要。因此，劳动人民总是赞美和传颂那些见义勇为、仗义执言、路见不平拔刀相助的英雄好汉，许多文学作品如《水浒传》等也因描写和歌颂这类英雄而成为经典。

那么，在社会主义社会，为什么还要倡导见义勇为这项规范要求呢？因为，人类是个复杂的群体，即使在阶级被消灭后，也会在相当长的时期内存在着少数落后分子和害群之马。这些人漠视国法、漠视社会道德的起码要求，时常在公共生活场所为非作歹、欺侮他人，危害社会公共生活秩序。心理学研究表明，对于安全的需要产生于人类的求生本能，是人类最基本的需要。人的衣食住行也总是以安全感为前提的，怀疑饭里放了毒药谁能吃得下？担心房顶即将塌下，谁都会惶惶不安。一个人没有安全感便无法生活，一个社会不能让人们感到安全，这个社会必定动荡不安。社会主义社会为了保障人们公共生活安全，除了制定诸如《治安管理处罚条例》等法律规范，设有专门的治安管理机构外，还大力提倡见义勇为的道德精神，以配合治安管理部门扼制少数害群之马的破坏行为。

（五）讲究卫生

卫生，保卫生命的意思。讲究卫生是通过创造清洁优美的生活环境来维护和保障人们的身体健康，促进人们的学习和工作的。它涉及人们的生命利益，民族的兴旺发达，国家的繁荣富强。因此，社会主义社会要把讲究卫生作为社会公德的一项规范要求。

讲究卫生以关心人的生命利益为基本特征。生命利益反映社会对人身体健康需要的关心和满足，制约着人的生命价值。生命价值是人生价值体系的最基本的形式，一个没有生命价值的人，自然也就无所谓人生价值。文明社会通过各种途径维护人的生命利益，保障人们身体健康，如公众福利事业、社会保险事业、医疗事业、防疫事业等。

讲究卫生要从每个社会成员做起。它要求每个人在公共生活场所不要随地吐痰，不要随地大小便，不要乱扔纸屑、果皮等杂物，不要乱泼污水，等等。不仅如此，它还要求人们要做到勤理发、勤洗澡、勤剪指甲、勤换衣服，积极消灭苍蝇、蚊子、老鼠等。

三、大学生应模范遵守社会公德

大学生是祖国四化建设高级专门人才的预备队，社会主义精神文明的传播者。大学生的学习生活是社会公共生活的一个重要方面，同时由于自身发展的需要，大学生也经常参加校外公共场所的社会活动。因此，更应当具有强烈的道德责任感，养成良好的公共生活习惯，模范遵守社会公德。

（一）提高遵守社会公德的自觉性

这是模范遵守社会公德的前提。人的行为是受思想支配的，具有自觉性和主观能动性，道德行为更是这样。目前有些人包括一些大学生对遵守社会公德不以为意。有些大学生认为，既然社会公德是低层次的道德规范，能否遵守就是"小节"问题，不必小题大做。基于这种模糊认识，他们在校内外公共场所我行我素，目中无人，时常做出一些"缺德"的事，污染了社会公共生活环境，也损害了大学生的形象。诚然，社会公德是低层次、低标准的社会道德规范，但这并不等于说它不重要，相反，它对行为主体的要求很高，不仅要求每个社会成员都必须遵守，而且要求那些具有一定文化素养和文明素质的人模范遵守，为全社会做出榜样。在这里，低标准与严要求是一致的，认为标准低就可以降低要求是错误的。历史上许多伟大人物从不把遵守社会公德看成"小节"而放松自我要求。1918年列宁遇刺，受了重伤，住院后，他同普通病员一样严格遵守医院的一切规章制度。1958年，周恩来总理到十三陵水库建筑工地劳动，一下车就打听工地的作息时间和纪律规定，并嘱咐随身警卫说"到了这里，一切都要按这里的规矩办事，一点也不能特殊"。他们是遵守社会公德的模范。

（二）培养良好的公共生活习惯

培养良好的公共生活习惯是模范遵守社会公德的重要环节。社会公德调整的对象多数是发生在行为主体身边的琐碎小事，要求主体具有良好的行为习惯。由于学习环境和年龄方面的原因，部分大学生在入学前缺少社会公共生活的训练，自理、自控能力较差，基本上没有形成按照社会公德的要求参加公共生活的习惯。有的大学生不讲文明、不守纪律，每次挨了批评后总是说"道理自己都明白，做的时候就忘了"。这说明他们并非不了解社会公德的规范要求，而是没有养成这方面的良好习惯。俗话说："习惯成自然"，只有把社会公德变成自己的行为习惯，才能避免做或少做"缺德"事，模范遵守社会公德。

（三）参加社会公德的实践活动

参加社会公德的实践活动是提高对社会公德的认识，培养良好的公共生活习惯的基本途径，也是遵守社会公德的具体表现。马克思主义道德观认为，道德实践活动是一切道德现象存在的现实基础，也是道德的价值所在。社会公德是公共生活中的行为准则，公共生活通常表现为人与人之间的直接交往，因而实践性更强。一个人公德意识如何，也只有通过他参加公共生活的实践才能看出来。近几年，大学生积极响应党的号召，满腔热情地开展了"文明礼貌月""五讲四美""遵纪守法讲文明""寻找身边的共产主义因素"等公德实践活动，既促进了社会主义精神文明建设，又提高了自己的文明素质和道德水准。为了实现社会风气的根本好转，我们应当把这些有益的实践形式传承下去，发扬光大。

第二编 『三观』教育

试析"三观"教育中的两种逻辑关系[*]

关于世界观、人生观和价值观的关系，过去高校思想政治教育工作者们一直有争论，有代表性的看法大体有三种。第一种看法认为，三者之间世界观是根本，决定和支配人生观和价值观，而人生观又决定和支配价值观，因此，一个人有什么样的世界观就必定会有什么样的人生观，有什么样的人生观就必定会有什么样的价值观。第二种看法与第一种相反，认为价值观决定和支配人生观，人生观决定和支配世界观，有什么样的价值观就有什么样的人生观，有什么样的人生观就有什么样的世界观。第三种看法认为"三观"之中人生观是核心，它影响和支配着人的世界观与价值观。

上述三种不同看法似乎都有道理，却又给人似是而非的感觉。究其原因，是没有区分"三观"理论在学理上的逻辑关系与"三观"教育在实践上的逻辑关系，将两种不同的逻辑关系混为一谈了。

作为理论知识体系，"三观"在学理上的关系有两种不同的情况。第一种情况是遵循统一律：在特定的社会制度下，"三观"作为社会意识形态，是"统治阶级的意志"的一种形式，政党和国家以什么样的世界观为指导思想，就会相应地推崇和提倡什么样的人生观和价值观。在这种意义上，"三观"应是一种不可分割的知识与观念系统，其内在逻辑关系的叙

---

* 钱广荣主编：《安徽省高校首届三观教育论坛文集》，合肥：安徽大学出版社2006年版。

述方式应是：世界观是根本，决定人生观和价值观，有什么样的世界观就有什么样的人生观和价值观；人们不能离开世界观来谈论人生观和价值观，也不能离开人生观和价值观来谈论世界观；不能离开价值观来谈论人生观，也不能离开人生观来谈论价值观。第二种情况是实际存在于人们头脑中的"三观"的关系，一般遵循的是不统一律：不仅存在世界观中的自然观与社会历史观不统一的情况，而且存在世界观（尤其是自然观）正确而人生观和价值观不正确的情况，还存在世界观（尤其是社会历史观）不正确而人生观和价值观正确的情况。值得注意的是，尽管历代统治者按照统一律的方式推崇和提倡"三观"，但人生观、价值观与社会文明进步的要求相一致，但世界观（尤其是社会历史观）不正确，或者世界观（包括社会历史观）正确而人生观和价值观却又需要接受矫正的情况，都是屡见不鲜的。这种情况在当代中国大学生群体中同样普遍存在，这是需要对大学生深入开展"三观"教育的客观依据。

马克思主义的世界观、人生观和价值观，是人类有史以来最为科学、先进的理论和知识体系。对大学生进行"三观"教育的目的是以马克思主义的科学理论武装大学生，使之得到全面发展和进步。

要使"三观"教育真正有效，最重要的是要在认识上区分"三观"理论在学理上的逻辑关系与"三观"教育在实践上的逻辑关系，理清"三观"教育在实践上的逻辑关系。这种实践逻辑关系大体上可以表述为：价值观教育是人生观教育的逻辑起点；人生观和价值观教育是世界观教育的逻辑起点，也是世界观教育的最终目标。

首先，人参与一切认识和实践活动包括追问对世界的根本性看法都是从特定的意义和价值思考出发的。恩格斯说："在社会历史领域内进行活动的，是具有意识的、经过思虑或凭激情行动的、追求某种目的的人；任何事情的发生都不是没有自觉的意图，没有预期的目的的。"[①]这里的"意识""思虑""激情""目的""意图"等，都属于人生观和价值观范畴。其次，人对世界、社会和人生的认识过程，包括关于世界、社会和人生的理

①《马克思恩格斯选集》第4卷,北京：人民出版社1995年版,第247页。

论与知识的接受过程，遵循的是从个别到一般、从具体到抽象的路线，而个别、具体的事物一般又是与主体的切身利益或需要密切相关的。这就使得人对一定的"三观"知识体系的认识、理解和接受，一般总是从价值观开始的，遵循价值观—人生观—世界观的认识路线。再次，从人认识真理和价值的心理机理看，关于价值问题的理论知识易于为人们所接受。人认识价值问题的心理机理与认识真理的心理机理是不同的，前者遵循的是合目的性的要求，后者遵循的是合规律性的要求。合目的要求，以主体的需要为轴心，认识过程总是与主体的情感、态度和经验密切地联系在一起，为主体理解和把握世界观奠定基础。最后，人类认识世界的最终目的是改造世界，让人自身活得有意义，实现自己的人生价值。如此，人的世界观一般是不受其"说的是一套，做的是另一套"的影响的，而人生观与价值观的意义却在于"说是这一套，做的也是这一套"，把"说"与"做"一致起来。对待人生观和价值观的问题，人们如果说的是一套，做的是另一套，那就没有任何意义了。

作为一种理论知识体系，大学生一般都能接受马克思主义的世界观。对此，他们不仅能够说，而且能够写。但这并不等于说，他们就能依据马克思主义的世界观，在说与做相一致的意义上认识和实践马克思主义的人生观和价值观。事实表明，在当代大学生的群体中，有些人是在说和写的意义上认识和实践马克思主义的人生观和价值观，即说的是一套，做的是另一套。究其原因，从教育上来说，就是长期以来我们并没有注意区分"三观"教育中的两种不同的逻辑关系，以学理逻辑替代了实践逻辑。大学生的"三观"教育应当以人生观和价值观为起点和重点，教师在讲授"三观"理论知识的同时，注意关心和解决与大学生切身利益相关的问题，如专业学习和发展的问题、助学问题、就业问题等。

树立正确的世界观、人生观、价值观*

世界观、人生观、价值观问题，是支配人们的思想和行动，决定人们的人生追求和人生道路的根本问题。在改革开放和发展社会主义市场经济的新形势下，对大学生开展正确的世界观、人生观、价值观教育，是高校贯彻落实党的十四届六中全会精神的重要措施，也是高校德育的重要组成部分。

一、世界观、人生观、价值观的辩证统一

（一）世界观、人生观、价值观的含义及主要内容

第一，世界观的含义及主要内容。世界观又称"宇宙观"，是指人们关于整个自然界、社会及其自身的根本观点和看法。世界观的系统化与理论化，就是哲学。世界观作为社会意识的核心，是社会存在的反映。社会存在即社会的物质生产过程，主要是指物质资料的生产方式。由于不同的社会制度有着不同的物质资料的生产方式，所以世界观是历史范畴。不同的历史时代会产生和推行不同的世界观，在阶级社会中，世界观打上了阶

---

　*选自陈贤忠主编：《跨世纪精神文明建设的行动纲领——中共十四届六中全会决议学习读本》第三章,合肥:安徽人民出版社1997年版,此篇内容为钱广荣所著。

级的烙印，站在不同阶级立场的人会持不同的世界观。不仅如此，不同的人也往往有着不同的世界观。这是因为，世界观在总体上受人们所处的经济政治地位的制约，而且受人们的文化知识水平的影响。人类认识发展史表明，作为哲学体系，世界观的矛盾与对立，集中表现为唯物主义与唯心主义，辩证法与形而上学的矛盾与对立。马克思主义诞生以前，世界观中的自然观存在着这种矛盾与对立，但社会历史观上无一例外都是唯心主义的。马克思和恩格斯在新的历史条件下，在扬弃前人研究世界观问题的成果的基础上，深入地研究了资本主义社会的经济与政治结构，总结了无产阶级革命斗争的经验，在人类历史上第一次把唯物主义与辩证法统一起来，用科学的哲学精神统一了自然观与社会历史观，创立了辩证唯物主义与历史唯物主义世界观。辩证唯物主义与历史唯物主义是无产阶级的科学世界观，是无产阶级和广大劳动人民向资本主义制度作斗争，翻身求解放的强大思想武器。

马克思主义世界观，是中国共产党指导思想的理论基础。其主要内容包括两个部分。第一部分是辩证唯物主义的自然观。它认为自然是物质的，而不是精神的，是不依赖于人的意识而客观存在的；自然是运动的而不是静止的，是无限的而不是有限的，自然界万事万物处在永恒的运动、变化和发展之中；自然是可知的，而不是不可知的，人不仅能够认识自然，而且能够改造自然。马克思主义的自然观真实地反映了自然的本来面貌，从根本上与以往一切形式的唯心主义与神学的自然观划清了界线，因而是科学的自然观。第二部分是唯物史观。如前所述，马克思主义以前，一切世界观关于社会历史的看法都摆脱不了唯心主义的羁绊，马克思与恩格斯在新的历史条件下，将辩证唯物主义贯彻到底，运用到广阔的社会历史领域，创立了历史唯物主义。历史唯物主义认为，社会存在是第一性的，社会意识是第二性的，社会存在决定社会意识，社会意识不仅反映社会存在，并且可以能动地作用于社会存在；物质生活的生产方式决定着社会生活、政治生活和精神生活的一般过程；自有阶级以来的人类历史是阶级斗争的历史，人民群众是创造历史的动力；社会历史的发展有着不以人的意志为转移的客观规律，生产关系与生产力之间、上层建筑与经济基础之间的矛盾是推动社会发展的基本矛盾；共产主义制度是人类最理想的社会制度。

需要注意的是，马克思主义科学的自然观与科学的社会历史观是一个严密的整体，在学习与把握上不可将两者割裂开来，否则马克思主义世界观作为一个整体就会受到损害。

第二，人生观的含义及主要内容。所谓人生观，指的是人们对人生目的与人生意义的根本看法与态度。马克思主义认为："在社会历史领域内进行活动的，是具有意识的，经过思虑或凭激情行动的、追求某种目的的人；任何事情的发生都不是没有自觉的意图，没有预期的目的的"[①]。并且指出，这是人与动物之间的"最后的本质的区别"，"人离开动物越远，他们对自然界的作用就越带有经过事先思考的、有计划的、以事先知道的一定目标为取向的行为的特征"[②]。人生在世，做任何一件事情前都会经过思考，有一定的目的和计划，会直接或间接地与人为什么活着、人应当追求什么样的生活目标、为什么去奋斗这些人生目的、人生意义相联系，总要面对诸如恋爱、苦乐、生死、荣辱等一系列重大的人生课题。人们在思考和对待这些人生问题的时候，总会受一定观点的支配，采取一定的态度，这就是人生观。

人类有史以来，大致有这样一些具有代表性的非无产阶级的人生观。一是个人主义的人生观，持这种人生观的人，一切行动的出发点都是为了个人，为实现个人的目的，甚至不惜损人利己，损公肥私。二是享乐主义的人生观，抱有这种人生观的人信奉"人生在世，吃喝二字"的所谓的人生格言，平时不思劳动创造，但求吃喝玩乐。三是拜金主义人生观，信奉这种人生观的人，金钱至上，唯利是图，认钱不认人，把金钱当作衡量人生价值的标准。这三种非无产阶级的人生观，在当前都有一定的不良影响，干扰着社会主义精神文明建设。所以，党的十四届六中全会通过的

①《马克思恩格斯选集》第4卷,北京:人民出版社1995年版,第247页。
②《马克思恩格斯选集》第4卷,北京:人民出版社1995年版,第382页。

《中共中央关于加强社会主义精神文明建设若干重要问题的决议》明确提出要反对个人主义、享乐主义、拜金主义。

我们倡导的人生观，是无产阶级的人生观，它以马克思主义世界观为指导，主要内容包括三个部分。第一部分，科学的人生价值观，从个人与社会的关系上回答人的一生是怎么回事，即人为什么要活着及人的一生应当怎样度过，等等。第二部分，科学的人生目标体系。人生目标是人生理想的具体体现。对于任何人来说，人生目标都是一个体系，包含职业目标、生活目标、道德目标即做人的目标，以及长远目标和近期目标，大目标与小目标，等等。人们在确立这些目标的时候，应当考虑社会发展的客观需要与可能提供的条件，以及自身素质的实际水平，那种不切实际、好高骛远或不思进取、畏缩不前的思想方法，都是不可取的。第三部分，积极的人生态度即"即将去做"的行为倾向，它是实现人生观的必要条件，没有这个条件，任何关于人生价值与目标的思考都没有实际意义。

人生观的这三个组成部分是一个有着内在逻辑联系的整体。其中，人生价值观是人生观的认识基础，没有这个基础，不可能有明确的人生目标和积极的人生态度；人生目标体系是联结人生价值观与人生态度的纽带，而人生态度又是将价值观念转为价值事实的中间环节。人生活动的前提，是一种受一定的人生价值观支配，朝着一定的人生目标，表明一定的行为倾向的心理准备过程。

第三，价值观的含义及主要内容。这里所说的价值观，即人生价值观，是从人生价值的意义上说的。人生价值是从一般价值引申而来的一般价值或价值。一般价值指的是凝结在商品中的人的一般劳动。在一般的价值关系中，主体与客体的关系是人与物的关系。而在人生价值关系中，客体指个体的人生实践活动，主体则有两个，即社会集体和个体自身。所以人生价值，指的是个体人生活动满足社会及个体自身需要的积极作用（有用性）。依据客体即个体人生活动的价值属性，人生价值可以分为劳动价值、道德价值、政治价值、教育价值、生命价值等不同的价值类型，同样一种个体人生活动，往往包含着多种类型的人生价值。如教师的劳动，就包含着劳动价值、教育价值、道德价值等人生价值依据主体即社会与个体自身来划分，人生价值可分为社会价值与自我价值。所谓价值观就是关于人生价值的基本观点和看法。

正确的人生价值观的内容，首先体现为对人生价值关系的正确认识。马克思在讲到人的本质时，曾提出一个著名的方法论原则："人的本质不是单个人所固有的抽象物，在其现实性上，它是一切社会关系的总和"[①]。人的本质决定每一个人总是生活在特定的社会关系总和之中，由此而构成了人们相互之间以及个人与社会集体之间的人生现实。这种现实又总是以需要及利益的关系来联结的，这就是人生价值关系和人生价值观，实际上就是需要与满足需要的关系。其次体现在对自我价值与社会价值的正确认识上。人生价值关系中的主体有两个，这是区分人生的社会价值与自我价值的主要依据。自我价值反映的对象是个体的人生活动满足个体自身需要的有用性关系，社会价值反映的是个体人生活动满足社会需要的有用性关系。不难理解，一个人自身需要的满足，不能直接通过他的人生活动来实现，必须通过他的人生活动对社会作出贡献之后由社会所给予的"回报"来实现。就是说，自我价值是通过社会价值来实现的。这种关系，一方面揭示了人生价值的本质特性，另一方面也表明自我价值与社会价值是一致的。那种把自我价值与社会价值对立起来，不论是只强调前者而漠视后者，还是只强调后者而漠视甚至否认前者的观点，都是错误的。这样来认识自我价值与社会价值的关系，才体现了正确的价值观的要求。第三，对人生价值评价标准的正确认识。正因为自我价值必须通过社会价值来实现，个体对社会所作的贡献反映了实现人生价值的实际过程，所以，我们只能把人生价值的评价标准归结为个人对社会的贡献，而不能归结为个人对于社会的索取。这是我们检验一个人的价值观念是否正确的根本标准。

（二）世界观、人生观、价值观的相互关系

世界观、人生观、价值观三者是有区别的。

---

①《马克思恩格斯选集》第1卷，北京：人民出版社1995年版，第56页。

首先，世界观反映的是独立于主体之外的整个客观世界。人生观，以人生为反映对象，只是世界观反映对象的一个方面。价值观反映的是人生价值，是人生观反映对象的一个方面，范围比世界观和人生观都小得多。

其次，表现在反映的内容不一样。世界观反映的内容是整个世界的一般规律，是独立于主体之外的不以主体的意志为转移的客观实在。而人生观与价值观反映的对象都是与主体密切相关、须臾不可分离的主客观之间的特定关系。

最后，反映的方式不同。世界观对事物的把握，遵循事实判断的原则，用"是"与"不是"回答客观世界的一般问题，给予人们以客观世界一般规律的认识和改造客观世界的一般方法论的指导。正因为如此，世界观的问题是根本性的问题，不论是对于一定社会意识形态体系还是对于一个人的一生来说，都是这样。人生观对人生问题的回答与价值观一样，遵循的是价值判断原则，用"应当"与"不应当"的方式反映人生问题，指导人们的人生追求。

世界观是人生观、价值观的思想和理论基础，决定着人生观与价值观的内涵与基本方向。一般说来，人们有什么样的世界观就会有什么样的人生观与价值观。人生观是世界观的体现，也是世界观的重要组成部分。人们用一定的世界观去观察、思考和对待人生问题，对人生产生一定的感受、经验和认识，并据此形成对人生的根本看法和态度，即人生观。价值观即人生价值观，是人生观的思想基础，也是人生观的核心部分。从一定意义上可以说，不同的价值观是区分不同的人生观的主要标志。正确的人生观与个人主义、享乐主义、拜金主义人生观的区别，本质上是对人生价值的不同理解。概言之，世界观包括并支配着人生观，世界观、人生观包括并决定价值观。

当然，从另一方面来看，价值观对人生观的影响也是不可低估的。一个人生目标不明确、人生态度不积极的人，如果长期接受正确的价值观的指导，他的目标会逐渐明确起来，态度也会变得积极起来。人生观、价值观对世界观也有一定的影响，确立正确的人生观和价值观的人，比较容易接受马克思主义的世界观。实践证明，不少革命者没有系统地接受科学的世界观的教育，但其人生观与价值观是比较先进的，所以当他们投身革命之后，很快便成为马克思主义者，世界观、人生观、价值观在他们那里达到了高度的统一。

需要指出的是，在实际生活中，世界观、人生观、价值观不统一的情况也是有的。有的人，能够理解和把握科学的世界观，关于科学的世界观方面的学问，说起来头头是道，但对人生与价值的理解和把握却是不正确的，甚至是根本错误的。同样，人生观、价值观正确或基本正确的人，其世界观不科学甚至错误的情况也是屡见不鲜的。这些差别是"做人的学问"与"做事的学问"的差别的实际表现。正因为如此，我们强调要把正确的世界观、人生观与价值观的教育统一起来。

二、开展"三观"教育是思想道德建设的一项战略任务

（一）世界观、人生观、价值观教育是思想道德建设的基本内容

《中共中央关于加强社会主义精神文明建设若干重要问题的决议》指出，"社会主义思想道德集中体现着精神文明建设的性质和方向，对社会政治经济的发展具有巨大的能动作用"，"引导人们树立正确的世界观、人生观、价值观是思想道德建设的一项基本任务"。

思想，亦称观念，是相对于感觉、印象而言的一种认识成果，属于理性认识范畴。人们通常从两种意义上来运用思想这个概念，一是指某种或某些具体方面的理性认识，如政治思想、法律思想、文化思想、哲学思想等。二是特指某种理论体系，如毛泽东思想等。思想多属于社会意识形态范畴。道德，属于一种特殊的社会意识形态，其特殊性不仅表现在它是依靠社会舆论、传统习惯和人们的内心信念来评价和维系的，而且表现在其结构既有思想的成分，又有行为的倾向，任何道德现象都是善的思想与善的行为相统一的结果。思想道德，作为一种统一的集合性概念，其内涵几

乎囊括了社会意识形态的所有方面。而在一定的社会里，世界观、人生观、价值观总是社会意识形态的主导方面，同时也是思想道德的核心部分和基本内容。

世界观、人生观、价值观是人才素质结构中的基本因素和主导方面。人才素质结构由五个基本层次即德、识、才、学、体构成。德，思想品德；识，见识、胆识，通常指观察问题与分析问题的能力；才，才能；学，学问；体，体质与体魄。人才是一个历史范畴，不同时代对人才素质有不同的要求，因此不同时代的人才有着不同的素质结构。这种差别主要是由人才的"德"即思想品德这个层次体现出来的。自古以来，读书是成才的一个重要途径，但是不同时代对读书成才的看法和要求是不一样的。在封建社会，统治者鼓吹"万般皆下品，唯有读书高""十年寒窗苦，方为人上人"的社会历史观和人生价值观。资产阶级也把读书成才看成是爬上所谓"上层社会"和做"上等人"的必经之路。在社会主义制度下，劳动人民是国家的主人，读书成才成为他们热爱祖国和人民、乐于为人民服务、成为社会主义建设者和接班人的基本途径。由此看来，不同时代对人才素质结构中的"德"的要求是不一样的。

就"德"的结构来看，世界观、人生观、价值观是"德"的基本组成部分和主导方面，同时又渗透在识、才、学之中，在有些社会科学方面的人才的素质结构中，甚至是识、才、学的必要因素。就是说，世界观、人生观、价值观不仅从根本上影响一个人的思想品德，而且对素质结构中的其他层次包括体质与体魄，都有深刻的影响。可见，世界观、人生观、价值观是人才素质结构中的基本因素和主导方面。

世界观、人生观、价值观教育，对道德建设起着奠基于导向的作用。道德建设究竟应当以什么样的世界观、人生观、价值观为指导，这是关系到道德建设的指导思想和方向的根本问题。恩格斯在讲到道德的社会根源时说道："人们自觉地或不自觉地，归根到底总是从他们阶级地位所依据的实际关系中——从他们进行生产和交换的经济关系中，获得自己的伦理观念。"①社会主义制度下人们的道德观念产生于社会主义的经济关系，同时又受传统道德观念中的优良因素与不良因素的双重影响，受西方资本主义道德观念中不良因素的影响。社会主义道德建设的基本任务，就是要通过有目的有计划的道德教育与道德实践活动，将混杂纷呈的各种道德观念加以澄清，克服不良道德观念的消极破坏作用，继承和发扬中华民族优良的道德传统，保证社会主义道德在人们道德生活中的主导地位，并且把道德的先进性与广泛性结合起来。要完成这个基本任务，就必须以正确的世界观、人生观和价值观为指导。

（二）青年学生要树立正确的世界观、人生观、价值观

青年学生是祖国的未来，民族的希望，肩负着振兴祖国的历史重任，同时青年学生正处在德、智、体诸方面全面发展的关键时期。因此，青年学生应当适时地接受教育，树立正确的世界观、人生观、价值观。

关注社会和人生，是青年学生思维活动的一大特点。20世纪80年代大学生对于人生观与价值观的思考与讨论，曾有过几次热潮。第一次发生在20世纪80年代初，是由《中国青年》杂志1980年第5期发表的潘晓的信引发的。那封信的题目叫作《人生的路啊，怎么越走越窄》，信中提出两个在当时都具有"轰动效应"的人生命题，一个是"人的本质是自私的"，另一个是每个人都是"主观为自己，客观为他人"。第二次是由第四军医大学学生张华舍身救老农的感人事迹引发的。争论的焦点是：一位风华正茂、前途无量的青年学生的生命换一个风烛残年的老年农民的生命，值得不值得？第三次讨论的热点是张海迪的人生价值观。张海迪幼时患小儿麻痹症引起半身高位截瘫，失去了行走和生活自理能力。但这位姑娘身残志不残，凭着顽强的毅力自学成才，不仅会写作，会外文翻译，而且会给别人看病。她成名后在给青年学生演讲时表明了自己的人生价值观——人生的价值在于奉献而不是索取。她的观点很快引起青年学生们的关注和争论。

①《马克思恩格斯选集》第3卷，北京：人民出版社1995年版，第434页。

但是，由于当时关于人生、人生价值等问题的理论还不够成熟，缺乏有说服力的正确导向，相关的讨论往往没有形成相对意义上的共识。

20世纪90年代后，大学生关于社会问题的思考趋向于成熟，关于人生与价值问题的思考趋向于实际和具体化。像国有企业的改革与发展、金钱的价值、大学毕业生的就业选择、大学生在校读书期间能不能经商、教师职业的价值等，都是大学生关注的热点。事实证明，这些关于社会发展、人生观和价值观问题的讨论，对于帮助青年学生澄清一些模糊认识，树立正确的世界观、人生观、价值观是有益的。当然，由于教育与引导不够，也有不少大学生没有从这些思考与讨论中受到有益的教育。

应当看到，在深化改革和发展社会主义市场经济的新形势下，各种不同思想和价值观念发生矛盾和冲突的现象是客观存在的，拜金主义、享乐主义、个人主义腐蚀人们灵魂的现象将会继续存在下去。对于这一点，大学生应当有清醒的认识。只有自觉接受正确的世界观、人生观和价值观的教育，才能抵制错误思想和价值观念的不良影响，把自己培养成为合格的社会主义建设者和接班人。

（三）开展"三观"教育是思想道德建设的战略任务

《中共中央关于加强社会主义精神文明建设若干重要问题的决议》指出："加强社会主义精神文明建设是一项重大战略任务。"所谓战略任务，是从两种意义上说的，一种是任务内容的重要性，另一种是从完成任务的时间性上来说的。内容重要、完成时间长的，人们通常称之为战略任务。正确的世界观、人生观、价值观教育作为思想道德建设的基本内容和基本任务，也是一项战略任务。

这首先是因为，我们是在发展社会主义市场经济和对外开放的条件下进行正确的世界观、人生观、价值观教育的，这种教育活动直接影响着改革开放和社会主义市场经济的健康发展，同时又需要长期面对资本主义文化思潮的各种挑战。人究竟为什么活着，是为自己还是为最广大的人民群众？人生在世，究竟是"吃喝二字"，贪图享乐，还是为社会多作贡献？

如此等等，这些人生课题将会长期困扰我们，需要我们做出正确的回答。

其次，产生于现实土壤的各种新思想、新观点，既有先进因素，也有落后因素，两者对人们的影响同时存在，而且也是长期的。特别值得注意的是，西方个人主义人生观的影响将会长期存在。由于大学是信息比较集中的场所，大学生受影响的可能要比社会上其他青年群体多。对此，大学生对这些思想应当有自己的清醒认识。

再次，中华民族传统的思想和价值观念中的优良因素与不良因素对人们的深刻影响将会长期同时存在。优良因素的影响需要发扬光大，不良因素的影响需要逐步加以克服。克服的基本方法就是加强正确的世界观、人生观和价值观教育。需要指出的是，民族传统道德中的不良因素，尤其是产生于小生产的经济关系基础上的自私自利思想，如"人不为己，天诛地灭""各人自扫门前雪，休管他人瓦上霜"等道德观念，将会长期弥漫在新时期的社会生活中，与西方个人主义价值观念发生认同与谋合，对新时期的思想道德建设发生双重的破坏作用。

最后，就世界观、人生观、价值观理论建设本身来说，任务也是艰巨的，客观上存在着一个需要不断研究、不断完善的过程。20世纪80年代关于人生观和价值观的几次讨论之所以没有取得相对意义上的共识，与这方面教育本身的理论建设和实际操作不大适应新时期的客观需要也是有关系的。如人的本质究竟是不是自私的，如何看待所谓主观为自己，客观为他人的问题，提倡大公无私与主张公私兼顾究竟有没有本质的区别，如何看待西方的合理利己主义，在思想道德建设的实践上如何把握这些问题，在新时期如何有效地进行正确的世界观、人生观、价值观的教育等，都需要不断进行研究和实践，这本身也是一个长期的过程。

三、青年学生树立正确的"三观"的基本要求

（一）认清形势，树立科学的社会发展观

所谓当前形势，简言之就是社会现实。客观地认识我国当前形势，明确中国社会发展的客观规律，坚定建设有中国特色的社会主义的信心，是树立马克思主义世界观的基本要求。

党的十一届三中全会以来，我国经历了举世瞩目的历史大转折和事业大发展，经济繁荣、社会进步、人民生活水平不断提高，但是出现的问题也不少，尤其是思想道德建设方面的问题。在这种形势下，有些大学生思想上产生了一些模糊认识，不能客观地看待目前的形势，看不到或不愿看到已经取得的巨大成就，眼睛老是盯着存在的问题，有的甚至分不清主流和问题，对改革开放和建设中国特色社会主义的前途也产生困惑，发生动摇。因此，要正确认识当前形势，首先要充分认识改革开放以来取得的巨大成就，正确认识当前出现的一些问题，包括思想道德建设方面存在的一些问题，都是可以逐步得到克服的。

《中共中央关于加强社会主义精神文明建设若干重要问题的决议》在客观地分析了我国当前存在的上述问题之后指出"看不到18年来精神文明建设的主流，就会丧失信心，是错误的；看不到问题的严重性和紧迫性就会丧失警惕，是危险的。"因此，大学生要全面了解和充分认识改革开放18年来我们国家所发生的翻天覆地的变化，懂得当前出现的一些问题，特别是思想道德方面的问题带有一定的必然性，是正常的，从而坚定建设中国特色社会主义的信心。

（二）爱校敬学，树立正确的学习观

一般说来，大学学习是一个人接受学校教育的最后也是最高阶段。大学荟萃了各种学科的高级专门人才，设施先进，学习条件优越，堪称人才

的摇篮。大学生是幸运的，将在这里度过人生中最美好的一段时光，走上成才的道路，因此没有任何理由不爱自己的学校。爱校，首先表现在热爱所学的专业。大学学习是专业学习，也是就业前的职业培训，大学生应当学好专业所开设的所有课程，在此基础上做到全面发展。其次，要尊敬师长，大学老师是教导青年学生健康成长的引路人，他们为此终日辛劳，甘为人梯，许多人为此献出毕生的精力，大学生应当尊重他们的劳动，虚心接受他们的教育。再次，要热爱学校的公共财物，热爱学校的一草一木，不做任何损害公物的事情。

敬学，是大学生应有的人生目的和人生态度。所谓敬学，就是目的明确，专心致志，毫不松懈地搞好学习。学习目的是人生目的的具体体现。学习目的明确，首先表现在具备为人民服务的学习动机。为什么上大学，上大学是为了祖国的富强和人民的幸福，还是仅仅为了个人的名与利，这些是每个大学生都回避不了的人生课题。只有确立为人民服务的学习动机，目的才会明确。其次，表现在确立毕业后首先做一个称职的劳动者的人生目标上。大学生一般都有自己的人生目标，这是必不可少的。但有些大学生却只有远大目标，而没有一个做称职的劳动者的初始目标，这是不可取的。须知，任何远大人生目标的实现，都应从初始的人生目标起步，做一个称职的劳动者的人生目标，对于每一个大学毕业生来说都是不可逾越的人生过程，因此，没有做称职的劳动者这个初始目标，是很难去实现远大的人生目标的。专心致志，毫不松懈，是大学生应当具备的积极的人生态度。大学生应当有吃苦耐劳、奋力进取的品格，专心致志，毫不松懈，以全面发展的优异成绩迎接时代的挑战。

（三）热爱集体，树立科学的自我观

个人与集体的关系是社会关系的基本形式。作为社会的人，每个人总是生活在特定的关系网络中，由此而构成了个人与集体的特定关系。因此，如何处理个人与集体的关系，是人生的永恒课题。

在认识和处理个人与集体的关系这个问题上，自古以来有三种不同的基本原则：一种是奴隶社会与封建社会的禁欲主义。它强调集体的绝对权威，漠视甚至忽视个人的价值。个人因此没有多少真实的社会地位和价值。而在私有制社会里，统治者和有产者所代表的集体，本质上是私有制的产物，与我们今天所说的集体不同。第二种是资本主义社会的个人主义。作为一种人生观与价值观，它强调个人本位，漠视集体的应有地位。第三种是社会主义社会的集体主义，认为个人与集体的需要和利益在根本上是一致的，倡导把个人需要和利益与集体需要和利益结合起来，当两者发生矛盾而又不可调和的时候，主张个人为集体作出牺牲。

不难看出，不论运用那种原则来处理个人与集体的关系，都碰到一个如何看待个人在集体中的地位与作用的问题。毋庸讳言，由于受残余的封建思想和价值观念的不良影响，过去确实存在不合理地对待个人在集体中的地位与作用的问题，这种情况经过改革开放以来的实践已经在很大程度上得到纠正和克服。值得注意的是，西方社会一些不符合我国国情的腐朽的资本主义的思想和价值观念，借我国对外开放之机也渗透进来，特别是个人主义，对青年学生的影响是很明显的，如在考虑个人前途时，置国家和人民的需要于不顾，在日常的集体生活中往往一事当前先替自己打算，与同学交往斤斤计较，缺少与人为善、乐于助人的精神，等等。这些不正确的自我观念，实际上是不正确的人生观、价值观的表现，需要通过接受教育加以克服。

总之，大学生接受正确的世界观、人生观、价值观教育，应当从树立科学的社会历史观、正确的学习观和科学的自我观开始，这是基本的要求。

人生构成*

人是自己命运的主宰。人要想把握人生的活动过程和发展方向，按照自己的意志主宰人生，创造最高的人生价值，就必须对人生的构成进行科学的分析。从总体上看，任何一种人生都是由人生认识、人生行为和人生价值这三种因素有机构成的。在这个有机的统一体中，人生认识是支配人生行为并制约人生价值的决定因素，人生行为体现人生过程并直接充当人生价值的实现者，人生价值则是人生认识与人生行为相互统一的结果。

一、人生认识

（一）人生认识及其形成

人生认识，是主体对主客体之间存在的价值关系的认识，其形成和发展始终受到主体的需要和情感的控制与调节。如人对个人与集体、社会关系的认识，就直接受到物质利益与个性发展需要的影响。这是人生认识与人的一般认识的不同之处，后者是主体对客体的认识，如人对天体运行规律的认识，并不直接受主体的需要和情况的支配和影响。人生认识通常表现为人对人生的看法和态度。人在实现人生本质即认识和改造世界的实践

＊钱广荣主编:《人生哲理》第二章,合肥:安徽人民出版社1989年版。

过程中，同时获得有关人生的各种认识。

每个人的人生认识，都是一个不断发展完善的过程。这个过程存在着感性认识与理性认识两个不同发展阶段。感性阶段的人生认识，是对个别人生现象表面的、直观的反映，带有非理性的倾向。理性阶段的人生认识，是在感性形式的人生认识的基础上，经过概括和抽象而产生的。唯有理性的人生认识，才能真正揭示人生的本质及其发展规律，指导人们认清人生发展的方向，把握人生的实践过程。

人生认识的形成和发展受各种因素的影响和制约。首先，受主体所处的经济关系和政治关系的制约。马克思说："人们按照自己的物质生产率建立相应的社会关系，正是这些人又按照自己的社会关系创造了相应的原理、观念和范畴。"①其次，受社会文化环境的影响。20世纪50、60年代，人们对人生的认识较多地受到民族传统文化的熏陶和共产党人革命传统教育的影响；在改革开放的今天，则较多地受到外来文化的影响。当代大学生是一批求知欲强烈的青年知识分子，其人生认识的形成，往往较多地受文化环境因素的影响。再次，受教育条件的影响。教育是社会按照一定的需要有组织有计划地向受教育对象施加系统影响的活动，是促进人生认识由感性形式上升到理性形式的必要手段。这里所说的教育，包括学校、家庭、社会三个方面的教育。教育条件不同，对人生认识的形成与发展所产生的影响必定不同。最后，受主体的个性素质的影响。从根本上来说，人的个性素质取决于人所处的社会关系、文化环境及其所拥有的教育条件。但个性素质一旦萌生就很活跃，促使主体积极地参与有关人生认识的活动过程。科学地认识人生问题是一门学问，个性素质不一样，特别是道德品质和发展需要上存在的差异，对人生认识所产生的不同影响是非常明显的。

人生认识的形成和发展受各种因素制约和影响这一客观事实，决定了人生认识不仅具有时代性和阶级性，而且具有个性的特征。为什么不同时代、不同阶级乃至不同个体对人生的看法和态度总是有所不同，甚至截然

①《马克思恩格斯选集》第1卷,北京:人民出版社1995年版,第142页。

相反的原因就在于此。将时代性、阶级性与个性统一起来，是形成科学的人生认识的基本标志，也是促使人生科学化的基本前提。

（二）人生认识与人生观

人生观是对人生的根本看法和态度，是主体对人生进行理性思考的产物，是人生认识的核心内容和高级形式。人生观与人生认识是两个既有联系又有区别的范畴。从内涵上来看，人生认识比较宽泛，包括所有关于人生的看法。人生观则只属于人生认识的理性部分。人生观作为理性形式的人生认识，是在感性形式的人生认识的基础上形成的，它标志着人生认识的丰富和发展。人对人生的认识经由个别到一般，由具体到抽象，由低级到高级的过程。俗话说"欲速则不达"，试图不经过感性认识阶段，通过强化人生观教育的途径达到人生观的境界，是不切实际的。有的学生说，听老师讲人生观，头头是道，但是回到现实中，又觉得老师讲的东西太空洞了。这种心态的产生，就是对人生现实缺乏具体的真情实感的表现。人生观作为对人生的根本看法和态度，与世界观有着必然联系，是世界观的重要组成部分，因此有什么样的世界观就会有什么样的人生观。人生认识与世界观之间则不一定构成这种必然性联系，因为人生认识还包含属于感性形式的认识成分。世界观基本一致而对人生的感性认识不同，或者对人生的感性认识基本一致而世界观不同的情况，在生活中是屡见不鲜的。人生观除了具有人生认识的一般特征以外，还具有稳定性和惯性的特征，所谓"江山易改，本性难移"，这本性指的就是对人生的根本看法和态度。人生认识的感性形式不但具备人生观这种"难移"的特质，而且具体生动，易于发展演变，这就为人生观教育提供了可能。一般来说，人生观确立之后，人生发展的主旋律才真正形成。

认清人生认识与人生观的联系与区别，并由此把握人生认识发展的逻辑，有着重要的实践意义。过去，在思想政治教育中，人生认识的感性形式与理性形式之间的区别时常被人们忽视，一些本来属于感性的人生认识问题，常被提到人生观即对人生的根本看法和态度的高度，加以分析和批评，而收效甚微，甚至造成不良后果。青年的人生观形成有其自身的规律，他们的人生认识正处于由感性向理性发展的转折时期。青年期一过，人生观也就基本形成。青年人生有两大基本课题，一是学做人，二是学做事。做人与做事都有学问，人生观就是"做人"的一门基本学问。"少壮不努力，老大徒伤悲"这句人生警语，对于青年学做人来说同样适用。因此，青年不可忽视把握自己人生认识发展的规律，不可忽视把对人生的感性认识，即对人生个别现象表面的、直观的认识，上升到理性认识的境界，从而树立科学的人生观。

（三）人生观的导向作用

人们认识人生的目的是把握人生方向，创造人生价值。人的这种自觉本性使人生认识始终带有"外化"的趋向，由此而产生对人生行为和人生价值的导向作用。由于人生观是关于人生的理性认识，属于人生认识的核心内容和高级形式，所以人生认识对人生行为和人生价值的导向作用，主要是通过人生观实现的。

人是理性动物，人生需要理性，崇尚理性反映人及人生的本质要求。承认并自觉利用人生观的导向作用，正是人向往和追求理性生活、实现人生本质的表现。崇尚理性标志人生发展的完善程度，体现一个国家或民族的文明水平。

不同的人生观对人生会产生不同的导向作用。人类有史以来形形色色的人生观可以分为两种基本类型，即科学的进步的人生观与错误的落后的人生观。科学的进步的人生观引导人们正视人生现实，迎接人生挑战，按照社会发展需要选择自己的行为方式和价值目标。错误的落后的人生观，引导人们违背社会发展的客观要求，或者逃避人生现实，或者蹉跎人生，或者仅把个人需要的满足作为行为选择和价值取向的基本出发点。在社会生活的海洋里，没有科学的人生观进行导向的人生，犹如没有航标导航的小船，难免要偏离航线、迷失方向，造成人生的挫折或悲剧。

二、人生行为

（一）人生行为及其特征

人生行为是人生价值的直接承担者，德国哲学家费希特说："只有你的行动，决定你的价值。"

人的行为是世界上最复杂的现象。可是，人类在漫长的历史过程中并不重视研究自己的行为。20世纪初，美国著名心理学家华生提出，心理学必须把人的行为作为研究对象，在此之前心理学只研究人的意识现象。从那以后，对行为的研究迅速发展，并由此促成现代行为科学的形成。

人生行为与一般意义上的活动不同。活动泛指一切动物的运动状态，而人生行为是人类特有的，它反映人与动物的本质区别。

首先，人生行为受动机支配。动机是本能欲望和人生认识相结合的产物，具有目的性。动物没有人生认识，因此它们的活动不可能有动机背景，只受本能欲望的驱使，带有盲目性。其次，人生行为具有坚持性和连续性的特点，动物的活动则不具备这个特点。人的绝食和动物的冬眠，分别属于特殊的行为方式和活动力式，两者有着本质的区别。前者受动机支配，多是为了实现某种人生目标而进行斗争的手段，常常是"不达目的，誓不罢休"。后者则只受生物钟驱使，不具有坚持性和连续性，冬天终止，冬眠也就结束。最后，人生行为具有能动性和创造性。人能改造自然，使自然"人化"，为自己服务。动物则不能，动物只能被动地适应自然，像蜜蜂、燕子这类动物界的"能工巧匠"，它们成天忙忙碌碌，也都是被动适应自然的一种本能表现。

人生行为也不同于人的一般行为。人生行为是人在一定的人生认识的导向作用下，有目的地实现人生价值的行为。人的有些行为，如吃饭、穿衣、走路等，由于一般并不具有明显的目的性、坚持性、连续性、能动性和创造性等特征，因此不应称之为人生行为。人生行为的后果具有创造与破坏的两重性，人的一般行为的后果不具有这种两重性。就某一种人生行为来看，它的后果不是创造就是破坏。因此，凡是人生行为，其行为主体都必须对自己的行为后果负责。

在此，人生行为作为人的行为的高级形式，其产生、发展和完善有一个过程。人在婴儿期，行为更多地带有动物活动的特征，较多地受人的自然属性驱使。人在3岁至15岁之间，其行为多是被动式的，以长辈和老师的教导为导向，虽然已经开始具有自愿、自知的特点，但仍未进入自觉状态，多数行为不具有坚持性、能动性、目的性和创造性等。也就是说，人在整个幼年期，由于对人生尚未进行认真思考，没有形成稳定的人生认识，人生理想和人生目标尚未确立，所以其行为尚不真正具备人生行为的特质。人进入青年期以后，随着社会属性，心理属性和思维属性的丰富和发展，独立思维能力日益具备，才开始自觉地把人生作为视察和思考的对象，逐步形成以人生理想和人生目标为核心的人生观，人生责任感也因此而逐渐产生。从此，人的许多行为就具有人生行为的特质了。人生行为的形成过程说明，人离开动物愈远，他们对自然界的作用就愈带有经过思考的，有计划的、向着一定的和事先知道的目标前进的特征。

（二）人生行为的分类考察

综上所述，人生行为不是一种盲目的无意识的活动，而是受一定的人生认识特别是人生观指导的具有坚持性、连续性、能动性、目的性和创造性的自觉行为。但是，要想深入了解人生行为的性质和特征，还必须对人生行为进行科学的分类考察。

按照人的年龄特征进行分类，人生行为可以分为老年型人生行为、中年型人生行为、青年型人生行为等。老年人已临近人生旅途的终点，他们积累了丰富的人生经验，喜爱用回首往事的思维方式评判人生，乐于通过言传身教把自己的人生经验传授给下一代，希望后人沿着自己的人生足迹走下去。一般来说，老年人的人生行为目的性明确而创造性不足。中年人是人生的鼎盛时期，人生观已经定型，特别是人生理想和人生目标已经确立，并自觉使之成为他们人生行为的指南。人到中年，人生行为的目的性、能动性和创造性特征得到最佳的和谐与统一，行为的成功率和价值较高。所以，中年人是建功立业、创造最高人生价值的最佳时期。青年，由于人生观尚处在形成和发展的过程中，人生理想和人生目标尚未正式确立，人生行为由于缺少明确的导向条件而表现出不确定性，行为的两重性即创造性和破坏性特征都很突出。人处于青年期，行为既可能使主体获得重大发现，也可能使主体遭受严重挫折，因此，强调社会加强对青年人生行为的引导是必要的。

按照职业分工分类，人生行为又可以划分为生产行为、服务行为、教育行为、管理行为及军事行为、学习行为等。职业行为的目的性和创造性特征最为突出。一个人不会无缘无故地从事某项职业，或者是为了谋生，或者是为了造福于人类，或者兼而有之，总之，会抱有一定的目的，而且总想干出点"名堂"。军事行为是一种特殊的职业行为，它以破坏这种特殊的行为方式创造人生价值，实现人生的理想和目标。学习作为从业的预备阶段，其行为方式也具有特殊性，一般并不具有明显的创造性特征，但其目的性却格外明确。学习目的性集中体现了主体对于人生的认识。学习行为在人的一生旅途中占有十分重要的位置，它对人的一生起着奠基作用。俗话说："玉不琢，不成器，人不学，不知理。"而治学的首要问题则是正确解决学习动力问题，没有动力或动力不足，都直接影响学习行为对于人生价值的创造。

按照行为规范的形式和特点分类，人生行为又可以划分为政治行为、法律行为、道德行为。除了政治行为具有明显的独立形式以外，法律行为与道德行为大多数情况下是与其他形式的行为相伴随、相渗透而存在的，如职业行为就内含法律行为和道德行为，正因为如此，职业行为同时具有法律和道德上的意义，而成为法制和道德建设的重要对象。就法律行为与道德行为受社会制约的特点来看，前者受强制性约束，后者受规劝性约束，但这两种行为之间又有着密切联系。有的具体行为往往既是法律的又是道德的。如果行为的认识背景是科学的，那么就特别有价值。1988年6

月 17 日深夜，两名歹徒在中国科学技术大学校园内企图侮辱一名女学生。该校地球和空间科学系研究生周常羲见义勇为，与歹徒英勇搏斗，女学生得救，周常羲却受伤了。后周常羲被合肥市政府和中国科技大学分别授予"见义勇为好学生"和"优秀研究生特别奖"。周常羲的行为就属于这种情况，它既承担法律责任，又体现了道德义务，所以受到人们的广泛赞扬，社会影响特别好。

按照行为主体来分类，人生行为还可以分为个体人生行为与群体人生行为。其实，上述任何一类人生行为，都是以个体和群体的方式付诸实施的。个体人生行为是指个体参与改造自然和社会、创造人生价值的社会活动。它直接与个体人生发展的客观需要相联系，主要表现为个体对自身完善和美好生活的向往与追求。群体人生行为不是个体人生行为的机械相加，而是在一定的人生观的指导下，通过管理行为而组织起来的集体行动。因此，群体人生行为，通常指的就是人们的社会实践活动，实践从来都是社会性的，这是在行为方式上个体人生行为与群体人生行为的主要区别。群体人生行为往往会造成广泛的社会影响，产生巨大的人生价值。个体人生行为的价值不论有多大，都要在群体人生行为中获得并通过群体人生行为传播和发挥。从另一方面看，个体人生行为毕竟是人生价值的直接承担者，群体人生行为最终也都是通过个体的行为方式实施的。因此，在人生行为的方式上，任何轻视群体人生行为或个体人生行为的看法，都是错误的。

需要指出的是，以上有关人生行为的分类，只有相对意义。实际上，在主体的人生过程中，各种不同类型的人生行为是彼此关联、相互交叉的。我们只是为了深入分析和认识的需要，才采用不同的方法和不同的角度。进行了分类考察。

三、人生价值

（一）什么是人生价值

价值有多种含义。最早是用来反映商品中凝结的人的一般劳动，属于经济学的特定范畴。此后，哲学、伦理学、社会学、人才学等许多以人为研究对象的社会科学也广为涉及。价值不是某种"物的实体"，如金钱财富等；也不是某种精神现象，如名誉尊严等，它是事物的一种属性，这种属性反映一种事物满足另一种事物需要的事实及程度。能满足就有价值，反之则无价值；满足程度高价值量就大，反之则价值量就小。马克思说："'价值'这个普遍概念是从人们对待满足他们需要的外界物的关系中产生的。"[①]这就告诉我们，价值不在事物自身而在事物之间的联系，它在本质上是一种社会关系。这是理解价值的方法论原则。

人生价值，一般是就个体人生而言的。所谓人生价值，指的是个体人生满足社会需要的事实与程度，是个体人生的一种属性。人是人生的主体，人生是由人自己创造的。但是，当某个特定主体被当作价值评判对象时，他在价值关系中就成了客体。他的人生价值不是从他自身，也不是从社会，而是从他能否满足社会需要这种特定关系中引申出来的。在这里，社会成了主体，他却成了客体。就是说，在价值关系中行为主体变成了价值客体。在人生的旅途中，每个人都是行为主体与价值客体相统一的现实存在物。所以说，在人生价值问题上，不存在社会与个人何为"本位"的单项选择自由。行为主体在任何价值关系中，都不可能充当价值本身，所谓"自我价值"其实并不存在，它只是价值生成的某些前提性条件或曰价值的现实可能性，而并非就是价值。有的大学生片面理解人的主体性，只强调行为的主体性而不愿承认价值关系中的客体事实，把人当成"手段"，这是对人生价值的本质特性缺乏科学认识的表现。严格来说，不愿充当价

---

①《马克思恩格斯全集》第19卷，北京：人民出版社1963年版，第406页。

值客体的行为主体就等于自动放弃实现人生价值。当然这是不可能的。因为行为主体同时作为价值客体而存在，是由人的本质决定的，它并不以行为主体的主观愿望为转移。

人生价值与人的价值并不是同一概念，两者既有区别又有联系。人生价值，是在一定的人生认识支配下所实施的人生行为中产生的。它是人生认识特别是人生观与人的行为相统一的结晶。人生价值反映的是客体满足主体需要的客观事实，对主体来说它是实实在在的"益处"，对客体来说它是实实在在的"贡献"。人的价值，是资产阶级在反对封建专制和宗教神学统治的斗争中正式提出来的。作为人文主义的一种重要思想，它在历史上的含义主要是指人区别于物与神的基本属性，也就是人在自然界和社会中的实际地位。与人生价值一样，人的价值也是从人与社会的特定关系中引申出来的。不同的是，在后者的价值关系中，人是主体，社会是客体，人的价值取决于社会满足人的需要的事实和程度，通常表现为人的权利、尊严、人格等。因此，人的价值与人的经济政治地位直接相联系，带有明显的时代和阶级特征。在我国，不少大学生一直把人生价值与人的价值这两个不同概念混为一谈，其弊端在于把人作为主体的价值问题与作为客体的价值问题当成一回事，把权利与义务当成一回事，直接影响人们对人生价值的正确理解，妨碍人们树立科学的人生价值观。当然，人生价值与人的价值之间有着不可忽视的联系。人的价值得到提高，人们会因此而获得做人的权利和尊严，激发自身的责任感和使命感，去积极创造人生价值。而人生价值的不断创造又会促使个性的丰富和发展，社会的改造和进步，从而提高人的价值。

（二）人生价值的内容结构

每个人的人生价值，都是由不同形态的价值构成的，主要包括生命价值、政治价值、道德价值和劳动价值。

生命价值是人生价值结构中最基本的价值形态，指的是人的自然生命满足其人生发展需要的客观事实，表现为人体的健康状况。没有生命价值就无所谓人生价值，生命价值的大小对人生价值也会产生一定的影响。国家提倡"发展体育运动，增强人民体质"，学校的教育方针坚持体育与德育、智育全面发展，都是从重视人的生命价值出发的。

政治价值，是一种特殊形态的人生价值，通常是指个体在国家政治生活中所持的态度及这种态度产生的实际影响。作为现实的人，每个个体都处在一定的社会关系中，政治关系是其中一个基本方面。因此，政治价值与人生价值总体结构之间存在着不以行为主体意志为转移的必然联系，如何正确处理政治关系，参与国家的政治生活，成为任何人都回避不了的人生课题。政治价值集中反映人生价值的阶级属性和民族特征。在我国，阶级从整体上已经被消灭，但阶级斗争在一定范围内依然存在；国际资产阶级中的冥顽者，还不时发生敌视中华民族、挑起国际争端的破坏行为。因此，我们在任何时候都不能放弃正确的政治观念和态度。应当懂得，有无政治价值的自觉意识，反映一个人对国家和民族利益的根本态度，政治价值观制约着个体人生发展的基本方向。在任何国家，个体人生如果失去政治价值，都会被同胞视为"异类"，其人生价值都会受到损害，甚至直接导致人生悲剧。因此，认清政治价值及其对个体人生的特殊意义，是十分必要的。

道德价值，简言之，是指个体人生在道德上的意义。道德价值的可能性或内在因素在于行为主体的道德品质。它通过两种途径转化为道德价值现实。一种途径是主体自身，通过政治价值尤其是劳动价值展现出来，这个转化过程是主体自我完善的一种表现形式。另一种途径是社会环境，通过影响周围的人，乃至一个地区甚至一个国家或民族而展现出来。我国实行改革开放政策以来，各条战线都涌现出一批锐意改革、开拓进取的带头人，他们勇于开拓、重视人的价值、尊重知识和人才、关心人民群众疾苦等优良品质，不仅增进了他们自身的人生价值，而且影响了整个社会，唤起越来越多的人投身改革的伟大实践。在人生认识的总体结构中，关于道德价值的认识在更高的层次上对人生行为起着导向作用，因而影响更大。

劳动价值，直接产生于个体的职业行为，通过个体在职业活动中所创造的物质和精神财富体现出来。劳动价值本身并不体现人生价值的阶级特征，一个人只要创造了社会需要的财富，他也就具备了劳动价值。劳动价值是通过政治价值和道德价值体现出阶级特征的，其核心就是为什么人而劳动的问题。如果一个人只为自己而不顾国家和民族的根本利益，不顾社会公众利益，那么他的劳动价值自然也就会受到影响。劳动价值是人生价值的主体结构，人生的发展和社会的进步，都要以劳动价值为基本条件并通过劳动价值体现出来。作为前提条件的生命价值和体现方向意义的政治价值与道德价值，归根到底都是为了更好地创造劳动价值。换句话说，离开劳动价值，有关人生的所有价值形态就变成无价值的抽象物，失去存在的意义。

生命价值、政治价值、道德价值、劳动价值是人生价值总体结构中的四个不同层次。其中，生命价值是人生价值的自然基础，政治价值体现人生价值的基本方向，道德价值是人生价值的进步标志，劳动价值是人生价值的主要内容。它们是一个相互作用、相得益彰的有机整体，以这个有机整体为价值目标的人，才有可能创造美好的人生。

（三）人生价值的标准

标准即尺度。人生价值的标准是衡量不同人生的价值尺度。人生价值在本质上反映的是主体与客体之间的一种特定关系，它通过客体满足主体需要的事实与程度体现出来。人生价值的这个本质特征是理解和把握人生价值标准的方法论原则，由此我们可以合乎逻辑地推论出人生价值的标准就是个人对社会所作出的贡献。

人生价值的有无和大小，必须以个人对社会所作的贡献为标准。诚然，社会主义从根本上消灭了剥削，个人需要的满足与否，一般是能够在一定程度上反映个人对社会所作的贡献，即个体的人生价值，但这只是间接的不完全的反映。个体需要的满足程度与个体对社会所作的贡献大小之间并不构成直接联系，前者并不能直接印证后者。第一，道德品质比较高尚的人，往往不愿从自己所作的较大贡献中相应领取较高的报酬（包括精神方面的），以增加个人需要满足的程度。第二，我国还处在社会主义初级阶段，分配制度上的一些政策还不完备，或在有些地方还执行不力，这样就影响个体从其贡献中领取相应的报酬。第三，个人需要可以通过不同的人生道路获得，有的人可以不作任何贡献或贡献很小，就能获得较多的个人财富，甚至转眼之间变成暴发户。可见，把人生价值的标准归结为个人需要是不科学的、不可靠的。人生价值的标准在于个体人生对社会的贡献这一命题，揭示了人生价值标准的社会本质。对贡献做出有无或大小的评判，是由社会主持的，标准是社会的裁判者，个人只能按照社会的需要，受社会的委托提出和运用标准，而不能随意制造标准。

人生价值的标准必须是统一的，统一性是它的基本要求。不同的人生可能会有不同的价值，但不能有不同的价值标准。凡是要将不同的事物作比较，就必须有一个统一的标准。人生价值的标准，是人们进行价值比较，进而认识和创造人生的基本前提，没有统一的标准，人们在大千世界面前将不知所措，无所适从。

人生价值的标准是量与质的统一，看一个人的人生价值，必须同时注意到量与质的两个方向。所谓量，是就贡献的大小而言；所谓质，有两层含义，一是指贡献的有无。世界近代史上的希特勒、东条英机、墨索里尼等，他们对人类社会不仅毫无贡献，而且有罪孽。二是指贡献的不同形态。大学生张华因救老农而献身的英雄事迹传开后，在大学生中引起不同凡响，有的人认为张华牺牲不值得，因为一个大学生的人生价值比一个老年农民大。这种看法只看到人生价值的量而忽视了人生价值的质。不错，就生命价值和劳动价值的"量"来看，年轻的大学生确实比年老的农民大，张华的牺牲似乎不值得。但是，张华的人生价值主要是通过道德价值体现出来的，他的献身精神教育了整整一代人，影响了全社会。从这个意义上来说，张华救老农是完全值得的。这个事例说明，在进行有关人生价值的比较和评判时，不可忽视同时注意到标准的量与质这两个方面。

领悟人生真谛　创造人生价值*

大学时期是形成系统的世界观、人生观、价值观的关键时期。大学生应当掌握人生目的、人生态度和人生价值的深刻内涵；明确人生目的和人生态度对人生价值实现的作用，树立积极的人生态度；自觉地选择正确的人生价值观，领悟人生的意义。

一、人生的自我价值和社会价值

当一个人进入青年阶段，具有了较为成熟的自我意识时，就会开始思考人生问题，选择人生目标，形成对待生活的态度，就会通过提出并回答"什么样的人生最有意义"的问题，确立自己的人生观和价值观。

价值不是实体，也不是实体的属性，而是主客体间的一种需要和可以满足需要的关系。将人生置于价值的视角下考察，意味着将个体的生活实践作为价值关系中的客体加以理解和评判。人，一方面是以个体的方式生活着，另一方面又是以社会的形式生活着。人类存在形式的这种二重性，决定了人生价值关系的二重性，即自我与生活实践和社会与个体人生的双重价值关系，这就使得人生价值内在地包含了人生的自我价值和人生的社会价值两个方面的内容。

＊钱广荣主编：《〈思想道德修养与法律基础〉学习指导》第三章，合肥：安徽大学出版社2008年版。

自我价值，指的是人生实践活动对自身需要的满足。它主要包括两个方面的内容：一是个人对自己生命存在的肯定，这是自我价值产生和实现的基本条件；二是对自己人生能力（如智力、体力、创造力等）的肯定，对自己生存权利和生活目的的接受、尊重以及个人的自我完善。社会价值，指的是人生实践活动对社会需要的满足，表现为一个人对社会发展和人类进步事业所作的贡献。在个体和社会的价值关系中，个体贡献越大，价值就越大；贡献越小，价值也就越小；没有贡献，也就没有价值；如果损害社会和他人的利益，则只有"负价值"。人生价值是自我价值与社会价值的统一。

第一，自我价值与社会价值是相互依存、缺一不可的。一方面，自我价值是社会价值的基础。作为个体的人首先要得到社会和他人对自己生存需要的满足，才能维持自己生命的存在与发展，为社会作贡献才有可能。另一方面，社会价值是自我价值的体现，社会价值来自个人对社会的贡献，只有个人对社会和他人的各种需要的满足提供物质和精神产品等，才能体现出个人的自我价值。两者相互依存、不可分割。

第二，自我价值与社会价值在人生价值中的关系并不是平等的，而是分主次的。马克思主义认为，人是社会的人，个人是作为社会的一员而存在的。在人与社会的关系上，社会是主导，个人离开社会则无价值可言。从这个意义上讲，人生的价值首先在于个人对社会的贡献。

人类社会在本质上是一个自然历史过程，其变化和发展遵循着不以任何人的意志为转移的客观规律。处在不同的历史时期的个人、处在同一历史时期的不同的人，在人生价值标准问题上会有这样或那样的差别，但一个人的人生活动是否符合社会历史发展的客观规律，是否以其社会性实践促进了历史的进步，是否通过其劳动对社会和他人作出贡献并使自我得到完善，是评价人生价值的普遍标准。

改革开放以来，随着我国经济和社会的发展与进步，人们之间的交流和交往日益广泛和形式多样，人们在思想活跃、观念更新的同时，人生观和价值观呈现出多样化特点。不同内容和形式的人生观、价值观为人们提供了多种选择的条件，也为人们形成富有个性特征的人生创造了可能性。但是，这绝不意味着在人生问题上从此不再有客观的评价标准和价值尺度了。应当说，在发展社会主义市场经济，构建社会主义和谐社会的背景下，更需要用正确的价值导向引领多样的价值取向，坚持正确的评价人生价值的标准和尺度。

二、劳动和创造是实现人生价值的基本途径

劳动是人们使用劳动资料，改变劳动对象，使之成为适合自己需要的有目的的活动。劳动是人与动物相区别的主要标志，是人之所以为人的根本特征。劳动既是人生存的基本条件和前提，也是人类最基本的生存方式和社会实践活动。

创造有广义的和狭义的两种。从广义上看，一切劳动都是创造；从狭义上看，创造即创新，是推陈出新、从平常到新奇的发明或发现，它是在劳动的过程中萌发和发展起来的。平时，人们所说的"创造"多是狭义的。创造源于一般劳动，又优于一般劳动。由于它在更高层次上体现了人的自觉能动性和个体多样性、丰富性，因而，它更能集中、鲜明地体现人性和人的本质。创造力是人类摆脱自然束缚，从必然走向自由的主要手段。不仅如此，创造活动还不断地开拓人的视野和活动范围，不断丰富人性并促进人类自身发展。创造是人的生命活动的本质。

创造的形式是多种多样的。人类基本物质资料的生产，新的社会关系的创建，社会科学新的理论、学说的创立，科学家对自然奥秘的揭示，新机器的试制和完善，艺术家对审美理想的追求、对新的艺术风格的探索，体育运动员向新的纪录的冲刺等，都属于人类的创造活动。劳动和创造相辅相成、相得益彰。其成果所放射的光彩交相辉映，展现了一幅绚丽多彩、雄伟壮观的人类社会生活画卷，一时、一地、一人创造的涓涓细流，最终汇成浩浩荡荡的创造洪流，不断将历史推向前进，使人类文明从一个高峰登上另一个新的高峰，使社会和人生不断出现新的领域，人们的生活

达到更高的水平。人类的劳动发展史是一个逐步由体力劳动向脑力劳动、由简单劳动向复杂劳动转化或提升的历史。这也就是劳动向创造转化或提升的历史，同时也是在劳动中渗透越来越多的创造性因素和要求的历史。今天，我们已经很难把劳动和创造截然分开，劳动在越来越普遍的意义上成为创造性劳动，劳动的价值越来越体现为创造的价值。

大学生的社会角色是双重的：一是青年的角色。青年是代表未来和希望的一代，也是最能够体现新的时代特征和要求的人群。创造既是时代的要求，又是青年的个性特征。二是青年中的佼佼者，是最有希望、最有前途、最能代表青年创造个性的人群。把劳动和创造看作大学生人生价值实现的基本途径，正是从这两种意义上提出来的。这一思想既适应了历史发展的趋势和时代特征的要求，又符合青年大学生的心理和社会角色的特点。

搞好专业学习是实现人生价值的前提条件。劳动和创造不是空想和空谈，而是一种实实在在的社会实践活动。劳动创造对自然和社会的改造，是以认识和掌握自然和社会的客观规律为前提的，其成效在很大程度上取决于对客观规律的掌握和利用的程度。所以，劳动创造作为人生价值实现的基本途径的第一个要求就是学习，通过学习掌握知识和技能。古希腊先哲苏格拉底认为，人类的整个历史以及个人的生命活动过程应当是事实上也正是一个求知、求学的过程。人类社会的每一次进步、每一次创新，个体生命的每一次充实和完善，都是学习和应用知识的结果。求知、求学是创造和实现人生价值的前提条件。人生有涯，学海无涯，一个人要成就事业，实现人生价值，就须通过学习而掌握更多、更广、更全面、更实用的知识。现代社会提出了更为紧迫的学习要求，自然科学和人文社会科学领域的日益扩展和相互渗透、知识信息量的迅猛增长、实践问题综合性程度的提高等，需要我们学习和掌握的东西越来越多。现代社会的学习将由主要在校期间的任务延伸为终身的任务，教育也由传统的学校教育逐步延伸为终身教育。学习的形式和内容也将发生很大的变化。学习不再是读死书或死读书，而是对知识和信息的加工、再制作，即把储存式学习变为创造性学习。

要搞好专业学习，就要注重参加实践。一般来说，生活和生产的实践是一切真知的源泉。注重实践、面向实践、投身实践，在实践中学习和思考，才能把知识学活，才能使书本上的、他人的知识真正变成自己的知识。大学专业学习期间的实践环节，不仅有助于检验和巩固所学的书本知识和理论，也有助于培养理论联系实际的优良学风，是把储存式学习变为创造性学习的重要环节。大学专业学习的实践，既有校内的形式，也有校外的形式，不论哪一种形式，其目的都是为了提高专业教育和培养的质量，促使大学生搞好专业学习。改革开放以来，高校的教学改革充分注意到了这一点，教学内容和教学方法的改革正在朝着注重实践教学的方向推进，课堂教学忽视实践等环节、书本知识脱离生活和生产实际的状况逐步得到纠正。大学生在专业学习的观念上要适应这一变化和发展趋势，自觉地增强专业实践意识，培育专业运用能力，把书本知识和生活实际、理论和实践更好地结合起来。知识不仅是改造自然、生产和创造物质财富的力量，也是改造人类自身，提升人的素质、修养、境界和价值的力量。因此我们对专业实践的学习内容和形式也不能作狭隘的、片面的、功利化的理解。

大学生在校读书期间还应当注意培养顽强的学习意志。这是搞好专业学习、谋求人生发展必备的心理素质。专业学习包括专业知识理论和技能的学习、训练及其实践环节，是一个逐步探索、逐步积累的过程，不能一蹴而就，不可急功近利，所以要有顽强的意志，既要有解放思想、敢于创造的精神，也要有脚踏实地、持之以恒的作风。

现代社会快节奏的生活和竞争的压力感，容易使人们产生浮躁、焦虑的心态和情绪。事实表明，这种心态和情绪对大学生有诸多方面的不良影响，而其突出的表现就是不能以诚实的态度和踏实的作风对待专业学习和人生发展，如读书不求甚解、爱做表面文章、毕业设计抄袭他人成果、图慕虚名和所谓的轰动效应等。须知，这些不正确的态度和不良作风都是不利于专业学习和将来的人生发展的，更谈不上创造性地去实现自己的人生

价值。

三、和谐环境对于实现和创造人生价值的意义

科学地对待人生环境主要是就调整好个人的心态，即心理诸要素的关系、个人与他人的关系、个人与社会的关系、人与自然的关系等。

（一）和谐心态是实现和创造人生价值的内在条件和基本保障

和谐心态一般是指心理非智力因素的内在平衡。这通常是在两种意义上说的：一是各非智力因素的发展水平正常，如兴趣广泛而有意义、感情丰富而合乎道德、个性鲜明而不怪异、意志坚定而富有社会内涵等；二是各非智力因素的发展大体上保持一种合理平衡的状态，兴趣、情感、性格、气质、意志都具备，不能"畸形发展"，如只有兴趣爱好而没有意志等。

和谐心态是个人实现和创造自己人生价值的内在条件和基本保障。个人人生价值的实现需要多方面条件，最基本的条件就是心理和谐。只有心理和谐，协调好身心关系，保持身心和谐发展，才能正确、客观地认识自我，认识自己的知识结构、能力结构、智力和身体状况，才能在实现人生价值的过程中扬长避短，充分发挥自己的优势，增强实现人生价值的能力。同时，心理和谐也是适应社会的必要条件。挑战和机遇并存是当今时代的基本特点，这一特点必然会给人们造成多方面的心理压力，人们只有实现心理和谐才能适应社会，才能顺利地生存和发展。大学生应当懂得心理和谐的重要性，注意培养和谐心理，以备将来能够适应社会。因此大学生应当注意客观地评价自我，根据社会环境的各种变化，及时做好心理调整，保持心理平衡；应当注意以良好的精神状态投入到正常的学习、生活和工作中去；与此同时，还应当时刻注意纠正不良的心态，正确地评价自己，通过适时的心理调适，克服自卑、忧郁、苦闷、悲观等不良情绪。

（二）和谐的人际关系是实现和创造人生价值的良好的人际环境

和谐的人际关系是人们生存和发展必不可少的人际环境，对于个人实现和创造人生价值具有重要的意义。和谐的人际关系不是自然生成的，它需要通过正确的人际交往来构建。和谐的人际关系是用正确的方式在与人相处和交往的过程中形成的。人们只要能够用正确的方式进行交往，就可以通过情感和信息等方面的交换，实现和睦相处、共同发展。

从根本上说，以正确的交往方式构建和谐的人际关系是由人的本质特性决定的。马克思在批评费尔巴哈鼓吹抽象的人性时指出："人的本质不是单个人所固有的抽象物，在其现实性上，它是一切社会关系的总和。"[①]这个著名论断是我们认识和把握人的本质特性的方法论原则。依据这个方法论，我们可以推论：人之所以为人就在于人是现实的社会关系存在物——人的生存方式是通过现实的社会关系展现的，人的发展要求是在现实的社会关系中表现的，人的价值实现是在现实的社会关系中进行的，等等。在社会历史发展的实际过程中，具有现实性的社会关系的一般形式，主要是经济关系、政治关系和法律关系，具体形式则是人与人的关系即人际关系。考察人的本质特性就应当在这样的"一切社会关系的总和"中展开。这可以从两个方面来理解：一是人们总是在特定的人际相处和交往的活动中表现他们在经济活动、政治活动和法律活动中的实际地位及实际承担的"经济人"和公民的角色，从而相应地形成他们的经济关系、政治关系、法律关系。这就使得经济关系、政治关系和法律关系从来都不是抽象的，而是具体的，在其现实性上都会表现为人与人相处和交往的人际关系。二是在以一定的经济关系、政治关系和法律关系为社会物质条件的公共管理和公共生活领域，人们总是要以特定的人际相处和交往的方式表现他们所实际承担的社会角色。由此看来，以正确的方式展开人际相处和交往，也就是以正确的方式丰富和发展人性。换言之，人的本质特性及其发

---

① 《马克思恩格斯选集》第1卷，北京：人民出版社1995年版，第60页。

展水平就是在现实的人际关系中表现出来的。"用正确的方式处理人际关系"不仅是衡量人性发展水平及其社会化程度的重要标志，也是人自我完善和实现自我价值的基本途径。在这种意义上可以说，用正确的方式处理人际关系实际上就是用正确的方式促进人性的发展和完善，体现、实现和创造人生价值。

以正确的方式进行人际交往，构建和谐的人际关系环境，也是个人成长和发展的客观规律所提出的要求。交往是一种思想沟通、信息沟通的过程。英国作家萧伯纳形象地说，假如你有一个苹果，我有一个苹果，彼此交换，那么，每人只有一个苹果；如果你有一种思想，我有一种思想，彼此交换，那么，每个人就有两种思想，甚至多于两种思想。社会交往比从书上直接获得信息具有内容更广泛、渠道更直接、速度更快等特点。随着交往范围的扩大，几十个人、几百个人相互交换思想，那么每个人就可能获得更多的思想。

一个人的知识毕竟是有限的。而通过人际交往，就能以更迅速的方式进行直接沟通，掌握多方面的信息。在许多情况下，自己百思不得其解的问题，在和别人交谈的时候，会突然得到启示，产生灵感，得以解决。李政道曾说，他和杨振宁共同发现和合作阐发的"宇宙不守恒原理"，就是在吃饭交谈的时候得以解决的。这些交往和相处所产生的著名效应，说明和谐的人际关系有益于人生价值的实现和创造；同时也说明人际交往和相处要有正确的方式，也就是要有明确的目的以及适当的途径和形式。大学生要学会学习，善于学习，善于在与同学、老师正确相处和交往的过程中构建有助于自己学习和成才的和谐的人际关系环境。

（三）个人与社会的和谐对于实现和创造人生价值的意义

唯物辩证法认为，个人与社会的关系是既对立又统一的。科学地把握个人与社会的辩证关系，促进个人与社会的和谐，对于自我价值的实现和创造具有极为重要的意义。

第一，个人与社会的和谐是谋求和发展个人利益的基本保障。正当的个人利益是每个人追求自我价值的重要内容，这样的追求只有在个人与社会的和谐关系中才能正常进行。我国社会主义制度决定了个人利益与社会、集体利益在根本上是一致的，社会利益离不开个人利益，个人利益也离不开社会利益。社会整体利益不是个人利益的简单相加，而是个人利益的有机统一，它体现了作为社会成员的个人的根本利益和长远利益。这就要求每个人在追求个人利益的过程中必须把两种利益统一起来，不可置社会、集体利益于不顾，更不可损公肥私，侵害社会、集体利益。

第二，个人与社会的和谐是满足个人精神需要的基本前提。每个人都有精神需要，追求和满足个人的精神需要如个人的兴趣爱好、情感生活等，既是社会文明的标志，也是人的发展的内在要求。但是，追求个人精神生活方面的需要，并不纯粹是个人的事情，需要在与社会发生千丝万缕的联系、建立和保持与社会的和谐关系的情况下才能得到相应的满足。因此，个人的精神需要并不是纯粹的个人问题。现在有些大学生信奉"我酷，故我在"，追求与众不同的精神生活，以张扬"反传统"甚至"反社会"的个性为荣，其结果不仅难以满足健康的精神需要，相反还会产生一些不良的心理反应，影响自己的精神生活。

第三，个人与社会的和谐是实现和创造自我价值的基本途径。就个人而言，自我价值的实现和创造是个人一生追求的最重要的价值目标，而这样的追求只有在与社会发展保持和谐的情况下才有可能实现。这是因为，自我价值的实现和创造不仅需要有一种良好的社会环境提供相关的有利条件，也需要有一种良好的社会环境提供相关的评价。也就是说，一个人的人生价值实现和创造得如何，不是自己说了算，它需要接受社会的评价，得到社会的承认。一个人如果处在一种与社会和他人不和谐、不协调的人生环境中，他的所作所为即使是有价值的，往往也不能得到应有的尊重和承认。为此，我们应当将独立性、创造性与唯我独尊、我行我素区分开来，使个性与社会性统一起来。当然，这样说并不是主张逆来顺受、墨守成规，更不是反对社会变革。在社会需要人们以改革的创新思维推动其赢得新的发展的历史条件下，人们应当采取积极的人生态度，抓住历史机遇去创造和实现自己的人生价值。这样的创造仍然要求在保持个人与社会和谐的情况下进行。这里所说的和谐，是指尊重社会变革和发展的客观规律。

（四）协调人与自然的关系是人类社会持续、健康发展的重要条件

第一，人与自然和谐相处是人类社会发展的根本趋势。唯物辩证法的对立统一规律深刻地揭示了人与自然既同一又斗争的矛盾关系：人与自然共处在地球生物圈的统一体中，人类的繁衍与社会的发展离不开大自然，必须以大自然为依托，利用自然，同时又必须改造自然，让大自然造福于人类，服务于人类。人与自然这种对立面的同一和斗争推动着社会向前发展。事实证明，社会和谐有赖于人与自然的和谐。如果人与自然的关系不和谐，那么，人与人、人与社会之间也难以建立持久的和谐关系。无限制地掠夺自然会造成资源的枯竭，森林的被破坏和减少，土地的退化、沙漠化，水资源的减少和污染，最终导致人类生产和生活环境的恶化。这样，不仅实现不了发展的目标，还会使地球变得不再适合人类生存。破坏性开发和利用自然让我们付出了惨重的代价，也使我们从痛苦中找到了一条崭新的发展之路，这就是重新定位自然界的价值，重新定义发展的本质，转变单纯利用自然和征服自然的观念，寻求生产发展、生活富裕、生态良好的最佳结合点，从单纯追求经济增长逐步转到注重经济、社会、环境、资源协调发展上来，走人与自然和谐相处的康庄大道。

走人与自然和谐相处之路，建立人与自然的和谐关系，保持人与自然之间的平衡与协调，形成人与自然和谐的价值取向和思维模式，走可持续发展之路，这不仅是一种逻辑上的应然性结论，更是我们总结历史经验、重新审视人与自然关系之后作出的理性选择，代表着人类社会发展的根本趋势。

第二，人与自然和谐相处是经济和社会可持续发展的必由之路。和谐，按字面解释，"和"即和睦之意，含有政通人和、内和外顺的意思；

"谐"即相合之意，强调协调、顺畅，力避抵触、冲突。和谐社会也就是指和睦协调、安定有序、充满活力的社会，是各种矛盾在一定条件下可以协调和统一的社会。改革开放以来，我国经济得到了持续、快速增长，但经济的高速增长也带来了经济和社会发展的不协调，即人与自然关系不协调的严重问题。2005年1月，评估世界各国环境质量的"环境可持续指数"在瑞士的达沃斯世界经济论坛上正式对外公布，在全球144个国家和地区中，中国位居133位。这是个令人感到尴尬同时也感到危机的数字。事实告诉我们，如果我们不能有效地保护生态环境，不但不能实现经济和社会的可持续发展，还可能引发严重的经济和社会问题，从而不利于我们建设社会主义和谐社会。

我们必须清醒地认识到，改革开放以来，我国经济的快速发展在某种意义上是以无度消耗甚至是透支自然资源为代价的，是以破坏人与自然的和谐为代价的；资源瓶颈和环境容量已严重制约着我国整个经济和社会的持续发展，影响着社会主义和谐社会的构建；实现人与自然的和谐相处，不仅关系到我国经济和社会的协调发展，而且关系到全国人民生活质量的提高。离开了人与自然的和谐，人与人、人与社会的和谐也就成了空中楼阁，构建社会主义和谐社会更无从谈起。一个真正和谐发展的社会不可能建立在资源枯竭和生态环境严重恶化的基础上。人与自然的不和谐必然导致生态破坏、生产生活环境恶化、生活贫困和社会问题丛生，整个社会将不能达到一种和谐状态。因此，走人与自然和谐相处之路，既是构建社会主义和谐社会的基本条件，更是我国经济社会发展的自身需要和唯一选择。

四、正确地为人生价值定向

人生价值的定向，指的是人生价值的取向必须符合社会稳定和发展的基本的价值目标。每个人生存的社会都是先在的，不以人的意志为转移的。所以，任何人都不能选择他所生存的社会。

由于每个社会的社会制度、社会关系、社会结构、阶级结构、社会规范等各不相同，所以，每个社会占主导地位的价值导向也不一样。任何个体人生价值的创造和实现都离不开与社会其他价值主体间的关系。因此，他所在的社会的主导价值导向和目标就成为个体人生价值的一种定向规定，在客观上制约着个体的价值追求。也就是说，个体在追求人生价值时必须符合社会基本的价值目标和价值尺度。个体对社会主导价值目标的认识越深刻、越自觉，人生价值的追求就越主动，实现的可能性就越大。

人生价值的定向也就是人们平常所说的人生价值取向。人生价值上被剥削、政治上受压迫，人的积极性和创造性受到极大的压制和摧残，人的才智便不能得到应有的发挥，只能作为一种潜在的能力存在。新制度取代旧制度则无疑为人的潜在能力转化为现实创造力创造了有利的政治环境和思想文化环境。今天，我们所处的良好的政治、经济和思想文化环境是中国共产党在新时期领导人民努力创造的，为当代大学生人生价值的实现提供了良好的客观条件。

积极投身为人民服务的社会实践是实现和创造人生价值的根本途径。有正确的人生价值目标和良好的人生价值能力，只是为实现和创造人生价值提供了前提和基础，投身于社会实践活动则是将储备价值变为现实价值的必由之路。任何人的人生价值都是自己参加社会实践活动的产物。实践为人生价值的实现和创造提供了广阔的舞台，并最终检验人生价值实现。在我国，为人民服务是最基本的社会实践活动。大学生应当确立为人民服务的价值观念，为将来积极投身于为人民服务的社会实践活动做准备。

人生的意义在于成长*

人为什么要活着？人应当怎样活着？这些本属于人生意义的问题曾一直被人们作为人生价值观问题来谈论。这在高等学校的思想政治教育中早已成为一种叙述范式。不能说这种范式是不正确的，但也不能不看到它并没有从根本上说明"人为什么要活着""人应当怎样活着"的人生意义问题，因为它没有揭示人生价值的本质。

一、20世纪关于人生价值问题的讨论忽视了对人生意义问题的探究

关于人生价值，新中国成立后近三十年间社会的主流看法是将其归结为个人对社会的贡献，贡献的大小是衡量人生价值的唯一标准。党的十一届三中全会后，中国社会发生革命性的变革，过去的主流看法受到一次又一次的挑战。第一次是《中国青年》杂志1980年第5期发表的潘晓的"人生的路呵，怎么越走越窄"及其提出的两个核心命题——"人的本质是自私的"和"人人都是主观为自己，客观为他人"。第二次是张海迪的人生价值观——"人生的价值在于对社会的贡献"受到指责。第三次是见诸报端的关于"为个人主义正名"的公开论调。每次挑战都引发了全国性的争

＊原载《高校辅导员学刊》2009年创刊号。

论，每次争论的核心问题都是人生价值究竟是对社会的贡献还是个人从社会获得的回报，最终得出了另一种主流性的看法，即人生价值包含个人对社会的贡献及其从社会获得的回报。20世纪90年代以来，人们对这样的带有思想理论性质的挑战和争论不再感兴趣了，把心思和精力放在了各自实实在在的人生追求之中。

然而，关于"人为什么要活着""人应当怎样活着"这类根本性的人生问题并没有得到最终答案，因为它们以人生价值问题的经验式争论代替了人生意义问题的哲学思辨。所谓"人生价值包含个人对社会的贡献及其从社会获得的回报"，实则只是一种关于人生价值问题的经验描述，并未触及人生价值的本质。一个人，不论你持有什么样的人生价值观，当你对社会作出贡献的时候就会从社会得到回报，尽管这样的回报因贡献大小而有所不同，或受其他因素的干扰而可能与贡献不相称。

在笔者看来，"人为什么要活着""人应当怎样活着"的问题，本质上是人生意义的问题，属于人生哲学范畴。人生价值即"个人对社会的贡献及其从社会获得的回报"是关于人生的"功用"问题，它只是人生意义问题的一个部分、一个方面，远不能说明人生意义的全部，更不能揭示人生价值的本质。

二、人生的意义在于成长

人生的全部意义和本质在于成长，成长包容人生的全部过程，反映人生价值的本质。用成长来概括人生的意义，反映了人生发展的客观规律。

唯物辩证法基于物质世界的一切事物都是处在不断运动、变化和发展之中的哲学理念，把关于事物的运动、变化、发展的思想理论结合起来以表述自己科学的发展观。它认为，运动是事物存在的一般形式，变化是事物存在的多样性内容，而发展则是事物在运动和变化的基础上呈现的方向性和进步（进化）性的趋势。推动事物朝着有利于自己进步的方向发展，是人类一切意义活动的真实动因。成长是人类认识、丰富、改造和发展自身的运动，也是任何生命个体的人生的实际过程。人生的所有现象，包括人生价值即个人对社会的贡献及其从社会获得的回报的实现，都是在成长的过程中显现的。

成长对于人生的意义，首先表现在它是实现人生价值的逻辑前提和必备条件。成长使人不断走向成熟，因而不断走向成功和成就，没有成长就没有人生的任何价值。如果说，人生价值的实现是一种成功或成就的话，那么成长与成功和成就之间就是量变与质变的互动关系，成长是成功与成就的必经之途即量的积累，成功是成长过程中因量的积累而出现的质的飞跃。只有成长才会有成功和成就，只要成长就定会有成功和成就。

其次，成长对于人生的意义表现在它体现了人生价值实现的规律和深刻内涵。人生价值的实现本质上是人生活动的目的理性与工具理性相统一的过程。在人生价值追求的过程中，固然要有"思虑"和"激情""意图"和"目的"，但仅仅如此又是不够的，还要有体现"思虑"和"激情"、实现"意图"和"目的"的能力和经验、途径和方法。后者即所谓工具理性，属于人生智慧范畴，其活力来自成长。一个人的人生目的和态度，可能一辈子不会改变，但其实现目的和态度的"工具"或智慧却必须与时俱进，否则就难免会抱残守缺，甚至走向偏执，不可能真正实现自己的人生目的。抱着"螺丝钉"和"老黄牛"的人生目的和态度自然是必要的，但鼓吹只要人生目的明确、人生态度端正就一定会实现人生价值，实则是在宣扬一种唯意志论的人生价值观，是对人（包括自己）不负责任的表现。

再次，成长对于人生的意义表现在它是人获得尊严感、幸福感和快乐感的内在根据。是人，不能没有人的尊严，不能没有幸福和快乐的体验，这些都来自成长。个人从自我意识和类意识的觉醒和萌发开始就注意表达自己的存在，关注自己在他人心目中的印象，看重自己的尊严、名誉和荣誉，但是，不同的人关注、维护和追求的方式有所不同，甚至截然相反。有的人"死要脸，活受罪"，有的人精于弄虚作假、沽名钓誉，更多的人则认真安排和争取自己快速成长，在成长中描绘自己实际的人生轨迹，体验做人的尊严、幸福和快乐。成功和成就对于他们来说不过是成长过程中

的"港湾",他们稍事调整就会重新启航。

成长是人生不竭的动力。在社会,发展是硬道理;在人生,成长是硬道理。

三、人生意义与人生价值的区别与内在统一性

从形态特征看,人生价值是"功用"即个人对社会的贡献及其从社会获得的回报,是可视的有形体,而人生意义除了人生价值的"功用"以外,主要属于内心体验和伦理感悟的无形体,内涵更为广阔、丰富和深刻。可以说,凡是合乎道义和道德感的幸福和快乐的人生,都是有意义的人生。一位恩爱的伴侣,一个和睦的家庭,一群知己的朋友,一程愉悦的旅游,乃至于一次"吃一堑,长一智"的遭遇……都是有意义的。而所有这一切,都是人生过程中的成长,都取决于人生过程的成长。试想一下,如果我们把人生意义等同于人生价值,只在人生价值的意义上体味人生,那么,我们一生除了盯着贡献和回报,还能干什么?视成长为人生真谛,在成长中实现人生价值,追问追求和体验感受更为丰富深邃的人生意义,才正是现代人应具有的文明素养!

从实际的人生过程来看,人生意义与人生价值之间存在明显的差别。其一,没有创造价值的人生,即没有个人对社会的贡献及其从社会获得的回报的人生,在许多情况下并非没有人生意义。人在未成年时期,都是十足的消费者,谈不上具有个人对社会的贡献及其从社会获得的回报的人生价值,但是,他们的成长却维系着国家和民族的命运,也维系着自己的人生命运,其意义不言而喻。大学的人生成长对于他们来说意义深远,他们只有依照党和国家关于德智体美等诸方面全面发展的教育方针健康地成长,才能不断走向成熟,走向成功,走向成就,乃至最终走向强者。

其二,成长对于每个人来说都是一辈子的事情,用一辈子成长的观念看人生就能真正理解和把握人生的意义。在我们思想政治工作及其所属学科的建设领域,有些长者曾开创一种事业,他们对社会的贡献恩泽今人和

后人，但他们至今仍在思考和著述，传播他们成长的心得，指导我们的人生成长，保持着一种与我们国家和事业一道成长的人生姿态，其情其景实在令人敬佩！有些老年人退休后还要去上"老年大学"，从一笔一画开始学写毛笔字，从敲响一个个键盘开始学习钢琴……，他们这样做显然不是为了实现什么"个人对社会的贡献及其从社会获得的回报"的人生价值，而只是为了成长，为了在成长中领悟他们人生的意义和快乐。人都会老，都会死，但若以成长的心态面对西下夕阳，就能感受到每刻普照的阳光，体验到每刻"活着的意义"。

概言之，在人生哲学的视野里，人生意义以其成长的无限性包容了人生价值的时空阈限。人生价值作为人生意义的一个部分，一个方面，只有在转化为人生意义——成为新的人生成长因素和生长点之后才具有某种无限性。当我们评判某种人生价值具有无限性的时候，那它实际上已经在我们的思维活动中完成了这样的升华，实现了人生成长。

"三观"教育的当代理解与评价

一、世界观、人生观、价值观及其逻辑关系

（一）"三观"及相互关系解读

世界观并非虚无缥缈，而是具体实在的思想指南。比如，看形势是全面还是片面，是孤立还是联系，是静止还是发展，这就是世界观的问题。

人生观并非空洞乏味，而是无法回避的选择。人生道路是可以选择的，不同的人生选择，决定着不同的人生。人的一生会有多次选择，各种选择都体现着不同的人生观，决定着选择者是勇敢还是懦弱，是伟大还是渺小等。对于一个人来说，始终如一地坚持正确的人生观，是一件看起来容易实则很难的事情。我们应以积极的人生态度去对待，唤起社会责任感和正义感，以公正、公道、合理的行为去改变它，切不可遇到坎坷就消沉、悲观，更不应该怨天尤人而坠入玩世不恭、游戏人生之中。要努力做到不为积习所蔽，不为时尚所惑。

价值观并非可有可无，而是时时刻刻在发挥作用。我们做事情、思考问题经常要考虑"有没有用""有没有利"，回答这些问题就属于价值观问题。树立正确的价值观，对于正确处理个体与群体、个人与社会关系，自

觉把个体价值的实现融于改革开放和社会主义现代化建设的事业之中，在社会需要与个体需要的交汇点上找到个体生存和发展的意义，是至关重要的。

世界观、人生观、价值观是一个有机整体。世界观是对世界的总体认识，对人生观和价值观具有决定性作用；人生观、价值观是世界观的重要组成部分；人生观与价值观又紧密相连，人生观决定人的价值取向，价值观引导人生走向；人生观和价值观又丰富着世界观。

（二）关于世界观、人生观、价值观教育的几个问题

这里的世界观、人生观、价值观是指马克思主义的世界观、人生观、价值观。

世界观是人们对整个世界的根本观点和看法。马克思主义世界观是以实践为基础对世界进行认识和改造的辩证唯物主义。实事求是的观点、人民群众是历史创造者的观点、改造世界的观点是马克思主义世界观的三个基本的观点。实事求是是马克思主义哲学的精髓。只有坚持实事求是，才能充分、正确地发挥人民群众创造历史的主动性、积极性，才能有效地改造世界。改造世界的实践，特别是以工人阶级为首的广大人民群众的实践，是马克思主义哲学得以产生的现实基础，也是马克思主义哲学为之服务的根本对象。因此，实事求是的观点、人民群众是历史创造者的观点、改造世界的观点，是一个有机联系的整体。

人生观是对人生的根本看法。人何以为人，何以为具有相对独立性的个人，人的成长和发展的一般规律如何，这里包括如何满足人的需要和利益，如何实现人的价值，如何争取人的平等和权利，如何履行自己的责任和义务等。这里涉及怎样确定正确的目标、信仰和理想，怎样处理自己和他人、个体和群体（从家庭、社团、阶级到民族、国家，以及整个人类）相互之间的关系，怎样提高人的素质和能力，怎样实现人的全面和自由的发展等一系列怎样做人的人生哲学问题。人作为自然存在物正如其他生命一样是短暂的，但人作为能动的存在物，其生命的本质在于区别于动物的

创造性，在于通过创造性劳动，为社会作贡献，把有限投入无限之中，使暂时变为恒久。

人生价值观是关于人的目的和意义的根本观点和根本态度，或者说，是关于人怎样活着才有价值的根本观点，它决定着人的整个思想意识和行为。马克思主义世界观和人生观作为人生价值观的理论指导，指明了人应该树立符合历史发展方向的人生价值观。一个人的人生价值能否实现总是与时代发展相联系的。一个人的价值观只有建立在符合历史发展方向的前提下，才有可能是正确的，才能享有成功的人生。如今，为祖国争光，为实现社会主义现代化作贡献，已经成为我们的时代精神。在实现中华民族伟大复兴的事业中，一切个人的人生价值观都要以时代的这个大目标来拨正、校准。只有这样，个人作为整个社会大系统的一分子，作为现代化建设浪潮中的一朵浪花，才能充满生机，永不干涸。树立符合历史发展方向的人生价值观，从根本内容来说，也就是要树立把人民的幸福与自身完美结合起来的人生价值观。通过服务他人、服务社会得到他人和社会给予自己的服务。在这种关系中，为他人、社会服务，是实现人生价值的形式，同时也是提升自己的人格、完善自我的手段。

世界观、人生观和价值观是统一的。这种统一是有机的统一。任何世界观都内在地包含着对人生的指引和对人生的某种价值的肯定。因为人们对宇宙奥秘的哲学探索，说到底是为了人类自身的生存和发展。人对宇宙的看法总是反映了人对自身的认识和人对自身命运的关注。因此，世界观是不能脱离人生观、价值观而孤立存在的，它内在地包含着人生观、价值观。同样，人生观、价值观也不能脱离世界观而孤立存在。

帮助青年学生树立正确的世界观、人生观、价值观，这里有多方面的工作要做。比如，营造良好的校园环境，包括校园周边环境和校内环境；做好学校党政工团对学生的思想政治教育工作；开展健康有益的、丰富多彩的学生社团活动；等等。但其中最重要的是要搞好思想政治课的课堂教学，这是对学生进行思想政治教育的主渠道。怎样才能使思想政治课成为学生愿意听、喜爱听，并且听后有收获的课，关键就在于教师要进行创造性的工作。以下笔者结合自己的教学，谈一点体会。

（三）世界观、人生观、价值观的关系及教育对策

《中共中央国务院关于进一步加强和改进大学生思想政治教育的意见》在谈到加强和改进大学生思想政治教育的主要任务时，首先强调的是以理想信念教育为核心，深入开展正确的世界观、人生观和价值观教育。"三观"既是一个整体，又各有自身的特点、地位和作用。

世界观追求的是世界的真（规律），人生观追求的是意义或价值。人生的追求和创造需要遵循客观世界的规律，但规律本身并不等同于意义或价值，也决定或支配不了意义或价值。比如，个体的生命是有限的，这是规律，认识或认识不到这一点，对生命存在的意义并没有直接的关系。事实上，倒是那些与有限的生命抗争，怀着某种超越有限，向往和追求永恒，因而有着远大理想、坚定信念、执著信仰的人，常常能体会或创造出更多的人生的意义或价值。

世界观和人生观评价的标准或尺度不同。世界观有唯物与唯心之分、辩证法与形而上学之别。人生观从目的上有个人倾向和社会倾向之别，从态度上有积极与消极之分，从意义和价值上有有无、大小之异。这两者之间不能说没有联系，但要说有什么内在的必然联系却很牵强。在哲学内部都有着复杂的交叉，更不用说在哲学的外部了。古希腊罗马时期的许多哲学家就表现出这种复杂的交叉性。历史上许多享乐主义、个人主义者在哲学世界观上是唯物主义者，而一些唯心主义的哲学大师却创造出丰富的人生意义或价值。

从形成上说，在时间上到底是先有世界观还是先有人生观，抑或是不分先后？与此相联系的是，在相互关系或影响上，究竟是世界观决定人生观还是人生观决定（影响、制约）世界观？抑或是相互影响或制约？如果是，那么世界观对人生观的影响和人生观对世界观的影响是否有所不同？各有什么不同？

人生观有什么特点，由此在"三观"中处于什么样的地位？人生观的

教育在整个"三观"教育中具有什么作用？每个人都有自己的人生观，这是否意味着人生观是不可教育的？人生观教育的目标是什么？

世界观、人生观和价值观的基本含义可以分别简要地表述为：世界观是人对整个世界（自然、社会和人，客观世界和主观世界）及其发展规律的基本看法和根本观点，但当与人生观、价值观比较或并列时，世界观就狭义地指向除人以外的外部世界。人生观是人对自己生命存在的意义和生命活动的目的、方式、意义和价值等问题的根本观点和态度。价值观是人对人与外部世界的关系和万事万物对人的存在意义的基本理解和体验。

从"三观"的联系和统一上看，世界观的思想对象内在地包含了人生观和价值观的思想对象，其理性思维和观察、实验的科学方法也适用于人生观和价值观领域。因此，世界观是一定人生观和价值观形成的认识前提和思想理论方法的指导。人生观和价值观在思想方法的意义上，可以看作是世界观在各自领域中的应用。人生观直接落脚于人的生命活动和生活的意义，涉及十分广泛和丰富的内容，就影响的普遍性和广泛性来说，人生观在"三观"中具有中心地位。价值观在思想对象和思想方式上都体现出世界观和人生观的某种交叉、渗透和融合，它既是哲学研究的对象和问题（从主客体关系的角度），也是人生观的核心（人生问题归根结底是价值问题）。

"三观"的区别主要有三个方面。其一，思想对象和关注的侧重点有所不同。世界观指向整个世界，其中侧重于外在于人的客观世界；人生观指向人的生命过程和活动，侧重于对这一过程和活动的主体追求、意义体验和价值评价；价值观指向人与外部世界的关系，侧重于外部世界对人的作用和意义。其二，思想方式有所不同。世界观主要借助于概念、判断、推理等抽象的思辨理性和观察、实验等科学的工具理性，是哲学和科学的思想方式；人生观主要依赖主体自身对生活的感受和体验，属于康德"实践理性"的思想方式；价值观既依赖于理论思维又指向生活实际，思想方式表现出思辨理性和实践理性的某种统一。其三，追求的目标有所不同。

世界观追求的主要是"真"，即客观世界的本来面目；人生观追求的主要是"乐"，即生活的乐趣或幸福；价值观追求的主要是"善"，即外部世界和环境适应人的生存和发展的需要。

可见，"三观"是从不同的侧面，以不同的方式为人的现实生活服务的。世界观主要从宏观角度解决对"生活世界"的认识问题；人生观主要从世俗生活的角度解决对"生活世界"的设计、追求和感受的问题；价值观则是从人与环境关系的角度对"生活世界"的核心问题——"价值"的思考和探索。因此，从"三观"的相互作用看，世界观以对"生活世界"的一定思想方式和认识成果来指导和影响着人生观和价值观，人生观以对"生活世界"的一定体验和感受选择、过滤着世界观和价值观，而价值观以对价值问题的一定思维和实践成果反过来影响世界观和人生观的价值取向。

理解"三观"既相联系又相区别的辩证统一关系，对"三观"教育具有重要的指导意义。

首先，"三观"教育要全面落实，加强互渗性。由于"三观"在人的思想观念体系中各有其独特的功能和作用，因此在教育上要统筹兼顾，合理安排，不可偏废，保证"三观"教育落到实处。

其次，"三观"教育要突出重点，加强针对性。"三观"教育在坚持全面性的同时，要注意突出重点，抓住关键，以增强教育的针对性。要从实际出发，区分层次，着眼多数，鼓励先进，循序渐进。

再次，"三观"教育要形式多样，加强生动性。人对信息的接受是多渠道的，人的行为活动受到主体理智、情感和外界环境等多方面因素的影响和支配。"三观"教育特别是学校教育不应停留于正面灌输、说理的单一形式，需要辅之以实例研讨、主题演讲、艺术欣赏、社会实践等多样化的形式。也就是说，要坚持以科学的理论武装人，以正确的舆论引导人，以高尚的精神塑造人，以优秀的作品鼓舞人。

最后，"三观"教育要联系实际，加强实效性。"三观"教育能否取得好的成效，最终取决于这一教育能否紧密联系社会生活和人们的思想行为实际。"三观"教育的内容和方法都要体现时代精神，立足于改革开放和现代化建设实践，直面生活实践提出的重大问题，把教育和探索、实践结合起来，用教育指导实践，在实践中接受教育。

二、科学评价"三观"教育的意义和要求

科学评价"三观"教育，犹如对一项建筑进行质量评价一样，应该是加强大学生思想政治教育系统工程中的重要组成部分，对于提高大学生思想政治教育的质量和实效具有重要意义。

科学评价"三观"教育有利于提高大学生"三观"自我教育能力，帮助大学生树立科学的"三观"。教育过程中不重视学生自我教育的教师不是好教师，没有关注学生自我教育能力培养的教育不会是成功的教育。但提高自我教育能力的不仅仅是教师的有目的有计划的引导，更多的则是依赖于学生对教育本身的科学评价。学生从反观自身过程中，能够了解自己的不足和长处，认识到自己对"三观"的理解正确与否，明确自己在学习和生活中的"应该"和"不应该"，从而受到鼓励和鞭策，自觉调整自己的学习活动。

科学评价大学生"三观"教育有利于促进教师转变观念，改进"三观"教育，提高"三观"教育质量。

长期以来，大学生的"三观"教育虽被强调，但实际成效却不高，这与教师的"以教论教"不无关系。那么，应该怎样进行"三观"教育？"三观"教育要达到什么标准？如何评价"三观"教育？这些问题一直未被高度重视，从而造成大学生"三观"教育过程中老师讲学生听甚至老师讲学生不听的局面。科学评价大学生"三观"教育，有利于教师从评价中了解自己在教育中的哪些方面是成功的，哪些方面还存在薄弱环节，哪些内容是学生喜欢的，哪些内容是学生不屑一顾甚至讨厌的，哪些教育对学生树立科学"三观"有积极意义，哪些教育对学生树立"三观"徒劳无益，哪些学生需进行超前教育，哪些学生还需进行补救教育等，从而摆正

自己和学生在"三观"教育中的位置，切实转变观念，真正以学生为本，探讨"三观"教育规律，改进"三观"教育方法和手段，努力使"三观"教育的质量凸现出来。

科学评价"三观"教育有利于教育管理者重视大学生"三观"教育，主动采取有效措施，加强管理，提高实效。大学生的思想政治教育，尤其是"三观"教育的实效不高，有多方面的原因，其中教育管理者的管理不当是不可忽视的重要原因之一。在大学生的思想政治教育与专业教育方面，管理者常常更多关注的是专业教育，而思想政治教育尤其是其核心——"三观"教育常常因专业教育被淡化，甚至被代替，导致学生没有形成正确的"三观"，专业学习的效果也难以提高。科学评价大学生"三观"教育，有利于帮助学校管理者认清党和国家教育方针的落实情况，清楚大学生"三观"教育和专业教育的关系应该如何处理。管理者可从对评价反馈的信息分析研究中找到对策，从而加强管理，完善学校管理工作，采取积极有效措施，以切实提高大学生的"三观"教育实效。

科学评价大学生"三观"教育，需要从以下几个方面进行深入的思考和探讨。

第一，要确立正确的评价取向。评价大学生"三观"教育是为了什么，是为适应社会发展需要？还是为促进大学生健康成长和可持续发展？还是二者关系的有机结合？

第二，要明确评价的对象。长期的大学生"三观"教育中，重教育，轻评价，即使有评价，也只是对学生这一单一对象进行评价，这不符合大学生"三观"教育中的多因素互动的事实。大学生是"三观"教育中的主体，是"三观"教育活动中的重要因素，但大学生不是"三观"教育中的唯一因素。对大学生的"三观"教育进行评价，不仅要评价学生，还要评价教师及课程教材、学校工作等，这样才能为大学生"三观"教育质量的提高提供全面的准确的信息反馈。

第三，要确定好评价的内容。大学生"三观"教育的软弱在于其评价的薄弱，而其评价的薄弱又在其评价内容的单一，即重智轻德、重知轻行、重结果轻过程、重专业轻"三观",从而造成了现实中高分高学历却是非不分、信念摇摆不定的有许多。因此,大学生"三观"教育评价的内容既要包括大学生对"三观"内容的认识、理解和掌握,也要包括大学生对正确"三观"的践行;既要包括大学生的即时表现,也要包括大学生的长期表现;既要包括大学生的可视表现,也要包括大学生的隐性表现等。正如洛克所强调的:"德行重于学问,学问的内容必须是实际有用的广泛知识。"

第四,要选好评价的主体。大学生"三观"教育的效果,一直以来都是以教师考学生的形式作定论,评价主体的单一性,造成了评价的乏力,评价缺乏威慑力,发挥不了其应有的作用。要科学评价大学生的"三观"教育,除继续发挥教师的评价作用外,还应该调动学生、学校相关教师和管理部门、家长、社会、用人单位等多主体的评价作用,从而更好地发挥评价对促进"三观"教育改革、提高"三观"教育质量的作用。

第五,要改革评价手段,丰富评价形式。"以考代评"一直是大学生"三观"教育评价的主要方法,可如何评价才能评出成效,却很少受到重视。面对新时期的大学生"三观"教育,必须改革评价手段,创新评价形式。评价可以是考试,也可以是实践活动;可以是交往,也可以是创意或设计;可以闭卷,也可以开卷;可以面对面进行,也可以通过网络等媒体进行;可以量化,也可以定性;评价既可以使用思想政治教育的特有方法,也可以借鉴教育学、心理学、统计学、社会学等相关学科的方法进行。

第六,要建立有效的、可操作的"三观"教育课堂教学评价体系。对大学生"三观"教育发挥作用的渠道很多,其中"三观"课堂教学是其主渠道和主阵地,有效的、可操作的"三观"教育课堂教学评价体系,可以有效提高课堂教学实效,发挥课堂教学的主渠道和主阵地的作用。

第七,要重视评价档案的建设工作。随着大学生"三观"教育评价工作的开展,其档案建设的成为不可忽视的工作。这一工作既可以为研究改进大学生"三观"教育提供丰富资料,也可以促使大学生重视"三观"自我教育，增强自觉性，防微杜渐，多一些实干实行，少一些虚假和虚伪。在大学生"三观"教育评价的档案建设中要注意其真实性、全面性，并且要及时丰富并有效保管。

社会主义初级阶段要重视共同理想教育*

精神支柱，即内心信念和信仰，表现为坚强的意志和执著的追求精神。由于人们的精神支柱总是来源于人们的共同理想，所以共同理想是共同精神支柱的思想基础。历史证明，一个国家和民族如果没有共同理想和精神支柱，就难免会出现思想混乱和行为失范，影响国家的稳定和社会的发展，甚至会导致民族的分裂与解体。因此，在社会主义初级阶段必须把共同理想的教育放在重要的位置。

一、理想与社会主义初级阶段的共同理想

理想是与人生奋斗目标相联系的精神现象，简言之，理想即人们追求的目标。从主体的角度来看，理想有社会理想与个人理想之分，社会理想也就是共同理想，它是人们共同追求的社会发展目标。从性质上看，理想有科学、进步的与错误、落后的之分。社会主义制度下的共同理想是科学、进步的理想。就其内涵来说，共同理想包括社会的经济与政治的发展目标、物质生活的追求目标、道德文明的进步目标，等等。

在社会主义初级阶段，我们的共同理想是什么？回答这个问题首先涉

---

* 原载《安徽师大学报》1998年第1期，中国人民大学书报中心复印资料《思想政治教育》1998年第4期。

及如何理解社会意识形式与基本经济制度的关系问题。我们所倡导的共同理想作为一种社会意识形式，其客观基础是社会主义初级阶段的基本经济制度。党的十五大报告指出：在社会主义初级阶段，必须实行社会主义公有制为主体，多种所有制经济共同发展的基本经济制度。这就是我们共同理想的客观基础。现在有人认为，既然所有制形式是多元的，现阶段的理想就应当是多元的，形成共同的社会理想既不可能也无必要。要说可能和必要，就只能是"共同富裕"、"快快发财"。这种看法不能说没有一点道理，因为社会走向共同富裕，人人想快快发财，确实是当今国民的共同理想。但是共同富裕、快快发财仅仅是国民在物质生活方面的共同理想，并不能反映国民共同理想的全部。在任何社会里，共同理想作为国民共同追求的社会发展目标，作为经济基础的上层建筑，都不是完全反映基本经济制度中各种所有制成分，而只是反映基本经济制度中所有制的主导方面或发展方向。换言之，共同理想作为我国社会主义初级阶段人们精神生活的主导方向，它不是"镜子"，也不是"尺子"，仅仅"纯客观"地反映立在基本经济制度之上的社会现实生活。它是"指南针"，引导人们循其指引的方向前进，奔向未来的社会发展目标。因此笔者认为，社会主义初级阶段的共同理想，从整体上看，近期应当是把建设中国特色社会主义伟大事业全面推向21世纪，长远应是把不大发达的社会主义建成比较发达的社会主义，在21世纪中叶达到国民共同富裕，使中国逐步成为社会主义现代化的强国。具体来说，我们的共同理想应包括：经济上，在社会主义市场经济条件下不断解放和发展生产力，保证国民经济持续快速增长，国民共享经济繁荣成果；政治上，在中国共产党领导下发展社会主义民主政治，真正实现人民当家作主、社会安定、政府廉洁高效、全国各族人民团结和睦、生动活泼的政治局面；思想道德上，在马克思列宁主义、毛泽东思想和邓小平理论的指导下，加强正确的世界观、人生观和价值观教育，在全社会形成为人民服务，发扬集体主义精神的良好的社会风尚。

共同理想具有层次性。上面所阐述的共同理想属于最高层次，反映全体国民共同追求的社会发展目标。

二、社会主义初级阶段的共同理想教育

共同理想不是自发形成的，一个人对于社会共同理想的认同，一个社会、地区或部门单位的共同理想的形成，都要靠教育。社会主义初级阶段的共同理想教育，不论属于哪个层次，在整体上都需要注意正确认识和处理如下三个方面的关系。

第一，正确认识和对待理想与现实的关系。现实有多种含义，我们这里所说的现实指的是我国的国情。党的十五大报告强调指出我国还处在社会主义初级阶段，这就是我国的基本国情。正确认识和对待理想与现实的关系，就要是正确认识和对待我国的国情，追求共同理想要从基本的国情出发。诚然，理想在本质上是超越现实的，正因为如此，理想才成为社会发展的目标，成为人们的精神支柱和前进的动力。但是理想对于现实的超越必须是"有限"的。这个"限度"就是必须反映现实的客观走向，合乎现实人们的思想道德水准，就是说理想所指示的发展目标必须是人们通过努力可以实现的。这是科学、进步的理想的根本标志。我们在社会主义初级阶段开展共同理想教育，一方面要反对那种不顾基本国情，盲目超越现实的理想主义，另一方面也要反对那种无所追求的所谓现实主义。从目前的实际情况来看，我们尤其要反对那种目光短浅、急功近利、不顾集体和国家长远发展需要的功利主义。

第二，正确处理实现个人理想与共同理想的关系。个人理想，就是个人在物质和精神生活包含道德需求方面的向往和追求。共同理想是一定社会的人们共同的向往和追求，它影响和制约着个人理想，为个人理想的形成和实现提供了条件。正因为如此，一个人的个人理想应当与其所处时代的共同理想相一致，个人应把实现个人理想与实现共同理想结合起来，当个人理想与社会的共同理想相抵触的时候，应当自觉服从共同理想。从这一点来看，目前在处理个人理想和共同理想之间的关系问题上有些现象是需要注意的，如有些人只关心个人利益和个人发展，置社会共同利益和社

会的进步与发展于不顾，不问政治，不问世事，什么社会主义制度的前途、经济体制的改革和完善、精神文明和道德风尚、国民的共同富裕等，统统抛在脑后。这当中有些是认识问题，而更多的道德问题。他们的人生哲学是："人的本质是自私的""人人都是主观为自己，客观为他人"。事实证明，这种人为了实现个人理想往往会做出损人利己、损公肥私的事情来，败坏了社会风气，这是我国当前共同理想教育面临的最严重的问题。因此，必须加强道德教育，并以法制教育相配合，将此作为当前展开共同理想教育的重要内容。

第三，正确看待在追求共同理想的过程中的顺利、困难及挫折。自古以来，人们追求或实现共同理想都是一个较长的历史过程，这个过程总是充满困难，既有顺利也有挫折，从来都不是一帆风顺的。从这个意义上来看，人类追求或实现共同理想的过程就是顺利与挫折同在并相互纠葛的过程。在有些情况下，人们为实现理想所遇到的困难还会特别地多，遭受的挫折也会特别严重，经历的时间也比较长。在新民主主义革命阶段，我们经历了几次右和"左"的挫折，才实现了建立社会主义新中国的理想。新中国成立以后，为了政治的稳定和经济的腾飞，为了早日实现建成社会主义现代化强国的理想，我们又曾犯过一系列"左"的错误，遭受过严重的挫折，这些错误和挫折所带来的不良后果表现在各个方面，在思想文化和道德建设方面所产生的消极影响增加了今天精神文明建设的困难。因此，不应当用理想的思维方式来看待和追求共同理想，在理想的期待中实现共同理想。在社会主义初级阶段，我们面临的困难和问题还很多，在这种情况下要实现我们如上所说的共同理想，要有充分的克服困难、不怕挫折的思想准备。

三、社会主义初级阶段共同理想教育的内容体系的核心

共同理想教育的内容体系要以为人民服务思想和集体主义精神为核心。因为，为人民服务和集体主义既是共同理想的重要组成部分，也是全

面实现共同理想的重要保证。

1945年，毛泽东同志在延安为纪念因公牺牲的革命战士张思德发表了著名文章《为人民服务》，文中说道："我们的共产党和共产党所领导的八路军、新四军，是革命的队伍。我们这个队伍完全是为着解放人民的，是彻底地为人民的利益工作的。"①后来毛泽东同志在其他许多著作中都说到为人民服务的问题，说明他所讲的为人民服务反映的是共产党人共同的政治理想和社会道德理想。在革命战争年代，包括新中国成立后实行计划经济的很长一段时间内，为人民服务其实是被当作一个阶级概念和政治伦理原则的。在完成了社会主义改造以后，由于阶级关系发生了根本性的变化，为人民服务的阶级和政治伦理的内涵应当随之改变。1986年《中共中央关于社会主义精神文明建设指导方针的决议》指出："在我们社会里，人人都是服务对象，人人又都为他人服务。"这也就是列宁所说的"我为人人，人人为我"的思想。它表明为人民服务已经不再是或主要不再是一个政治概念和政治伦理原则，而是一个道德概念和社会伦理原则。如果说，为人民服务在过去作为一个阶级概念和政治伦理原则是共产党人"单方面"向自己提出的共同理想的话，那么在今天，它作为一个社会伦理原则则是共产党人向全民族提出的共同理想。不难设想，在社会主义初级阶段，如果在全民族能够逐步形成"我为人人，人人为我"的良好社会风尚，我们的精神文明建设的整体状况就会彻底改观。

集体主义作为一项社会伦理原则，其内涵与为人民服务是相通的。所谓"人人"，可看成"集体"，"我为人人，人人为我"也就是"我为集体，集体为我"，确切地反映了个人和集体之间的利益关系在根本上是一致的，可以和谐结合的价值趋向，这正是社会主义制度下社会伦理原则的本质体现。不同于为人民服务的是，集体主义的内涵更为丰富，在处理个人与集体的利益关系时还主张，当个人利益与集体利益发生矛盾的时候，个人利益要服从集体利益，为集体利益作出必要的牺牲。

由此可知，作为共同理想在道德建设方面的重要目标，在全社会提倡

①《毛泽东选集》第3卷，北京：人民出版社1991年版，第1004页。

为人民服务和集体主义精神，必然同时为全面实现共同理想提供可靠的保证。因此，把为人民服务和集体主义作为社会主义初级阶段精神文明建设中共同理想教育的核心内容，是符合社会主义制度的本质要求的，抓住了社会主义初级阶段精神文明建设的主导方面。

四、社会主义初级阶段开展共同理想教育的方法路径

在社会主义初级阶段开展共同理想教育，还应注意运用正确的方法和途径。首先，要运用正确的社会舆论导向。舆论是社会教育的基本方式，正确的社会舆论对于宣传共同理想、强化人们关于共同理想的内心信念即所谓的精神支柱，具有十分重要的作用。我们党历来是十分重视共同理想教育的。党在历次重要会议上都指出共同理想教育的重要性。党的十五大再次强调指出，"在全社会形成共同理想和精神支柱，是中国特色社会主义文化建设的根本"。但是必须看到，很长一段时间以来，我们在这方面还没有形成正确的社会舆论导向。许多领导在抓精神文明建设时并没有把共同理想教育问题放在应有的位置，甚至根本不提共同理想教育的问题，这不能不说是一个令人担忧的问题

其次，要把共同理想教育与用科学的理论武装人，即用科学的世界观、人生观和价值观武装人结合起来。任何社会，共同理想都是以一定的世界观、人生观和价值观为思想理论基础的。经济制度是共同理想的客观物质基础，但经济制度不能直接产生共同理想，它对共同理想的影响需要通过世界观、人生观和价值观发挥"中介"作用。为此，要开展科学的社会主义教育，使广大人民群众认清社会主义的本质及其发展规律，确立"我为人人，人人为我"的人生价值观。做到了这一点，共同理想教育才有可靠的思想和理论基础。同时我们也要反对那种脱离社会主义初级阶段的实际，脱离广大人民群众关注的实际问题和需要，空谈社会主义的优越性，空谈为人民服务和集体主义人生价值观的做法，要使广大人民群众感到共同理想是他们能够体会和预见的社会发展目标，是与他们眼前利益和

长远利益密切相关的发展目标。因此，还应把进行共同理想教育与关心和解决人民群众的实际问题结合起来。

最后，要在学校中认真开展共同理想教育。共同理想教育要从学生尤其要从中学生和大学生抓起，应把共同理想教育放在重要的位置。由于受应试教育和片面追求升学率的影响，目前不少中学灌输给学生的仅是"考上大学"的个人理想，学生几乎没有受到有关共同理想的教育。大学生是最富于理想的一代青年，应当接受高层次的理想教育。作为大学思想政治教育主渠道和基本环节之一的大学思想品德课程，由于当前在课程建设方面存在的问题，如教材质量不高、教师素质不齐等，有关共同理想的教育也没有放在应有位置。这些情况说明，在学校教育中认真地研究和积极开展共同理想教育，已经是一个不容忽视的现实问题。

应对大学生进行反腐败斗争教育*

改革开放以来，党和国家一直高度重视和坚持开展反腐败斗争，并不断取得成效。但毋庸讳言，腐败现象目前不仅仍在侵害党的肌体，严重危害改革开放与社会主义现代化建设事业，而且也在污染着社会环境，腐蚀着其他一些人特别是青年学生，影响着他们的健康成长。

笔者认为，在这种情况下，高校应当重视对大学生进行反腐败斗争的教育。通过这项教育，使大学生能够识别腐败问题，明确地认识到在改革开放和发展社会主义市场经济的历史新时期开展反腐败斗争的重要性，具备自觉抵制腐败现象侵蚀自己的意识和能力。

据笔者调查，社会中的各种腐败现象已成为大学生们的热门话题，他们对腐败问题的认识与情绪大致有四种。一是对党和政府内存在的腐败问题感到不可思议，因为这与他们在接受教育的过程中形成的观念不一样，有的因此而对党和国家的前途产生怀疑。二是认为腐败现象是中国改革开放和社会主义现代化建设事业的最大拦路虎，必须坚决除掉，因而希望党和国家加强法制，加大惩治腐败的力度。三是认为中国的腐败现象已是一种顽症，虽然表示憎恶却又对反腐败斗争不能取得令人满意的成果有意见，存有悲观失望情绪。四是对社会上的腐败现象不但不憎恶，反而表示"羡慕"，有些大学生受其父母或社会上其他一些人的腐败行为的不良影

＊原载《中国教育报》2000年9月6日。

响，因而对腐败行为或现象见怪不怪，有的甚至从个人利益出发，作好了"一朝权在手，便把令来行"的思想准备，或者已参与了一些不正当的"准腐败"活动。这表明，大学生对腐败问题的认识比较复杂，需要通过教育给予引导。

高等教育是就业教育，大学生毕业之后都要走上工作岗位，成为各行各业的建设者和接班人，那时他们能否保持一种健康的心态，并敢于同腐败现象作斗争，在很大程度上取决于他们在大学期间有没有受到反腐败斗争的教育。对大学生进行反腐败斗争的教育，既是大学生健康成长的需要，也是推动社会主义现代化建设事业健康发展的需要。

对大学生进行反腐败斗争教育，也是反腐败斗争本身的客观需要。从大量的事实看，特权思想和体制转轨中暂时出现的某些"真空"环节，是腐败现象得以滋生的思想道德和社会基础。在我国，由于历史的原因，特权思想将会长期存在，体制转轨也需要一个相当长的过程才能完成，因此反腐败斗争绝不会一蹴而就，要树立与腐败长期作战的思想准备和战略部署。在这个过程中，我们要立足于现实的斗争，加强法制建设和监督机构的建设，加强群众的舆论监督，加大对腐败的打击力度。但同时也需要着眼于将来，从基础建设抓起，从不断教育和培养具有"腐败免疫力"的接班人与建设者抓起。这就需要有计划地对大学生展开反腐败斗争的教育。

对大学生进行反腐败斗争教育的内容，我以为可包括如下几个基本方面：腐败现象的现实表现及其危害性，中国腐败现象产生的社会历史及个人的原因，中国共产党开展反腐败斗争的实践及经验，国家关于反腐败斗争的法规与措施，大学生作为将来党和政府部门的新生力量和各行各业的建设者和接班人应做抵制和反对腐败的先锋。这些教育内容，只有列入"两课"教育的教学计划，以课程的形式加以实施，才能真正得到落实。

我们为什么要做共产党员[*]

在党中央领导和组织的反腐倡廉进程中，一个个身披共产党员外衣的"老虎""苍蝇"露出他们背叛组织和人民的丑恶嘴脸。这引起了全社会的高度关注，人们不禁纷纷在心底发问：这些人为什么要做共产党员？

1848年2月24日，马克思和恩格斯合著的《共产党宣言》在伦敦第一次出版，向全世界宣示：共产党作为无产阶级政党，是为了崇高信仰而组建起来的。中国共产党成立时通过的中国共产党第一个纲领重申了这种信仰，规定唯有"承认本党党纲和政策，并愿成为忠实的党员者"方可成为共产党员。这说明共产党在创立宗旨上就注定共产党员必须秉持共产主义信仰。

第一，一个人追求和秉持某种精神信仰，就会在其人生追求中，为此而孜孜以求、奋斗不息，不惜献出自己的一切包括生命。一般说来，精神信仰是信仰的最高形式。它是一个人人生追求的精神支柱，一个国家或民族维护团结统一和走向强盛的精神家园。我们在坚持中国共产党领导和走中国特色社会主义道路的进程中，需要确立和推崇科学的精神信仰。

共产党员的信仰属于科学的精神信仰。它要求共产党员笃信历史唯物主义基本原理的科学理性，尊重人类社会发展的客观规律和广大人民群众在历史发展过程中的主体地位与力量。因此，共产党员的信仰本质上不是

* 原载《红旗文稿》2014年第13期。

抽象的纯粹理性，而是科学的实践理性。共产党员要坚信共产主义一定会实现，唯有社会主义才能救中国，真心实意为人民服务。共产党员的信仰，与利己主义、个人主义的信仰、商品拜物教和"金钱万能论"之类的物质信仰、邪教和迷信之类的信仰，都是格格不入的。共产党员不仅不能持有这些信仰，而且要与之划清界限，并作不妥协的坚决斗争。

共产党员的信仰，来自对中国共产党组织的信任。它要求共产党员恪守党的纲领和纪律、自觉维护党的权威，为实现党的奋斗目标勤奋工作，这也是实现共产主义信仰的基础。党员和其组织信仰的一致性，是相互依存、相得益彰的。

不论是在革命战争年代还是在改革开放和发展社会主义市场经济的当下，视共产主义为一种信仰都是共产党员人生的根本问题，也都是维系党的前途和命运的根本问题。它在最深刻的科学理性和价值观上回答了我们为什么要做共产党员，中国革命和建设为什么必须要由中国共产党领导。

人世间有些信仰具有"私密性"的特点，而共产党员的信仰则从来都是公开的。这就决定了共产党员必须是"特殊材料制成"的社会先进分子，接受党组织和广大人民群众的监督。追求和秉持共产党员的信仰，在革命和战争年代意味着必须要公开申明有"提着脑袋"的思想和精神准备，具备"砍头不要紧，只要主义真"的坚定信念和必胜信心；在新中国成立后的和平年代意味着必须要公开申明具备"亏了我一个，幸福十亿人"的高尚人格和伦理情怀。这样的人，也就是毛泽东在《纪念白求恩》中所称赞的"纯粹的人""脱离了低级趣味的人"。

共产党员，自然可以与其他人一样追求个人的人生理想、个人名利乃至心仪的伴侣。但是，这种追求不可与共产党员信仰的纯粹性相抵触，即不可以掺杂与民争权争名争利的私心杂念，也不可以为了满足个人私欲和低级趣味而触犯国家法律和社会公德，更不可以置社会公认的精神文明于不顾。共产党员若是担任领导职务，则更要严于律己，清正廉明，用为人民服务的行动和高尚的道德赢得人心。

第二，选择做共产党员，实质是选择遵循中国共产党组织的纲领和章程，而不是选择借用中国共产党的执政地位捞取个人好处，实现个人的狭隘目的。当然实现这种选择不可能一蹴而就，而是一种坚持自我约束、自我操守修炼的过程。党的组织不能要求每一个共产党员在入党之初都是纯粹的人，但既然选择了做共产党员，就必须确立和秉持共产党员的信仰，按照纯粹共产党员的标准严格要求自己。

中国共产党自创建以来，从来没有强迫任何人加入自己的组织。但是，既然选择做共产党员，就要在入党之前经过"入党考验"。考验的实质就是要看，我们要求入党是否是出于尊重党的信仰、跟党走的自觉选择。这种考验，在战争年代具有生死抉择的性质，比较容易考验得出来。今天，入党考验一般都与生死抉择无关，只能看申请者一贯性的言行表现，即是否出于其共产主义信仰的自觉选择。一般说来，所谓"一贯性"是要通过终其一生的表现才能真正看得出来的。

共产主义作为一种信仰，要通过一代代共产党员与党同心同德，带头贯彻党的方针政策来逐步实现的。在这个漫长的进程中，党员对党组织存在的问题，要依据组织原则开展积极的思想斗争，反对不负责任的背后批评和当面不说，背后乱说、把一个共产党员混同于一个普通的老百姓的自由主义态度。同时，更要坚决反对和自觉纠正口是心非、言行不一的双重人格和作风。

共产党员与其组织的信仰的一致性，决定了中国共产党没有其他政党的一己私利，为人民服务是其唯一的追求，并从不因自己的辛劳而要求广大人民群众给予回报，这也是中国共产党与资产阶级政党的根本区别。在中国革命和建设的过程中，中国共产党一直因秉持自己崇高的科学信仰而担当着广大人民群众代表者和领路人的历史使命。如今，虽然被一些"老虎"和"苍蝇"损害了形象，但中国共产党为了秉持崇高的科学信仰绝不能放弃自己为人民利益而奋斗的执政地位。资产阶级政党则不同，它们多是由一批政治志士或政客组建起来的，不同的政党或派别代表不同的阶级或阶层的利益及一党私利，故而为争取执政地位总是要展开竞选和角逐，而上台后的执政举措总是与"回报"纳税人和选民相关，并以"普世价值"和"民主原则"而进行自我标榜。

第三，共产党员秉持共产主义信仰是一辈子的事情。在改革开放和发展社会主义市场经济的新的历史条件下，共产党员有更多机会受到诸如民主社会主义、新自由主义等各种错误思潮的误导和各种物质的诱惑，因而易于动摇乃至放弃自己的信仰，最终蜕化变质。对此，我们需要高度重视，进行针对性的研究，提出对策性的党建策略。

做共产党员不是为了自己，而是为了民族和人民大众的根本利益这种信仰和政治抱负的"纯粹性"是绝对不能动摇、不能改变的。否则，共产党员就会变质，党的组织就会变色，最终会损害广大人民群众的根本利益。

那些曾经为中国革命和建设作过贡献的共产党员，因为缺失共产主义信仰而在改革开放的新形势下蜕化为"老虎""苍蝇"。这种严酷的事实给我们敲响了振聋发聩的警钟：视共产主义为一种信仰是共产党员的根本问题，关乎共产党的命运，关系中国特色社会主义的前途。

如今，有少部分共产党员正在失去入党时的那种热情，失去了理想，动摇了信念，在利益面前丧失党性，迷失方向，甚至违法乱纪，这与他们本来就没有或正在放弃共产主义信仰是直接相关的。有鉴于此，有必要恢复和严肃党的组织生活，要时常立足我们所行所思检讨自己的信仰问题。

自觉维护党的执政权威*

权威，权力、威严和威望之义，是三者整合的能量和效应。我们党的执政权威是党的生命力所在，本质上是由党的性质和根本宗旨决定的。权力由人民赋予，威严和威望用于代表人民行使权力。维护党的执政权威也就是维护党的生命，维护广大人民群众的根本利益。党的执政权威缺失以至于丧失，势必最终会丢失党的执政地位，给广大人民群众根本利益带来无可挽回的损失。因此，维护我们党执政权威是全党的大事，也是全体中国人民的大事，共产党员应当把自觉维护党的执政权威，放在加强党性锻炼和增强党性修养的首要位置。

第一，要自觉尊重和维护广大人民群众当家作主的主人翁地位。新中国成立后，我们党的政治使命很快由领导中国革命转变为领导中国特色社会主义建设，权威的"革命性质"也逐渐转型为国家的"政治权威"和"管理权威"，被赋予诸多合乎社会主义制度新的时代内涵和特征。维护权威的必备条件和要求也因此而发生根本性的变化，从而使得党员特别是党的领导干部是否尊重和维护广大人民群众的主人翁地位，心系广大人民群众之所求、行为广大人民群众之所得，成为维护我党执政权威的决定性因素。

尊重和维护人民群众主人翁地位就要牢牢树立群众观念，尊重人民群

＊原载《红旗文稿》2014年第2期。

众的人格尊严和人生追求，真心实意为人民服务。党的领导干部要注重说实话、做实事，追求真实、实在的民生业绩，不谋与人民群众根本利益无关的所谓"政绩"。同时，要切实改进和优化领导作风，主动打破"围城""玻璃门"和无形的墙，心系人民群众需求，深入人民群众之中，让老百姓感到可近、可亲，并成为人民群众的贴心人和真正代表。我们党在领导全国人民坚持走中国特色社会主义道路的历史进程中，唯有尊重和维护人民群众的主人翁地位，真诚为人民服务，其执政权威才能被广大人民群众所理解和接受，获得广泛的社会认同。

第二，要自觉尊重和维护党的组织，严格遵守党的政治纪律、组织纪律和其他各项纪律，保持全党的团结和统一。维护党的执政权威，要求每个党员在党内都不可做特殊党员，不滥用职权，不阳奉阴违，而要正确看待个人勇于负责与服从组织权威的关系。为此，党的部门特别是党的纪检部门、司法部门要勇于担当贯彻中央决策部署的主体责任，坚定不移地展现自己的威严，敢于和善于行使执政权威，对蔑视和背离党的组织原则的不良分子和错误行为坚决予以纠正、抵制和斗争。这是我们党各级组织的一种历史使命和基本政治任务。恩格斯当年总结巴黎公社失败的教训时说："获得胜利的政党如果不愿意失去自己努力争得的成果，就必须凭借它以武器对反动派造成的恐惧，来维持自己的统治。"①在新中国成立后不久，我们党就坚决严惩了无视党纪国法的刘青山和张子善那种败类，如今又坚决查办和惩治"老虎"和"苍蝇"。这些都体现了恩格斯当年称之为"专断的权威"的重要举措，生动地体现了我们党的性质和根本宗旨，因而深得党心和民心，维护了我们党的执政权威，强化了党的生命力。

第三，要自觉培育健康人格，提升作为执政党成员的个人威信。健康人格包含正常的政治心态、优良的道德品质和文明的审美情趣。威信即威望和信誉，是执政权威的构成要素，对于维护执政权威的重要性是不言而喻的。我们党的广大党员尤其是党的领导干部的威信，能够广泛而又深刻地影响广大人民群众，从而能够使得维护党的执政权威落在实处。毛泽东

---

① 《马克思恩格斯文集》第3卷,北京:人民出版社2009年版,第338页。

在战争年代说过："我们共产党人好比种子，人民好比土地，我们到了一个地方，就要同那里的人民结合起来，在人民中间生根、开花"。[①]一个心术不正的当权者，或许可以利用手中的权力（并不等于就是权威）以"自治"的方式为一方百姓做一时的"好事"，分配一些"实惠"，但从大局和长远看，并不能真正获得维护我们党执政权威所必须的威信，因而也难以在人民群众中生根、开花。

培育健康人格，一要自觉克服浮躁的政治心态，纠正和抵制装腔作势的官僚主义、沽名钓誉的形式主义和自以为是的风头主义。二要自觉淡泊个人名利，能够在内心信念而不是口头宣示上正确对待个人升迁、利益得失、名誉地位。三要自觉规避奢靡生活，反对庸俗、低俗、媚俗的业余生活方式，追求健康的个人闲暇生活。有些共产党员和党的领导干部缺乏严于律己的自我要求，以为培育健康人格并不是一个必须认真对待的大问题，殊不知世界上凡事就怕"认真"二字。大量事实表明，优秀党员和成功的领导者多是认真进行自我修炼、培育健康人格因而具有威信的人。孔子曾经说过："为政以德，譬如北辰居其所而众星共之。"意思是说，为官如果能够以身作则、具备优良的道德品质，认真实施德政，就会有威信，像北斗星那样受到众星捧月式的尊重和拥护。如果说，这个治政明理在"独尊儒术"的西汉以后尚能被一些所谓明君名臣认真地践行过，那么我们共产党人还有什么理由做不到这一点呢？

第四，要自觉进行尊重和维护执政权威的公民思想政治教育。维护党的执政权威是党内大事，也是党外大事，要把党内外大事统一起来。公民属于国籍范畴，本质上指的是个人与国家之间的关系，这种关系是个人应对国家保持忠诚，并因而享有受国家保护的权利。公民身份意味着伴随有责任的自由身份。因此，那种仅视公民为一种个人权利主体而漠视其对于国家的忠诚和责任的看法，是不正确的。

我们党代表广大人民群众的根本利益，维护党的执政权威本是所有中国公民分内的事情，也是我国作为现代法治国家合格公民必须具备的思想

---

① 《毛泽东选集》第4卷，北京：人民出版社1991年版，第1162页。

政治素质。公民尊重和维护执政权威，最重要的是要对权威持理性认识，行动上正确处置个人自由与服从权威的关系，自觉抵制和纠正政治上的新自由主义和反权威主义等错误观念和不良情绪。根据我国宪法规定，维护我们党的执政权威和遵守国家法律的要求是一致的，目无执政党的执政权威也就是目无国家的法制，如果自我放纵势必最终触犯法律，受到法律的惩处，失去合格公民应有的人格尊严。由此看来，维护我们党的执政权威，既是维护国家法制尊严的要求，也是公民维护个人人格尊严的需要。

公民维护执政党的执政权威的理性认识和自觉行动，不会自发形成和养成，对一些片面强调自我人格尊严而目无法纪的公民，通过思想政治教育引导他们学会用正确的方式表达自己的诉求，是十分必要的。因此，要在坚决依法纠正无视执政权威和国家法制的不良行为的同时，有计划地开展以做合格公民为核心、以尊重和遵守社会主义民主法制为主要内容的思想政治工作。为此，要坚决克服畏缩和为难情绪，纠正党内存在的对损害执政权威和国家法制的错误言行充耳不闻、视而不见的自由主义态度。

综上所述，自觉维护党的执政权威关系到党的执政生命和广大人民群众的根本利益，要求每一位共产党员特别是党的领导干部要自觉尊重和维护广大人民群众的主人翁地位，尊重和服从党的组织，加强健康人格修养以提升自己作为执政党成员的威信，同时也要主动宣传群众、教育群众，以积极主动的姿态开展维护党的执政权威的思想政治教育。

第三编　社会主义核心价值观教育

论弘扬社会主义核心价值观与传承中华优秀传统文化的辩证统一关系[*]

人类文明发展史表明，每个民族都会在繁衍过程中形成和推崇自己的传统文化，在特定的历史时期还会在传承传统文化的基础上提出和推行主导全社会的核心价值观。习近平总书记2014年5月4日在北京大学师生座谈会上的讲话中指出："人类社会发展的历史表明，对一个民族、一个国家来说，最持久、最深层的力量是全社会共同认可的核心价值观。核心价值观，承载着一个民族、一个国家的精神追求，体现着一个社会评判是非曲直的价值标准。"①中华民族在五千多年的繁衍和走向文明进步的进程中，形成了自己独特的优秀传统文化，当代中国提出和倡导的社会主义核心价值观是对中华优秀传统文化的传承和发展。研究弘扬社会主义核心价值观与传承中华优秀传统文化的辩证统一关系，切实培育和践行社会主义核心价值观，对于实施"四个全面"的战略布局，实现中华民族伟大复兴的中国梦，有着重大的理论意义和实践价值。

　＊原载《社会主义核心价值观研究》2016年第1期,收入武汉大学汪信砚教授主编的《社会主义核心价值观与当代中国文化软实力研究》,北京:人民出版社2017年版。
　①《习近平谈治国理政》,北京:外文出版社2014年版,第168页。

一、弘扬社会主义核心价值观要以传承中华优秀传统文化为基础

中华优秀传统文化内涵十分丰富，其中不乏可为今日所用的瑰宝，它们是涵养社会主义核心价值观的重要资源。弘扬社会主义核心价值观必须要以传承中华优秀传统文化为基础，在此前提下进行。

中华文明有着五千多年的历史，整体上包含优秀民族传统和优秀革命传统两个部分。习近平在会见第四届全国道德模范及提名奖获得者时的讲话中，对优秀民族传统作过高度的概括。他指出："中华文明源远流长，蕴育了中华民族的宝贵精神品格，培育了中国人民的崇高价值追求。自强不息、厚德载物的思想，支撑着中华民族生生不息、薪火相传，今天依然是我们推进改革开放和社会主义现代化建设的强大精神力量。"[①]中国共产党在领导中国人民反对外敌入侵和推翻旧政权的革命战争中，把马克思主义的普遍真理与中国革命的具体实践相结合，继承和发扬了以爱国主义为核心的中华民族精神，艰苦奋斗、敢于牺牲、前赴后继，真心实意为广大人民群众服务，以自己的伟大实践丰富和发展了中华优秀传统文化的精神宝库。

毛泽东在《中国共产党在民族战争中的地位》中说："我们这个民族有数千年的历史，有它的特点，有它的许多珍贵品。对于这些，我们还是小学生。今天的中国是历史的中国的一个发展；我们是马克思主义的历史主义者，我们不应当割断历史。从孔夫子到孙中山，我们应当给以总结，承继这一份珍贵的遗产。这对于指导当前的伟大的运动，是有重要的帮助的。共产党员是国际主义的马克思主义者，但是马克思主义必须和我国的具体特点相结合并通过一定的民族形式才能实现。"[②]弘扬社会主义核心价值观，首先就要持这种马克思主义者的立场，运用历史唯物主义的方法论

---

①《习近平谈治国理政》，北京：外文出版社2014年版，第158页。

②《毛泽东选集》第2卷，北京：人民出版社1991年版，第533—534页。

原理，看到中华优秀传统文化包括中国共产党的革命传统精神与社会主义核心价值观之间的内在逻辑联系，认清弘扬社会主义核心价值观的这种深厚的历史文化基础。

社会主义核心价值观是中国共产党作为执政党在新的历史条件下提出的全社会的主导价值观。它是一个内含经济、政治、法制、文化、道德基本价值观的价值观体系。12个价值观原则和范畴各有其相对独立的当代意蕴，又与中华优秀传统文化的价值观有着内在的传承关系。对于这种传承关系，大体上可从两种逻辑向度来理解和把握：一是内容和话语形式的同时传承，二是实质内涵和基本精神的传承。

从内容和话语形式两个方面同时传承，关涉社会主义核心价值观的爱国、富强、和谐、文明、诚信等价值原则，今人可以从优秀传统文化的范畴和话语体系中直接找到它们的历史形态。如爱国，作为中华民族精神的核心，是中华民族自古以来一直恪守的价值原则，中国历史上不乏关于爱国主义的经典著述和伟大实践。又如富强，其价值追求的核心是民富国强，是中华民族数千年来自庶民而至天子的持续向往和不懈追求。在中国古人看来，民富则国强乃治国之道："凡有地牧民者，务在四时，守在仓廪。国多财则远者来，地辟举则民留处，仓廪实则知礼节，衣食足则知荣辱。"①再如和谐，历来是儒、道、佛等各家各派广为推崇的价值观。儒学的核心价值观和母体语义"仁"，即"爱人"，以及由"仁"推衍和分解出来的孝、忠、悌、恕、义、信等具体的价值标准和行为准则，都可以在内容和话语形式上直接为社会主义核心价值观之和谐原则传承。至于关涉诚信的传承，是众所周知的常识，此处不再作具体叙述。

这里有必要指出的是，社会主义核心价值观对于中华优秀传统文化的这种传承方式，也体现在我们主动吸收西方价值观的合理内涵和有益的话语样式上，如民主、法治、平等、公正、友善等。一般说来，资本主义的价值观是优于封建社会形成的价值观的，社会主义核心价值观对此采取这种主动吸收的传承方式，生动地表明中国共产党人和社会主义制度尊重人

①《管子·牧民》。

类文明发展进步史的科学态度、博大的中国胸怀和中国气魄。

实质内涵和基本精神的传承，所关涉的主要就是社会主义核心价值观的民主、法治、自由、平等、公正、敬业、友善等价值原则。如上所述，这些价值原则的传承，在中华优秀传统文化的价值话语中都不能找到它们的直接形式，因为采用的多是西方的话语形式。但我们不能因此而认为这些价值原则全是照搬或抄袭西方的。实际情况是，我们完全可以从儒、道、佛的一些主要的价值理念和主张的实质内涵和基本精神中，悟到社会主义核心价值观与它们之间的逻辑关联。如：在政治价值观上，今天倡导的民主原则与传统的民本思想之间就存在某种逻辑关联。在处理公共生活和人际关系的价值观上，社会主义核心价值观的平等、公正、友善原则，与传统文化价值观主张的"己所不欲，勿施于人"①，"己欲立而立人，己欲达而达人"②，"君子成人之美，不成人之恶"③等之间所存在的某种内涵上的逻辑关联，并不难理解。社会主义核心价值观的自由原则，也可以从道家的"逍遥游"的自由观那里找到它的历史踪影。至于敬业，即恪尽职守，我们虽然不能在中华优秀传统文化中直观它的话语形式，但仍然可以从诸葛亮身体力行"鞠躬尽瘁，死而后已"的千古佳话、韩愈关于"业精于勤，荒于嬉"的经典告诫，特别是广大劳动人民勤勉劳作和勤俭持家之优良传统的实质内涵和基本精神中，感悟到它的历史文化的背景和渊源。如此等等，都表明社会主义核心价值观的提出和倡导，是有着极其深厚的本土文化的土壤的，关键在于我们要善于开发和阐述、理解和把握。

历史唯物主义认为，一切文化的价值形态作为物质和观念的上层建筑，在归根到底的意义上都是一定社会的经济关系的产物。马克思说："生产关系的总和构成社会的经济结构，即有法律的和政治的上层建筑竖立其上并有一定的社会意识形式与之相适应的现实基础。"④社会主义核心价值观作为社会主义意识形态的主导价值体系，其经济基础是以公有制为

---

①《论语·颜渊》。

②《论语·雍也》。

③《论语·颜渊》。

④《马克思恩格斯文集》第2卷，北京：人民出版社2009年版，第591页。

主体的社会主义经济结构，要与社会主义的政治和法治相适应。因此，它对中华优秀传统文化的传承，不论属于哪一种方式都应当是一种创新和超越，都与之有着本质的不同。也就是说，传承不能被简单地理解为承接或继承，而是一种创新和超越。这就要求我们，既要看到社会主义核心价值观与中华优秀传统文化之间内在的历史逻辑关系，弘扬社会主义核心价值观要以传承中华优秀传统文化为基础，也要看到社会主义核心价值观是超越中华优秀传统文化的新型的价值观体系。

二、传承中华优秀传统文化要以弘扬社会主义核心价值观为指导

毋庸讳言，由于受到多种因素的影响，我们过去长期未能科学地对待中华优秀传统文化的传承问题，致使如今不少中国人特别是新生代在传承中华优秀传统文化和中国共产党革命传统方面还是"小学生"，这种不足和缺陷给一些别有用心和存在认知偏差的人鼓吹历史虚无主义以可乘之机。从这个角度看，强调弘扬社会主义核心价值观要以传承中华优秀传统文化为基础，以此逐步纠正这种历史缺陷和认知偏差。

与此同时我们也应当清醒地看到，强调中华优秀传统文化是涵养社会主义核心价值观的重要资源，弘扬社会主义核心价值观要在传承中华优秀传统文化的基础上进行，并不是主张将中华优秀传统文化与社会主义核心价值观等量齐观，相提并论，更不是要以传承中华优秀传统文化替代弘扬社会主义核心价值，错误地认为传承中华优秀传统文化就是要用优秀传统文化主导当代中国特色社会主义文化建设，而有意无意地将弘扬社会主义核心价值观搁置一边。传承中华优秀传统文化，必须以弘扬社会主义核心价值观为指导，在社会主义核心价值观引领下进行，在弘扬社会主义核心价值的过程中推进。

这首先是因为，社会主义核心价值观形成的现实基础与中华优秀传统文化不同。恩格斯在《共产党宣言》1983年德文版序言中，把唯物史观关

于经济基础与上层建筑包括观念上层建筑的关系精当地概括为："每一历史时代的经济生产以及必然由此产生的社会结构，是该时代政治的和精神的历史的基础。"①绵延数千年的中华优秀传统文化，归根到底是在以高度集权的封建专制政治统摄（集中）普遍分散的小农经济的社会结构模式中形成的，本质上属于封建社会的意识形态，适应于封建统治者治国理政的实际需要，其提出和推行不能离开封建统治者及其士阶层的厉行教化。社会主义核心价值观形成的现实基础，是社会主义的经济基础及在其基础上形成的社会主义民主政治和法律制度，代表广大人民群众治国理政的是中国共产党，实行的是人民群众当家作主的根本方针。就是说，社会主义核心价值观作为推进中国社会改革发展和社会主义现代化建设事业的主导价值观，代表广大人民群众的根本利益，充分体现了社会主义意识形态的属性及其当代性的使命。在这个问题上，中华优秀传统文化无疑不可与之同日而语。

其次，社会主义核心价值观吸收了西方资本主义核心价值观的有益成分，包括它的某些话语形式，如民主、法治、自由、平等。它们虽然与中华优秀传统文化有着价值观念上历史资源性的关联，但也毕竟不可相提并论。就人类社会文明进步的客观规律而论，正如马克思恩格斯在《共产党宣言》中揭示的那样："资产阶级在历史上曾经起过非常革命的作用"②却又同时破坏了人类文明的优秀传统，让"一切神圣的东西都被亵渎了"③。资本主义文明是在反对封建主义的斗争中形成的，相较于中华优秀传统文化来看，具有"革命"和"亵渎"的两面性，对此不应置疑。而作为社会主义核心价值观的原则，却可以与资本主义的民主、法治、自由、平等、博爱等直接对话，同时展现其超越资本主义文明内涵和先进性的特质。如社会主义核心价值观主张的友善，相较于博爱而言显得具体而真实，更富有普遍的实践价值。所谓博爱，不论其如何用美妙的词语装饰自己，说到

---

① 《马克思恩格斯文集》第 2 卷，北京：人民出版社 2009 年版，第 9 页。
② 《马克思恩格斯文集》第 2 卷，北京：人民出版社 2009 年版，第 33 页。
③ 《马克思恩格斯文集》第 2 卷，北京：人民出版社 2009 年版，第 35 页。

底不过是根植于垄断私有制基础上的政治和文化霸权主义的代名词而已。社会主义核心价值观的民主、法治、自由、平等和友善等原则，真正体现了人类自古以来的一些美好向往和不懈追求，真实反映了人类社会发展进步的逻辑方向和美好前景。最后，如上所论，社会主义核心价值观不仅是对中华优秀传统文化的传承和超越，其因吸收和包容了现代西方资本主义文化价值的有益成分也具有超越资本主义文明的特性，它在主导价值观的当代性和前瞻性的意义上展示了中国胸怀和中国气派，既代表中国社会文明价值观发展进步的方向，也代表着当代人类社会核心价值观的先进水平和发展进步的方向。

不难理解，传承中华优秀传统文化要以弘扬社会主义核心价值观为指导，就是要坚持古为今用、承接与创新相结合的原则，促使中华优秀传统文化为弘扬社会主义核心价值观、建设社会主义文化强国服务，而不是主张直接以中华优秀传统文化的价值观为标准，营造传统中国那样的社会风尚，评判和培育传统中国人那样的人格。由此看来，弘扬社会主义核心价值观，重点应放在研究和说明那些在理论内涵上难以与中华优秀传统文化的价值原则分辨清楚、易于与西方文化价值观混为一谈的价值原则。

概言之，坚持以社会主义核心价值观为指导传承中华优秀传统文化，既要反对历史虚无主义，也要反对历史绝对主义和狭隘的民族主义，确立把弘扬社会主义核心价值观与传承中华优秀传统文化辩证统一起来的科学思维方式，探寻和厘清把两者有机结合起来的实践路径。

三、要彰显传承与弘扬的"世界历史意义"

历史地看，一个民族和国家的文化在其培育和践行过程中，总是会或多或少、或直接或间接地受到其他民族和国家的影响，同时又会同样影响其他民族和国家，因而具有"世界历史意义"。这种情况在资产阶级登上政治舞台后更为明显。《共产党宣言》对此作过这样的描述："过去那种地方的和民族的自给自足和闭关自守状态，被各民族的各方面的互相往来和各方面的互相依赖所代替了。物质的生产是如此，精神的生产也是如此。各民族的精神产品成了公共的财产。民族的片面性和局限性日益成为不可能。"①这就使得越是具有民族特质的悠久文化，往往越具有"世界历史意义"，而越是能够展现"世界历史"的民族文化就越具有世界范围内普遍的民族适应性。弘扬社会主义核心价值观与传承中华优秀传统文化应具有这种文化史的意识，在弘扬和传承中自觉地彰显两者的"世界历史意义"。这也是弘扬社会主义核心价值观与传承中华优秀传统文化的题中之义和内在要求，使其既有利于中国，也有利于世界。

马克思恩格斯在《德意志意识形态》中基于"新的历史观"（即历史唯物主义）的分析方法指出，"受到迄今为止一切历史阶段的生产力制约同时又反过来制约生产力的交往形式，就是市民社会"②，即所谓广义的市民社会，认为这种"市民社会是全部历史的真正发源地和舞台"③；进而又以狭义的资本主义市民社会的"世界市场的存在为前提"指出："无产阶级只有在世界历史意义上才能存在，就像共产主义——它的事业——只有作为'世界历史性的'存在才有可能实现一样。"④实际上，马克思恩格斯在这里叙述的"世界历史性存在"，不仅仅是一种关于事实逻辑或存在论的澄明，而且也揭示和描述了世界文化发展史的一种规律和轨迹。因为，从中华优秀传统文化的传播史来看，人们的世界历史性存在不是地域性的存在而是经验的存在，早在资本主义制度和无产阶级出现以前，就已经成为一种普遍的经验事实。

回溯历史，中华优秀传统文化因其具有的优秀品质曾被广泛传播，影响几乎遍及全球。据有关史料记载，这种传播最早可以追溯到汉唐，传播的国度近毗朝鲜、韩国、越南、日本，远至欧美诸国。传播的文本经典除了四书五经、《朱子全书》等，还有《史记》《汉书》等。传播的方式多为外国人来华"取经"。同时，也有一些外国人来华考察后按照自己的理解

①《马克思恩格斯文集》第2卷，北京：人民出版社2009年版，第35页。
②《马克思恩格斯文集》第1卷，北京：人民出版社2009年版，第540页。
③《马克思恩格斯文集》第1卷，北京：人民出版社2009年版，第540页。
④《马克思恩格斯文集》第1卷，北京：人民出版社2009年版，第539页。

自撰文本，向他们的同胞介绍中国人的道德文化和精神生活，如葡萄牙人曾德昭的《大中国志》（1645年）、比利时人柏应理的《中国哲学家孔子》（1687年）、美国人阿瑟·史密斯（中文名为明恩溥）的《中国文化》（1885年）和《中国人的特性》（1890年），等等。这些传播对传入国产生了多方面的影响，有的甚至"被确认为官方的统治思想"①。18世纪法国百科全书派的领军人物之一霍尔巴赫在其所著的《社会体系》提出：儒家的伦理道德是一切具有理性的人的惟一宗教……中国可算世界上惟一将政治的根本法与道德相结合的国家。而此历史悠久的帝国，无疑乎告诉支配着的人们，使之国家的繁荣须依靠道德②。这些传播及其所产生的影响生动地说明，中华优秀传统文化所具有的"世界历史意义"是毋庸置疑的。中国人彰显自己优秀传统文化之"世界历史意义"的热情渐渐消退，转而学习西方资产阶级民主主义的文化，然而帝国主义的侵略打破了中国人学西方的迷梦，因为"先生老是侵略学生"。③这段历史表明，只是学习西方而放弃彰显中华优秀传统文化的"世界历史意义"，并非上策。近些年，我国设在一些国家的孔子学院一般都会受到所在国的广泛关注，同时来华了解和学习中国历史文化的人也源源不断。这些当代文化交流的现象表明，中华优秀传统文化的"世界历史意义"今天依然存在。社会主义既是一种社会制度，一种治国理政的道路，也是一种理论和价值观体系。社会主义作为一种社会制度可以在一国创建并通过调整治国理政的方略、借助理论和价值观体系的文化软实力得以坚守和巩固，走向强盛。人类社会发展至今，社会主义制度是最先进的社会制度。在传承中华优秀传统文化并主动吸收现代资本主义核心价值观的有益成分的基础上提出的社会主义核心价值观，是人类迄今为止最先进的价值观体系。对它超越资本主义核心价值观而必将广泛影响全球的文化生态前景，我们应当充满信心。

　　进一步分析，面对经济全球化和文化霸权的国际环境，彰显传承中华

---

　　① 姜林祥：《儒学在国外的传播与影响》，济南：齐鲁书社2004年版，第3页。

　　② 姜林祥：《儒学在国外的传播与影响》，济南：齐鲁书社2004年版，第264页。

　　③《毛泽东选集》第4卷，北京：人民出版社1991年版，第1470页。

优秀传统文化和弘扬社会主义核心价值观的"世界历史意义",既是可能的,也是必要的和必需的。经济全球化为各国各民族的文化交流和传播提供了世界性的物质条件,同时也为培育经济全球化健康发展所需要的世界公认价值观提供了物质基础。霸权主义者在世界范围内大肆实行他们的意识形态渗透,其实正是在利用这样的条件,这是当代世界范围内文化领域存在意识形态分野的根由所在。在这种情势下,彰显传承中华优秀传统文化和弘扬社会主义核心价值观的"世界历史意义",宣传中华优秀传统文化的昨天、今天和未来,既有益于维护中国特色社会主义意识形态的安全和中国特色社会主义现代化事业,也有益于世界的和平发展与繁荣进步,造福于全人类。这是炎黄子孙的历史责任。从逻辑上来分析,在经济全球化的开放环境里,一种价值观要赢得自己的生存和发展条件,必须要有开放的姿态和气魄。彰显传承中华优秀传统文化和弘扬社会主义核心价值观的"世界历史意义",就是要以主动出击的战略姿态,在国际社会广泛宣传中华民族自古以来就是爱好和平和诚信友善的民族,传播社会主义制度及其意识形态超越资本主义制度及其文化价值观的优越之处。唯有如此,才能真正抵制国际上的文化霸权,维护我国社会主义意识形态的安全。

彰显传承与弘扬的"世界历史意义",在操作上应厘清基本理路。其一,思想认识上要克服民族自卑心态,确立彰显传承与弘扬"世界历史意义"的主动姿态。要在思想政治和道德领域坚决抵制历史虚无主义和民族虚无主义包括"塔西佗陷阱"的偏执看法和消极影响,以确立社会主义的道路自信、理论自信和价值观自信,坚信社会主义核心价值观代表人类价值祈求的进步方向。其二,理论研究上要具体研究当代资本主义价值观可以为社会主义核心价值观所弥补的缺陷,使社会主义核心价值观有针对性地展现其"世界历史意义"。这就需要我们在恪守"本质差异"的立场、进行意识形态批判的同时,对资本主义价值观进行细致而中肯的分析,研究社会主义核心价值观可以具体影响资本主义价值观的切入点。其三,实际操作上要实施彰显传承和弘扬"世界历史意义"的战略布局,制订相关行动方案,将彰显传承中华优秀传统文化和弘扬社会主义核心价值观的

"世界历史意义"落到实处。

四、把握弘扬社会主义核心价值观与传承中华优秀传统文化的辩证统一关系

把握弘扬社会主义核心价值观与传承中华优秀传统文化的辩证统一关系，需要厘清社会主义核心价值观与中华优秀传统文化的辩证统一关系，以后一种辩证统一关系为可靠的理论基石。如果说，把握社会主义核心价值观与中华优秀传统文化的辩证统一关系主要是一个重大理论问题的话，那么把握弘扬社会主义核心价值观与传承中华优秀传统文化的辩证统一关系则主要是一个重大实践问题，需要在厘清社会主义核心价值观与中华优秀传统文化的辩证统一关系的过程中展开。否则，所谓弘扬与传承就难免会出现盲目性。作为重大理论问题的研究，要在历史唯物主义方法论原理的指导下，把两种不同的辩证统一关系的研究有机地结合起来。为此，要立足于当代中国改革发展的社会现实和实现中华民族伟大复兴中国梦的理想，坚持问题导向，把理论与实践、国情与世情结合起来，转变那种热衷于做脱离实际的文本学问或转述西方文本的经院式文风。

作为重大实践问题，需要加强和改进弘扬社会主义核心价值观与传承中华优秀传统文化的宣传和教育。社会上的宣传和教育，应将社会治理中的法治与德治相结合，注意防止形式主义。学校教育，应以高等学校为重点，结合思想政治理论课教学进行，使弘扬社会主义核心价值观与传承中华优秀传统文化的辩证统一关系的理念进教材、进课堂、进学生头脑，注意防止出现偏重传授中华优秀传统文化知识而轻视讲解社会主义核心价值观理论的片面性。因为这种片面性淡化了社会主义核心价值观的历史背景、实质内涵及先进性的特质。

弘扬社会主义核心价值观与传承中华优秀传统文化的理论研究和实践建设工程，是建设社会主义文化强国的一项长期的战略任务，面临诸多困难和挑战，需要几代人付出坚持不懈的努力。

析论社会主义核心价值观的语言逻辑*
——以平等与公正观为例

倡导社会主义核心价值观以来，不少人一直以为富强、文明、和谐、爱国、敬业、诚信、友善等话语与中华民族传统价值观并无实质的不同，而民主、自由、平等、公正、法治等话语与资本主义社会推行数百年的主导价值观也无两样，倡导和培育社会主义核心价值观不过就是要"重复"中华民族传统价值观和"补"资本主义价值观的"课"罢了。

不难看出，这是一种以语言的事实逻辑替代建构逻辑的逻辑错误。它是一种由"语言障碍"导入的认知误区，直接影响到人们对社会主义核心价值观本质特性的科学理解和把握，妨碍倡导和培育社会主义核心价值观的科学进程。因此，有必要基于历史唯物主义视野，借用语言分析的方法对社会主义核心价值观的话语逻辑进行中肯的分析和说明，以廓清社会主义核心价值观与中华民族传统价值观和资本主义社会的主导价值观之间的逻辑关联和本质差别。

* 原载《社会主义核心价值研究》2016年第5期，中国人民大学书报中心复印资料《中国特色社会主义理论》2017年第5期。

一、语形与语义相统一

用语言分析或语言学的方法来看，任何一种语言都是由语形和语义构成的统一体。语形包括语音和文字，语义反映语言的特定对象和实质内涵。同一种语言之语形与语义相统一的情况大体有两种。一种是语形不同，语义却可能是相似或是相同的；另一种是语形相同——用一样的语音或文字表达，语义也有相似之处，内涵却有所不同甚至本质差别。后一种情况就是一般语言学指出的"语言符号具有任意性，所以，同样的语音形式可以代表不同的语义内容"[①]。以社会主义核心价值观的平等观与公正观为例，其语言逻辑之语形和语义的统一体，同中华民族传统价值观的平等公正观、资本主义社会的平等公正观的话语逻辑相比较，就具有这样的两种情况。

诚然，今人虽然不能从中国传统价值观中找到平等与公正的语形，但从语义看却不难发现，平等与公正正是以孔孟儒学为代表的中国传统价值观的基本内涵。众所周知，中国传统价值观是以孔孟儒学价值观为主导的，其核心话语是"仁"。"仁"的语形是"从人从二"，喻指"仁"所关注的是"两个人之间的事情"；语义是"爱人"，即所谓"仁者爱人"[②]。如此，就应把"仁"的基本意思解读为"人们之间的相互关爱"。由此看来，孔子主张的"己所不欲，勿施于人"[③]"己欲立而立人，己欲达而达人"[④]，孟子主张的"父子有亲，君臣有义，夫妇有别，长幼有序，朋友有信"[⑤]"君视臣如手足，臣视君如父母；君视臣如草芥，臣视君如仇寇"[⑥]等，都是由"仁"推衍出来的价值标准和行为规则，要求人们相处

---

①邢福义、吴振国主编：《语言学概论》，武汉：华中师范大学出版社2002年版，第3页。

②《论语·颜渊》。

③《论语·颜渊》。

④《论语·雍也》。

⑤《孟子·滕文公上》。

⑥《孟子·离娄下》。

和交往要相互关爱、相互帮助，体现相互性和对等性的仁道精神。中国成语中的同舟共济、礼尚往来、相敬如宾、投桃报李、互通有无、取长补短等描述人际伦理的价值观，所体现的都是这种将心比心、推己及人的"仁道"精神。孔孟儒学价值观推崇的"仁"这个核心话语所关涉的"人"，是指所有的人。人际伦理价值观推衍到政治伦理关系领域，要求官员这种"人"要"为政以德"，遵循官与民之间"譬如北辰居其所而众星共之"①的价值准则。它所体现的，同样是相互性和对等性的仁道精神。

概言之，我们今天是否可以说中国传统价值观以"仁"为核心、体现相互性和对等性的仁道精神，正是一种主张处人和治世要实行平等与公正的价值原则呢？回答应当是肯定的。

在历史唯物主义视野里，中国传统价值观中以"仁者爱人"为基本内涵的平等与公正观，其形成是有其社会历史根据的。中国历史上经济主要以小农经济为主，政治上实行封建专制统治，缺乏产生平等与公正价值观的土壤。这种貌似合乎唯物史观的逻辑推理，是社会历史观上的机械唯物论的表现，其实恰恰是违背唯物史观方法论原则的。在看待社会历史问题上，唯物史观实行唯物论与辩证法相统一，是唯一科学的方法论，与费尔巴哈的形而上学唯物主义（实则是唯心主义）根本不同。在唯物史观的视野里，理解任何一种观念形态的上层建筑的创生和发展，都不可用形式逻辑或线性逻辑来作机械性的解读，而要同时运用辩证逻辑。

中国封建社会以高度集权的专制政治统摄普遍分散的小农经济，厉行"普天之下，莫非王土；率土之滨，莫非王臣"②的专制统治，这是历史发展的必然选择。它既是赢得"文景之治"那样的几度繁荣的"现实基础"，也是孔孟"仁学"之平等公正观创生和演绎的"现实基础"。这是因为，汪洋大海式的小生产必然会"自然而然"地产生"各人自扫门前雪，休管他人瓦上霜"的小农意识，封建专制集权的"大一统"体制必然会"自然而然"地产生"家天下"意识，而其实质内涵都是"偏私"，都不适合封

---

① 《论语·为政》。
② 《诗经·小雅·北山》。

建国家和社会整体稳定和发展的客观要求。这是根本的缺陷，反映到上层建筑领域必然会要求创建一种观念的意识形态加以"纠偏"和"纠正"。正是在这种历史的客观逻辑之张力的推动之下，内含"相互性"和"对等性"的"仁者爱人"这种质朴的儒学平等公正观才应运而生。正因如此，儒学在封建帝制确立后的西汉初年才被聪明的统治者推崇到"独尊"的意识形态地位。如此看来，那种认为中国缺乏产生平等公正观的本土资源的看法，也是不正确的。

社会主义的平等公正观与资本主义的平等公正观相比较，两者的语形一样，语义也有相同和相似之处，但不能因此就看不到它们之间存在的本质差别。资本主义社会的平等公正观是资产阶级在反对封建专制统治、争取自身解放的斗争中提出来的，其历史进步意义毋庸置疑。马克思和恩格斯在《共产党宣言》中指出："资产阶级在历史上曾经起过非常革命的作用。"①今天看来，资本主义社会的平等公正观的话语逻辑，属于既在或事实逻辑范畴，对于建构社会主义的平等公正观而言，是一种值得借鉴的精神财富。从语言分析的角度来看，这种借鉴既可以直接借用其话语的语形，也应当借鉴其话语语义中有益于我的成分。同时也必须看到，任何语言的语义都是具体的，借鉴不是全盘接受。

恩格斯在说到语言产生的根源时指出："语言是从劳动中并和劳动一起产生出来的，这个解释是唯一正确的。"②在历史唯物主义看来，任何劳动都是在特定的生产和劳动关系中进行的，"这些生产关系的总和构成社会的经济结构，即有法律的和政治的上层建筑竖立其上并有一定的社会意识形式与之相适应的现实基础。"③这就决定了语言的语义必然反映生产和劳动关系的本质属性，并带有反映"竖立其（社会的经济结构）上"的政治和法律之上层建筑的某些意识形态特征。

概言之，以平等与公正观为例，在唯物史观视野里遵循语形与语义相

①《马克思恩格斯文集》第2卷，北京：人民出版社2009年版，第33页。
②《马克思恩格斯文集》第9卷，北京：人民出版社2009年版，第553页。
③《马克思恩格斯文集》第2卷，北京：人民出版社2009年版，第591页。

统一的话语建构逻辑，就必须既要看到社会主义核心价值观与中国传统价值观、资本主义主导价值观相同或相似、相近的逻辑关联之处，更要看到它们之间的不同之处乃至本质差别。

二、一般本质与特殊本质相统一

本质是构成事物各要素之间的内在联系，反映事物的根本性质。透过语言的知识表征认识语言的本质，是把握社会主义核心价值观话语逻辑之本质特性的真谛所在。而要认识和把握这一真谛，就要将其一般本质与特殊本质统一起来。

列宁在研读黑格尔《逻辑学》时指出："辩证法是研究对象的本质自身中的矛盾"，"人对事物、现象、过程等等的认识深化的无限过程，从现象到本质、从不甚深刻的本质到更深刻的本质"是"辩证法的要素"之一，要促使"人的思想由现象到本质，由所谓初级本质到二级本质，不断深化，以至无穷"[①]。所谓"初级本质"和"二级本质"，是就某类事物中的不同事物之比较而言的，指的是"不甚深刻的本质"，即一般本质或共同本质；"更深刻的本质"，也就是某一事物的特殊本质。运用列宁关于事物"本质自身中的矛盾"这种唯物辩证法思想认识和把握社会事物的本质，其要义应在于：就同一种（或类）社会事物相比较而言，它们具有共同的"不甚深刻的本质"或一般本质；就同一种（或类）社会事物中的某一（特定）事物而言，它又具有"更深刻的本质"，即特殊本质。

据此而论，理解和把握社会主义核心价值观之平等公正观与资本主义社会的平等公正观之话语逻辑的本质问题，就应当看到两者之间有着相似或相同的"不甚深刻"的一般本质或共同本质，更应当看到社会主义核心价值观之平等公正观具有不同于资本主义社会的平等与公正观的"更深刻的本质"或特殊本质。两者"不甚深刻"的共同本质，集中体现在它们都是对封建专制社会推崇国家至上的"家天下"和政治等级差别与特权之核

---

① 《列宁全集》第55卷，北京：人民出版社1990年版，第213页。

心价值观的超越。社会主义平等公正观的"更深刻的本质"，则因其在本土传承中国传统价值观中的平等与公正的价值因子，又扎根于社会主义的经济和政治制度的"现实基础"之上而集中体现为人民当家作主的当代中国的价值基因，并借鉴和吸收资本主义社会践行平等公正观的有益经验。由此看来，社会主义核心价值观之平等公正观在语言逻辑上，既具备与资本主义平等公正观的话语逻辑相似或相近的既在品质，又具备经由逻辑建构而能超越资本主义平等与公正观而领跑人类平等公正观后发进步的内在张力。因此，科学理解和把握社会主义核心价值观的平等公正观的话语逻辑，应当将其一般本质与特殊本质统一起来，并凸显其"更深刻的本质"。

社会主义核心价值观之"更深刻的本质"，集中体现在中国特色社会主义基本制度即以公有制为主体的经济制度和人民当家作主的政治制度之上，反映在中国共产党作为执政党的性质、纲领和治国理政的大政方针之中，这是坚持将社会主义核心价值观作为全社会主导价值观的内在逻辑根据。因此，在当代中国价值多元化情况下，坚持社会主义核心价值观的主导价值地位，最重要的就是要据理力辩、理直气壮地阐明社会主义核心价值观超越中华民族优良传统价值观、优于资本主义社会既成的主导价值观的"更深刻的本质"。仍以平等公正观为例，就是要在"不甚深刻的本质"的现状上，实事求是地讲明社会主义的平等公正与资本主义的平等公正实际存在的差距，同时在"更深刻的本质"的逻辑结构和发展方向上，讲清前者优于后者的命运与发展前景。唯有如此把握社会主义核心价值观"本质自身中的矛盾"并彰显其"更深刻的本质"，在全社会建构这样的语境，营造这样的舆情，同时解决好发展生产力和防止两极分化的关系，处理好平等和自由、平等和效率、形式平等和实质平等的关系，积极推进人的自由而全面发展，我们才能真正从根本上有效抵制干扰和消解倡导和培育社会主义核心价值观的"西方神话"。

进一步来看，平等与公正都是具体的历史范畴，社会主义核心价值观的平等公正观是基于最广大人民群众根本利益提出的无产阶级和广大劳动人民的平等与公正理念，在逻辑与历史相统一的演绎方向上，站在人类自古以来追求平等公正之理想价值的最前沿。重要的是依据语形与语义相统一的语言逻辑，抓住其语义的本质内涵。不难理解，如果不能在一般本质与特殊本质相统一的意义上理解和把握社会主义核心价值观诸如平等公正观的本质，就会将不同时代的平等与公正观念混为一谈，或者将它们抽象为空洞的"普世符号"。

诚然，从目前实际情况看，我们践行社会主义核心价值观之平等与公正观尚存在一些不尽如人意的地方，既显露出与发达资本主义国家在这方面的差距，也与自身祈求所要达到的水准存在较大差距。但必须同时看到，这种差距仅是"不甚深刻的本质"的差距，是社会主义核心价值观后发优势尚未充分展现其"更深刻的本质"的差距。还应当看到，社会主义核心价值观在践行中缩小与资本主义主导价值存在的事实上的差距，展现其"不甚深刻的本质"特别是"更深刻的本质"之优越性本是一种客观过程，不是可以一蹴而就的。

更应当看到，在中国共产党的坚强领导下这种差距正在缩小，人们对这种差距的认知也正趋向客观和理性。一方面，实施"四个全面"的战略布局、大力推进社会主义市场经济和法治国家建设正在不断取得新的成效，加上实行一系列关注民生和听取民意的重大措施，社会不公、不平等问题正在逐步得到解决。另一方面，全社会呼唤公平正义的呼声，已成为一种强势舆论，有助于培育人们对于社会主义核心价值观之平等与公正观的认同心理。由此看来，基于语言逻辑科学认知社会主义核心价值观本质特性的同时确立价值观自信，也是有着现实根据的。

三、逻辑与历史相统一

语言既是历史范畴，也是民族范畴，具有时代和国情的特色，因而不能仅视语言逻辑为"形式哲学"，而应当将其置于逻辑与历史相统一的前提下探讨社会主义核心价值观的语言逻辑问题。

在这个问题上，马克思和恩格斯基于历史唯物主义视野曾发表过许多经典的见解。如马克思在《资本论》中说到劳动产品转化为商品这种"社会产品的秘密"时曾举例说："正像语言一样，是人们的社会产物。"①同时又多次说到语言与生产领导、人际交往的互生互动关系。在恩格斯看来，生产劳动是语言唯一的源泉和对象，"语言是从劳动中并和劳动一起产生出来的，这个解释是唯一正确的"②，并据此强调劳动与语言在人创造自身中的革命性作用。

斯大林承接了马克思主义经典作家的这些思想。他在《马克思主义与语言学问题——论语言学中的马克思主义》中明确表示反对将语言意识形态化，认为"语言和上层建筑是根本不同的"，但同时又以苏维埃社会主义新型国家的俄语为例强调指出："由于产生了新的社会主义生产，由于出现了一种新的国家、新的社会主义的文化、新的社会观点、新的道德以及由于技术和科学的发展，增加了一大批新的词语；许多词语获得了新的含义而改变了意思；若干陈旧的词从词汇中消失了"③。这种见解的科学价值在于告诫人们，审读语言要把逻辑与历史有机地统一起来，注意语言的民族特性和国情特色。

基于这种语言逻辑就应当看到，资本主义平等公正观作为一种历史范畴所具有的两面性特质。诚如马克思和恩格斯在《德意志意识形态》中指出的那样：资产阶级"无情地斩断了把人们束缚于天然尊长的形形色色的封建羁绊，它使人和人之间除了赤裸裸的利害关系，除了冷酷无情的'现金交易'，就再也没有任何别的联系了"④。同时又指出：资产阶级在取得政权之后，思想上"占统治地位的将是越来越抽象的思想，即越来越具有普遍性形式的思想。因为每一个企图取代旧统治阶级的新阶级，为了达到自己的目的不得不把自己的利益说成是社会全体成员的共同利益，就是说，这在观念上的表达就是：赋予自己的思想以普遍性的形式，把它们描

①《马克思恩格斯文集》第5卷,北京:人民出版社2009年版,第91页。
②《马克思恩格斯文集》第9卷,北京:人民出版社2009年版,第553页。
③《斯大林选集》下卷,北京:人民出版社1979年版,第502页。
④《马克思恩格斯文集》第2卷,北京:人民出版社2009年版,第34页。

绘成唯一合乎理性的、有普遍意义的思想"①。这些经典的论断，在肯定资产阶级作出巨大历史性贡献的同时，又一针见血地指出其必然制造新的不平等不公正、并试图用意识形态方式加以掩饰的先天性的历史缺陷。资本主义制度做为人类历史演进过程中的一个必然环节，其主导价值观中的这种缺陷，不仅表现在资产阶级领导的民族国家内部存在的事实上的不平等不公正，也表现在肆意对别个民族和国家实行侵略和掳掠方面。

早在19世纪60年代，恩格斯在《反杜林论》之道德论的篇章中就基于唯物史观的方法论原则，批评杜林鼓吹唯心史观的"永恒真理"观时就强调指出：平等既是一种经济和政治价值观的历史范畴，也是一种道德价值观的历史范畴，还是民族（和国家）范畴。他说："不仅道德上的不平等，而且精神上的不平等也足以排除两个意志的'完全平等'，并树立这样一种道德，按照这种道德，各文明掠夺国对落后民族所干的一切可耻行径，直到俄国人在突厥斯坦的暴行，都可以认为是正当的。"②"平等的观念，无论以资产阶级的形式出现，还是以无产阶级的形式出现，本身都是一种历史的产物，这一观念的形成，需要一定的历史条件，而这种历史条件本身又以长期的以往的历史为前提。所以，这样的平等观念说它是什么都行，就是不能说它是永恒的真理"③。在说到道德价值观是一种民族的历史的范畴时言简意赅地说："善恶观念从一个民族到另一个民族、从一个时代到另一个时代变更得这样厉害，以致它们常常是互相直接矛盾的。"④这里有必要顺便指出，恩格斯在说到自由与必然的逻辑关系时也持这种辩证的历史观的方法，指出："自由不在于幻想中摆脱自然规律而独立，而在于认识这些规律，从而能够有计划地使自然规律为一定的目的服务。"因此可以说，"人对一定问题的判断越是自由，这个判断的内容所具有的必然性就越大。"⑤这表明马克思主义经典作家，始终注意到平等、公

①《马克思恩格斯文集》第1卷,北京:人民出版社2009年版,第552页。
②《马克思恩格斯文集》第9卷,北京:人民出版社2009年版,第107页。
③《马克思恩格斯文集》第9卷,北京:人民出版社2009年版,第113页。
④《马克思恩格斯文集》第9卷,北京:人民出版社2009年版,第98页。
⑤《马克思恩格斯文集》第1卷,北京:人民出版社2009年版,第120页。

正（公平）、自由等价值观视为历史的民族的乃至阶级的范畴。

历史发展的实际过程，也无时不在证明资本主义社会主导价值观中的平等公正观的这种先天性缺陷。时至今日，发达资本主义国家仍然在世界范围内有恃无恐、横行霸道，用"自由结盟"和"自由航行"等抽象的"强势"话语推行它们的强权政治和霸权主义，并以"维护人权"和"普世价值"之类"绝对公平"的幌子掩饰其不平等、不公正的本质。

质言之，资本主义社会主导的平等公正等价值观，包括其民主观和自由观，并不能代表人类社会自古以来追求平等公正的最高水准，它们需要在新的社会历史条件下获得新的发展机缘，实行合乎"自然历史过程"的创新和发展。这种历史使命责无旁贷地落在了中国共产党及其领导的社会主义核心价值观的建设者肩上。践履这种历史担当，我们任重而道远。

社会主义核心价值观，是中国共产党基于中国特色社会主义市场经济及"竖立其上"的物质的上层建筑建设的客观要求，运用历史唯物主义集当代中国人的智慧，传承中国优良传统价值观并借鉴资本主义社会主导价值观中有益成分的一大理论创新。看不到社会主义核心价值观诸如平等公正观与资本主义平等公正观的既在或事实差距及逻辑关联，或者因此而看不到社会主义的平等公正观不仅适应中国特色社会主义现代化建设事业的客观要求，也应通过建构和普及而使之具备超越资本主义的平等公正观、反映和代表人类平等公正观之发展进步的内在品质和逻辑方向，都违背了社会主义核心价值观的语言逻辑。

四、余论

20世纪以来，人类一直因社会变革和动荡而"生活在碎片之中"（齐格蒙特·鲍曼语），由此而被"说不清道不明"的价值观问题所困扰，"价值澄清"因此也曾一度成为一种时髦的用语。这也是以语言分析为首要任务的分析哲学在20世纪兴起和走向兴盛、一度被视为"第一哲学"、并至今仍在发挥重要影响的社会动因。虽然，分析哲学并不注重科学社会历史观和方法论意义的哲学使命，但是可以肯定，在历史唯物主义科学方法论的指导下，借用其方法来研究和解读社会主义核心价值观话语体系的丰富内涵，实行价值观话语的自主创新，不失为一种有益的尝试。

毋庸讳言，倡导和培育社会主义核心价值观教育以来，不少教育和宣传部门一直存在轻视以至忽视社会主义核心价值观的"语言学问题"，不能基于语言逻辑厘清社会主义核心价值观与中华民族优良传统价值观、资本主义社会主导价值观的逻辑关联和原则差别。这种情况如果持续下去，不仅制约和影响倡导和培育社会主义核心价值观的实际效果，还可能会在不知不觉中淡化人们对社会主义核心价值观的社会主义实质内涵的理解和把握。

为此，在推进社会主义核心价值观的宣传和教育的进程中，要反对不求甚解、大而化之的学风和作风。要组织力量集体攻关，开展建构社会主义核心价值观之语言逻辑的专题理论研究和建设，努力推出相应的系列成果。这样的专题成果应有学术专论和科普读物两种基本形式。后者主要是用通俗的话语形式面向全社会，适应推进社会主义核心价值观大众化进程的实际需要。

社会主义核心价值观自信的认知之维*

    自信，谓"自己相信自己"，相对于相信他者而言，有个体自信与社会自信之分。人的社会自信是指相信社会，既是自信也是他信。价值观文化关涉多种学科。古人所说的"人无信则不立"，其价值观意义应从经济、政治、法制、文化等多个角度理解。坚持走中国特色社会主义道路需要社会主义道路自信、理论自信、制度自信、文化自信，其中社会主义文化自信是更基础、更广泛、更深厚的自信。社会主义文化自信的核心是社会主义核心价值观自信。

    社会主义核心价值观自信属于社会自信范畴，它是中国共产党人依据马克思主义科学社会主义理论的原典精神，借鉴资本主义核心价值观及其建设的有益成分与经验，总结当代中国特色社会主义伟大实践的基本经验的智慧结晶，其实质内涵是相信社会主义核心价值观是人类有史以来最为先进的价值观。

    确立社会主义核心价值观自信，既是倡导和培育社会主义核心价值观的逻辑前提，也是培育和弘扬社会主义核心价值观的逻辑前提和最终目标；既需要实施关注民生和化解社会矛盾的方针政策，也需要引导人们运用唯物史观方法论原理，在全社会建构理解社会主义核心价值观之优秀品

* 原载《社会主义核心价值观研究》2017年第2期,中国人民大学书报中心复印资料《思想政治教育》2017年第7期;《马克思主义文摘》2017年第3期。

质的认知维度。

一、社会主义核心价值观具有超越资本主义价值观的历史文化基础

20世纪社会主义国家相继创立又被接连颠覆的事件都发生在有着封建主义传统的国度。社会主义运动史上的这些重大事件，一方面验证了马克思主义科学社会主义经典作家的科学预言①，另一方面也提出了一个极富挑战性而又不可回避的重大历史课题：社会主义国家当如何传承本国优良的价值观文化传统，并借鉴资本主义价值观的有益成分，创建适应社会主义发展进步之客观要求的价值观文化？因此，在逻辑与历史相统一的意义上，认知当代中国培育和弘扬的社会主义核心价值观具有超越资本主义价值观的历史文化基础，是十分必要的。

德国著名哲学家卡尔·西奥多·雅斯贝尔斯认为：公元前800年至公元前200年是人类文明创生的"轴心时代"，"人类一直靠轴心时代所产生的思考和创造的一切而生存，每一次新的飞跃都回顾这一时期，并被它重新燃起火焰"②。当代英国最具盛名的宗教评论家凯伦·阿姆斯特朗在她的《轴心时代》一书中，基于雅斯贝尔斯的这一观点进一步明确指出："在这个时代，苏格拉底、柏拉图、释迦牟尼、孔子、老子，创立各自的思想体系，共同构成人类文明的精神基础，直到今天，人类仍然附着在这种基础之上。"③世界科学史界公认"轴心时代"是一个重要命题。不过，

---

① 1881年2月底，马克思在给"女公民"维·伊·查苏利奇的复信中指出：亚细亚生产方式的"农村公社能够逐渐摆脱其原始特征，并直接作为集体生产的因素在全国范围内发展起来。正因为它和资本主义生产是同时代的东西，所以它能够不通过资本主义生产的一切可怕的波折而吸收它的一切肯定的成就"，由此而创生社会主义。一年后，马克思恩格斯在《共产党宣言》俄文第二版序言中又进一步指出："假如俄国革命将成为西方无产阶级革命的信号而双方互相补充的话，那末现今的俄国土地公社所有制便能成为共产主义发展的起点。"（参见《马克思恩格斯全集》第19卷，北京：人民出版社1995年版，第431、43页。）

② ［德］卡尔·西奥多·雅斯贝尔斯：《历史的起源与目标》，魏楚雄、俞新天译，北京：华夏出版社1989年版，第14页。

③ ［英］凯伦·阿姆斯特朗：《轴心时代》，孙艳燕、白彦兵译，海口：海南出版社2010年版。

我们不得不强调，同样创生于"轴心时代"的中西方价值观文化的文明样式其实是存在重要差别的。

创生于中国"轴心时代"的孔孟儒学自汉武帝时期被推崇为封建社会的核心价值思想。儒学的主体是儒家道德，儒家道德的核心是"仁者爱人"。"仁"的价值取向和目标是人己同构、家国同构、"天下"（国际）同构，建构"天下归仁"和"天下为公"的社会生活共同体。《礼记·礼运》对此描述道："大道之行也，天下为公，选贤与能，讲信修睦。故人不独亲其亲，不独子其子，使老有所终，壮有所用，幼有所长，矜、寡、孤、独、废疾者皆有所养，男有分，女有归。货恶其弃于地也，不必藏于己；力恶其不出于身也，不必为己。是故谋闭而不兴，盗窃乱贼而不作，故外户而不闭，是谓大同。"

诚然，在封建专制制度下，所谓"天下为公"的"大同社会"实则是"大一统"的"家天下"，如同马克思所揭示的那样，其不过是一种虚幻的共同体。但应当看到，正是这种共同体的价值观念和伦理取向淡化了封建专制统治者狭隘的"家本位"意识，催生了许多"明君"及"先天下之忧而忧，后天下之乐而乐"的"名臣"，培育了世代中国人崇尚"大一统"之共同体的国家观念和以爱国主义为核心的民族精神，并视此为须臾不可或缺的精神家园。从这个角度来看，儒家道德的本来精神是崇尚整体性思维的大智慧，它优于"人人为自己，上帝为大家"的资本主义价值观。正因如此，资本主义制度在走向全球扩张的过程中，特别注意向中国传统儒学价值观文化"取经"，由此曾引发全球范围内的儒学传播热。儒学向国外传播起始于公元前108年，近及日本、新加坡等国，远至英国、法国、美国等国，大体有"走进门"和"闯进门"两种途径。不论是哪种途径，传播的内容多为西方资本主义国家所或缺的伦理共同体精神及道德主张。这是因为，创生于"轴心时代"的西方文化在初始之时便崇尚个人本位的价值观，所谓"上帝为大家"的价值观信仰，其实不过是基于"人人为自己"之自我辩护的说辞。儒学向国外传播的历史文化现象，一方面表明儒学价值观具有超越资本主义价值观的元素，另一方面也表明，勤于学习和吸收（直至掠夺）人类优秀的文明成果以补己缺，是资本主义所具有的开放性。

资本主义制度是在原初的商品经济基础之上，经过原始资本积累，凭借个人主义社会历史观和价值观冲击封建主义价值观发展起来的。个人主义对社会和人的发展进步具有善与恶的双重张力。这使得资本主义在承认个人主义和"合理利己主义"价值观的主导地位的同时，又不得不经由宗教改革倡导主张自律和勤俭的"新教伦理"，即所谓"资本主义精神"，以洗刷和梳理被资本"从头到脚流着血和肮脏的东西"污染了的身躯和魂灵，并伴之以民主与法治，在鼓动资本占有者释放贪婪本性的同时加之以法律的约束。

资本主义优越于封建主义的品质和建设与发展的经验，从反面印证了人类社会历史建构和发展的基本规律：社会生活本质上是共同体式的，任何社会都不可能凭借无节制地释放个体张力来造福其成员；赢得社会和人类发展进步的根本途径是建构社会生活共同体，凭借共同体思维方式和价值观来调节和把握自己的前途和命运。这也正是马克思恩格斯在探究和创建科学社会主义理论的过程中，何以会屡屡提及东方社会之"农村公社"及其与社会主义"天然"联系的原因所在。在倡导和培育社会主义核心价值观的过程中，传承中国传统价值观，推崇共同体生活的精神品质，是社会主义运动在中国的必然选择。

在这个问题上，必须指出的是，整个20世纪包括新中国成立后相当长的一段时期内，我们缺少传承中国传统价值观文化、崇尚伦理共同体精神的历史观念和自觉意识，在"左"的思潮盛行特别是"文化大革命"期间，甚至还曾视儒学价值观文化为"封建糟粕"。21世纪兴起的"国学热"，也没有把传承优秀价值观文化放在应有的位置，加上各种错误价值观的影响，一些人特别是青少年对中国优秀传统的价值观自信日渐减弱。

由上可知，中国传统儒学价值观崇尚共同体精神，必须成为中国特色社会主义核心价值观的文化"底色"。必须把传承中国传统价值观文化崇尚共同体的精神放在优先建设的战略位置。

二、社会主义核心价值观具有优于资本主义价值观的现实社会条件

应当承认，资本主义在民主法律制度及文化价值观特别是"新教伦理"建设方面，相较于社会主义制度和文化建设具有先发优势和经验，值得社会主义国家认真学习和借鉴。同时也必须看到，社会主义核心价值观具备超越资本主义价值观的现实社会条件，因而具备无限发展的逻辑张力和光明前景。

第一，从理论逻辑来看，社会主义核心价值观在经济和政治制度方面具备优于资本主义价值观的现实基础。马克思在《〈政治经济学批判〉序言》中说，人们在自己生活的社会生产中发生一定的、必然的、不以他们的意志为转移的关系，即同他们的物质生产力的一定发展阶段相适合的生产关系。这些生产关系的总和构成社会的经济结构，即有法律的和政治的上层建筑竖立其上并有一定的社会意识形式与之相适应的现实基础。物质生活的生产方式制约着整个社会生活、政治生活和精神生活的过程[1]。我国社会主义社会实行以公有制为主体经济制度和人民当家作主的政治制度，在这种现实基础上遵循物质生活的生产方式制约着整个社会生活、政治生活和精神生活的过程提出的社会主义核心价值观，在逻辑演绎的方向上必然具有超越资本主义价值观的现实内涵和发展前景。

第二，从实践逻辑来看，社会主义核心价值观在推动社会发展进步方面具备优于资本主义价值观的发展效率和文明水准。1979年11月26日，邓小平在会见美国不列颠百科全书出版公司编委会副主席吉布尼时就指出：社会主义也可以搞市场经济，"我们相信社会主义比资本主义的制度优越。它的优越性应该表现在比资本主义有更好的条件发展社会生产力。这本来是可能的，但过去人们有不同的理解，于是我们发展社会生产力的

---

① 《马克思恩格斯文集》第2卷，北京：人民出版社2009年版，第591页。

进程推迟了，特别是耽误了十年"①。中国通过近40年的经济体制改革和民主政治建设的伟大实践，印证了邓小平的这一英明论断。我们正在缩小与发达资本主义国家的差距，这种巨大进步所展现的历史辩证法是：后发的社会主义国家完全可以在优越于资本主义的现实基础上，通过改革加快发展速度和提升发展水平，加速赶超资本主义，从而证明社会主义制度是人类有史以来最为先进的社会制度，这就使得社会主义核心价值观自信具备了毋庸置疑的现实根据。对此，西方的一些学者已经有所察觉，他们在对两种社会制度进行比较的过程中，开始认识到中国作为社会主义国家的巨大进步和强大生命力。如美国《纽约时报》著名专栏作家托马斯·弗里德曼于2016年9月10日在该报发表的《中美这七年》一文就指出："中美的某些差距已开始显现。"中国的改革开放将会继续证明，用马克思主义武装起来的中国共产党在新的历史条件下完全有智慧和能力领导中国人民，在经济、政治、军事、科学、文化乃至价值观建设等方面，继续快速缩小与资本主义国家间的差距，实现历史性的超越。虽然我们目前面临以及亟待解决的问题还很多，但我们没有任何理由妄自菲薄。

第三，社会主义核心价值观在理论基础方面具备优于资本主义价值观的科学性。历史地看，任何社会所倡导和推行的核心或主导价值观都不是凭空产生的，而是有其理论基础，包括作为一般社会历史观和方法论的哲学理论。社会主义核心价值观和资本主义价值观都有经济、政治、法治、伦理、道德等方面的理论基础，也都有相应的作为一般世界观和方法论的哲学理论支撑。社会主义核心价值观的理论基础是马克思主义及其中国化的理论形态，它既可以按照学科分门别类地在其理论基础上寻得相应的理论支持，也可以在其理论基础之历史唯物主义原理和方法中寻得统一性和根本性的科学说明，从而实现价值观与社会历史观的统一、逻辑与历史的统一。资本主义价值观的理论基础则不然，它的价值观原则虽然可以从不同的理论派别那里找到相应的理论支持，也可以从人本主义、个人主义那里找到整体性和统一性的哲学根据，但这些支撑和根据多是建立在唯心史

---

① 《邓小平文选》第2卷,北京:人民出版社1994年版,第231页。

观基础之上的，缺乏逻辑与历史相统一的科学性。

第四，社会主义核心价值观的倡导者——中国共产党，作为中国特色社会主义国家的执政党，优于资本主义价值观的推行者——垄断资本的执政集团。中国共产党秉承《共产党宣言》的宗旨，代表中国广大人民群众的根本利益，在实现中华民族伟大复兴的中国梦的同时视整个人类为同一命运共同体，为积极治理全球事务提供中国方案，其视界和胸怀是资本主义国家的垄断资本的执政集团所根本无法比拟的。后者基于维护垄断资产阶级一己私利的阶级偏见，至今依然力持冷战思维和强权政治的价值观，热衷于推行霸权主义和军国主义，以至于为遏制社会主义中国的发展而实行"亚太再平衡"的霸权扩张。不难理解，这种所谓的"战略再平衡"，实质是为了抵制和瓦解代表人类发展进步方向的世界社会主义运动。这就暴露了垄断资本的执政集团推行本来存在阶级局限性的自由、平等、博爱等资本主义价值观的作为，在国际社会中同样具有极大的片面性和欺骗性。中国共产党作为代表无产阶级和广大人民根本利益的执政党，以人民为中心，奉行全心全意为人民服务的宗旨，从来不持一党之私。虽然党的队伍中出现了一些为了一己私利而违背党的纲领和执政宗旨的腐败分子，但其并非执政队伍的主体。更重要的是，党的十八大以来，党在领导全国人民为实现中华民族伟大复兴的中国梦而奋斗的进程中，正依据国家法治和党纲党纪严惩腐败，通过全面从严治党清除党内"毒瘤"，率先垂范践行社会主义核心价值观。

总之，社会主义核心价值观具备上述优于资本主义价值观的现实社会条件，这是实际存在的客观事实。不论资本主义国家持何种偏见来敌视以至图谋分裂或颠覆社会主义中国，都是不可能得逞的。邓小平在1980年8月18日的中共中央政治局扩大会议上的讲话中指出："中国在经济上文化上落后，并不是一切都落后。一些外国在技术上管理上先进，并不是一切都先进。我们的党和人民浴血奋斗多年，建立了社会主义制度。尽管这个制度还不完善，又遭受了破坏，但是无论如何，社会主义制度总比弱肉强食、损人利己的资本主义制度好得多。我们的制度将一天天完善起来，它将吸收我们可以从世界各国吸收的进步因素，成为世界上最好的制度。"①今天，中国已经在世界上彰显了具备制度优越性的社会主义大国形象，并正代表社会主义国家成为世界的一极走近世界舞台中央。

三、社会主义核心价值观富含影响人类命运与前途的"世界历史意义"

1867年7月25日，马克思在《资本论》第一卷第一版序言中基于唯物史观指出："我的观点是把经济的社会形态的发展理解为一种自然史的过程。"②1890年9月，恩格斯在给约瑟夫·布洛赫的信中指出，"历史是这样创造的：最终的结果总是从许多单个的意志的相互冲突中产生出来的，而其中每一个意志，又是由于许多特殊的生活条件，才成为它所成为的那样。这样就有无数互相交错的力量，有无数个力的平行四边形，由此就产生出一个合力，而这个结果又可以看作一个作为整体的、不自觉地和不自主地起着作用的力量的产物。因为任何一个人的愿望都会受到任何另一个人的妨碍，而最后出现的结果就是谁都没有希望过的事物。所以到目前为止的历史总是像一种自然过程一样地进行，而且实质上也是服从于同一运动规律的。"③依据马克思恩格斯的观点，一切社会的经济形态及"竖立其上"的政治形态包括观念的上层建筑，都可以被理解为"自然历史过程"，对社会主义的经济和政治包括文化，自然也可以作如是观。

不难理解，构成社会发展这种"自然历史过程"的"自然元素"不是别的，就是那些人类社会发展进程中"服从于同一运动规律"而演绎和汇聚的"合力"，亦即具有"世界历史意义"的价值因子。这种"合力"的"世界历史意义"，资产阶级和资本主义已经以其市场经济和民主政治建设的先发优势给予了证明。无产阶级及其领导的社会主义当如何展现这种

---

①《邓小平文选》第2卷，北京：人民出版社1994年版，第337页。
②《马克思恩格斯文集》第5卷，北京：人民出版社2009年版，第10页。
③《马克思恩格斯文集》第10卷，北京：人民出版社2009年版，第592—593页。

"合力"和"世界历史意义"，马克思恩格斯早在《德意志意识形态》中就基于"以世界市场的存在为前提"指出："人们的世界历史性存在而不是地域性的存在已经是经验的存在了"，"无产阶级只有在世界历史意义上才能存在，就像共产主义——它的事业——只有作为'世界历史性的'存在才有可能实现一样"①。当代中国改革开放与快速发展的伟大实践，正在赋予这种超越"地域性的存在已经是经验的存在"以社会主义的"世界历史意义"，同时又责无旁贷地担当起输出和传播这种"世界历史意义"的历史使命。而能够集中体现这种"世界历史意义"的社会意识形态，首先就是中国正在倡导和培育的社会主义核心价值观。

由此看来，社会主义核心价值观所富含的"世界历史意义"，本质上是价值观建设和培育问题上推动中国和全人类走向文明进步的"中国方案"。诚然，或许如同时下一些人所议论的那样，社会主义核心价值观在话语形式上还需要进一步凝练，但是有一点必须明确：体现社会主义精神实质和基本理念的"自然元素"——"世界历史意义"是绝对不能质疑或缺损的。作为价值观的"中国方案"，输出和传播社会主义核心价值观的"世界历史意义"，可以从两种向度来把握其基本理路。

第一个向度，相对于实行社会主义制度的国家而言，我们所说的社会主义核心价值观是中国特色的社会主义核心价值观，亦即合乎中国国情的社会主义核心价值观。如同资本主义国家所倡导的自由、平等、博爱等价值观也带有"国别"性征一样，社会主义国家提出和倡导的社会主义核心价值观也要合乎其国情，不能像当初"第三国际"指导中国革命那样，采用刻板统一的僵化模式。在世界社会主义运动中，社会主义国家之间相互尊重各自倡导的核心价值观，既是必要的，也是必需的。

我国社会主义核心价值观的提出，源自世界五百年来社会主义运动特别是当代中国半个多世纪艰难而成功的伟大探索实践，对其他社会主义国家核心价值观建设无疑具有示范意义。从世界社会主义运动之核心价值观建设的客观要求来看，这种示范效应是不可或缺的。与此同时，也应当自

①《马克思恩格斯文集》第1卷,北京:人民出版社2009年版,第539页。

觉克服和纠正社会主义的价值观存在的"民族偏见或霸权意识"，尊重别的社会主义国家所倡导的核心或主导价值观。须知，那种嘲讽以至鄙视别的社会主义国家奉行自己价值观的言论和情绪，实际上是缺失社会主义精神的表现，对推动世界社会主义运动的发展是有害的。不同社会主义国家之间基于核心价值观的互信，积极开展核心价值观培育方式的经验交流，有助于推动世界范围内的社会主义运动，也有益于我们确立社会主义核心价值观自信。

第二个向度，相对于资本主义价值观，社会主义核心价值观由于扎根在优于资本主义价值观的历史文化基础之上，又认真借鉴和吸收资本主义价值观的有益成分，故而站在了人类文明进程的最前端，对于整个资本主义世界的价值观建设具有示范意义。虽然如今老牌的资本主义国家囿于其殖民主义、霸权主义及冷战思维方式，看不到或不愿承认社会主义核心价值观具有"世界历史意义"的价值事实及其历史演绎的逻辑方向，但是人类社会历史文明进步的路径和方向从来都不是以某个人或某个剥削阶级集团的意志和偏见为转移的。

由以上分析不难理解，不论是从哪个向度来理解社会主义核心价值观的"世界历史意义"，都应持有这样的价值观自信和自觉：越是具有中国特色的社会主义核心价值观，就越应当是具有"世界历史意义"的价值观；越是属于世界的价值观，就越是应当为我所用，被转化为中国特色的社会主义核心价值观。

四、余论

综上所述，分析和说明社会主义核心价值观具备优于资本主义核心价值观的历史文化基础和现实社会条件及其内含的"世界历史意义"之优秀品质，有助于引导人们确立社会主义核心价值观自信。但仅仅如此是不够的，还必须立足社会主义核心价值观自身的生成条件、逻辑结构和本质特性等方面开展深入研究，以引导人们深度理解和把握社会主义核心价值观内在的优秀品质，从而对社会主义核心价值观坚信不疑。马克思在《1857—1858年经济学手稿》中基于唯物史观指出："人体解剖对于猴体解剖是一把钥匙。反过来说，低等动物身上表露的高等动物的征兆，只有在高等动物本身已被认识之后才能理解。"①一切关于确立社会主义核心价值观自信的研究，都不可以替代对社会主义核心价值观内在优秀品质的研究。

建构社会主义核心价值观自信的认知之维，与培育和弘扬社会主义核心价值观应被视为同一过程。因此，应将建构社会主义核心价值观自信的多维度认知作为培育和弘扬社会主义核心价值观的题中之义，贯穿于培育和弘扬社会主义核心价值观的全过程。

①《马克思恩格斯文集》第8卷，北京：人民出版社2009年版，第29页。

社会主义自由的认知基[*]

——自由话题纵横谈

　　自由一般是指人的思想和行动不受约束，作为一个理论和学术话题古老而常新，却又一直处于见仁见智的认知状态，考验着人们的认知能力。普列汉诺夫曾称：十九世纪中叶唯心主义哲学家们面对的自由话题就"像斯芬克斯一样"难以解答："请你解开我这个谜，否则我便吃掉你的体系！"①新中国成立以来，各个历史发展时期都存在如何认知社会主义自由的问题，因此在倡导和培育社会主义核心价值观的过程中，有必要重视夯实社会主义自由的认知基础。

　　人们谈论的自由大体上关涉三个领域，有三种含义，即自由事实、自由思想（理论）和自由价值观。自由事实是指思维和行为方式某种限度上"不受约束"的实际状态，自由思想和理论是指反映自由事实及其发展可能的意识形式，自由价值观则是在一定的自由思想和理论的支配之下评判自由事实及意识指向的价值标准、态度和情绪。探讨和认知社会主义自由的认知基础，首先应区分三种不同含义的自由及其逻辑关联，在此前提下厘清和阐明社会主义自由及其逻辑建构的基本问题。

---

　　* 原载《社会主义核心价值观研究》2017年第6期。

①［苏］普列汉诺夫：《论一元论历史观之发展》，博古译，北京：生活·读书·新知三联书店1961年版，第87页。

一、社会主义自由作为历史范畴

自由从来不是一种固定不变的完美事实，也不能是一种"终极理论"或"绝对真理"，更不可以被视为随心所欲的价值观。人对自由的享有、认识和把握总是有限的、相对的，是一个历史演绎和发展的过程，因而属于历史范畴。不同的社会或同一种社会的不同历史时代，存在不同的自由事实，关于自由的思想理论及价值观也会有所不同，对社会主义自由自然也是。

从历史上看，人类诞生于类人猿适应生存环境的自由选择，所谓劳动创造人自身实则是人实行自由选择的结果，虽然这种自由选择与今人谈论的"随自己意愿支配自己活动的权利""不受拘束和限制""认识事物发展规律并自觉加以运用"的自由截然不同。人类自创生以来对自由的考量、选择和追求本是一种自然历史过程。自由在这一过程中实存状态、思想理论和价值观都有所不同。19世纪中叶，德国早期无产阶级思想家威廉·魏特林认为："人类在他的童年时代生活得自由自在，因为每一个人都能够按照他的喜好满足他的欲望，按照他的心意发展"。①他在这里说的是原始共产主义社会的自由。原始社会之后，经历了奴隶被奴隶主剥夺基本人身自由的奴隶社会、小生产者广泛享有自由耕种和自力更生之自由的封建社会、凭借市场竞争机制和民主政治体制双重机制建构的资本主义社会，至今天人民当家作主的社会主义社会，自由进入一个新的历史发展阶段。

在唯物史观视野里，自由之所以是一种历史范畴的根本原因是不同社会或同一种社会的不同历史时代有着不同的现实基础。马克思指出："人们在自己生活的社会生产中发生一定的、必然的、不以他们的意志为转移的关系，即同他们的物质生产力的一定发展阶段相适合的生产关系。这些生产关系的总和构成社会的经济结构，即有法律的和政治的上层建筑竖立

---

① [德]威廉·魏特林：《和谐与自由的保证》，孙则明译，北京：商务印书馆1960年版，第62页。

其上并有一定的社会意识形式与之相适应的现实基础。"①自由作为人的一种生存状态和事实必然会受"生产关系的总和"的制约，人们怎么样进行生产就实际处在什么样的自由状态。作为一种思想理论和价值观，自由必然属于意识形态的上层建筑体系，既可能以"自然而然"的必然形式与生存状态的自由事实相一致，也可能以"人为使然"的必然形式与生存状态的自由事实不相一致。因为，任何社会创建的政治、法制和道德的意识形态，相对于自发形成于生产和交换的经济关系的"自由观念"而言，都具有某种"纠偏"和"升华"的特性。如，封建社会以儒学伦理"推己及人"的他者意识和"大一统"的国家观念，就是对自发产生形成于小农生产活动中的"各人自扫门前雪，休管他人瓦上霜"的小私有观念实行"纠偏"的结晶。因此，现实基础决定自由的唯物史观方法论原理，不可用线性逻辑的程式将其解读为社会实行什么样的生产关系，就必然提倡什么样的自由。在这里，自由的思想理论和价值观与政治和法律的上层建筑是有内在的一致性的。社会主义自由既是扎根在社会主义的现实基础之上的现代文明要素，也是传承历史上各种自由包括资本主义自由的产物，并将随着社会整体的发展进步而不断丰富自身的内涵。

　　资本主义自由相对于封建社会的小农经济自由主义（及以"纠偏"方式与之相适应的专制政治）而言是一个历史性飞跃，但资本主义自由只是人类追求自由的一个历史阶段，并不是评判自由的最高标准。社会主义自由是人类追求自由的一个新阶段，也不是评价自由的终极标准。

　　在当代中国，社会主义自由作为社会主义核心价值观的重要内容既是一种毋庸置疑的客观事实，也是一种富含科学理性的思想理论样态和先进的价值观体系。作为一种客观事实，它是中国共产党秉承《共产党宣言》的宗旨，领导无产阶级和广大劳动人民为推翻剥削人压迫人的旧制度以求翻身解放之自由生活的结果，这一划时代的成果集中体现在人民群众当家作主的政治自由上面，它是社会主义自由的本质特性之所在，也是社会主义自由超越和优越于资本主义自由的根本标志。《中华人民共和国宪法》

①《马克思恩格斯文集》第2卷，北京：人民出版社2009年版，第591页。

明确规定公民享有十种自由权（即言论、出版、集会、结社、游行、示威、信仰、人身、通信和文化活动自由），同时又规定："中华人民共和国公民在行使自由和权利的时候，不得损害国家的、社会的、集体的利益和其他公民的合法的自由和权利。"党的十九大报告强调指出"保证人民依法享有广泛权利和自由"是"健全人民当家作主制度体系，发展社会主义民主政治"、"保证人民当家作主"的基本方略。作为一种思想与理论和价值观，社会主义自由是中国共产党人及其领导下的先进知识分子在政治学、法学、哲学和伦理学等领域推进马克思主义自由观中国化、传承中华优秀传统文化中的有益元素并借鉴资本主义自由观的有益成分而凝练出来的当代精神文化的结果。中国古代先哲庄子赞美的"日出而作，日落而息，逍遥于天地之间，而心意自得"①的自由生活、孔子推崇和恪守的"七十而从心所欲不逾矩"②的人生自由和道德自由等，都应被视为社会主义自由的本土资源。诚然，社会主义自由包括"当家作主"的政治自由，目前事实上还存在一些不能充分体现社会主义制度优越性的地方，有些方面甚至还落后于资本主义自由，但不能因此而对当家作主的基本事实视而不见，更不可否认或诋毁其思想理论和价值观内涵已经具备超越以往年代的科学理性。在我国，每一位公民对社会存在的问题都有批评和建议的自由权利和责任，但这种批评和建议必须是站在"当家作主"的立场上。不能站在"局外人"的"个人英雄主义"的立场上，更不可站在某种"代言人"的"自恃精英主义"的立场上，不然，就背离了社会主义自由的本质要求，也实际上放逐了自己作为"当家人"的自由权利，必然会受到社会主义法治的制约。

社会主义自由发展的远景，是马克思主义创始人描绘的"自由人的联合体"即共产主义社会的自由，"在那里，每个人的自由发展是一切人的自由发展的条件。"③这是现行资本主义社会不可能通达的。

---

① 《庄子·让王》。

② 《论语·为政》。

③ 《马克思恩格斯文集》第1卷,北京:人民出版社2009年版,第53页。

二、社会主义自由的多学科视域

历史上的自由话题，涉及哲学的意志自由和理性自由、政治学和法学的政治自由、伦理学的道德自由等学科。有位学者在其著作中开篇指出："自由，是一个完整的整体，是层次性的统一。"①他所说的自由的整体性和层次性，就是基于自由的多学科视域而言的。从多学科尤其是政治学和法学的学科视域考察自由的学科属性，有助于进一步认知社会主义自由的思想理论和价值观。

西方思想史上的自由范畴，最早是作为哲学认识论的意志自由被提出来的，贯穿整个西方哲学史的思想进程，又具有各自的国情特色。英国哲学家伯特兰·罗素（1872—1970）在其西方哲学史的著述中曾指出："自由意志与命定论的矛盾，是贯穿着从古代直到今天的哲学矛盾之一，它在不同的时代里采取了不同的形式。"②在这种意义上可以说，人类对自由问题的认识就是对自由意志的认识。在这方面，黑格尔基于德国古典哲学的立场作出了突出的理论贡献。恩格斯在论述自由与必然的关系时指出："黑格尔第一个正确地叙述了自由和必然之间的关系。在他看来，自由是对必然的认识。'必然只有在它没有被理解时才是盲目的'。"③

在西方人看来，意志自由是人与生俱来的自然自由，实则属于所谓天赋人权的存在论范畴，而关涉这种天然自由的思想和理论的旨趣却在于论证建构政治学和法学范畴之自由的必然性和必要性。概观西方思想家们思考和谈论意志自由话题，其逻辑程式是：必须高扬自然自由的不可侵犯性和不可被剥夺性，正因如此又必须看到自然自由的局限性和任其张扬必然产生的危害性，这就为阐释和主张将自由作为政治学和法学的学科范畴、使之成为理性自由的必要性提供了逻辑证明，由此使得西方思想史上的自

---

① 沈晓阳：《自由层次论》，合肥：安徽大学出版社1999年版，第6页。

② ［英］伯特兰·罗素：《西方哲学史》上卷，何兆武、李约瑟译，北京：商务印书馆1963年版，第337页。

③ 《马克思恩格斯文集》第9卷，北京：人民出版社2009年版，第120页。

由范畴在政治学和法学领域一直是相通的，并没有真正作出学理上的严格区分。西方人极少脱离国家法制和社会治理抽象地谈论意志自由或个人自由问题。

英国十七世纪哲学家洛克（1632—1704）是西方经验主义的开创人，也是第一个把意志自由的思想理论引进国家和社会治理，全面阐述宪政民主思想的人。他在1690年出版了集西方古典自由主义思想之大成的《政府论》，这部被学界称为可与亚里士多德的《政治学》媲美的著作开篇便提出自然的自由——人的天赋自由权的命题："人的自然自由，就是不受人间任何上级权利的约束，不处在人们的意志或立法权之下，只以自然法作为他的准绳。"①他的演绎逻辑是：正因如此自由必须接受法律的约束，由此而推衍出政治学和法学意义上的自由范畴。他指出："自由意味着不受他人的束缚和强暴，而哪里没有法律，那里就不能有这种自由。但是自由，正如人们告诉我们的，并非人人爱怎么样就可怎样的那种自由（当其他任何人的一时高兴可以支配一个人的时候，谁能自由呢？）"②洛克之后，法国启蒙思想家卢梭（1712—1778）在其社会契约论的理论视域内承接了这种因由自然自由而推衍出来政治自由观。在卢梭看来，"人是生而自由的，但无处不在枷锁之中"。因此，人们应该在平等的前提下制定社会契约，即政治和法律的行动准则，"唯有服从人们自己为自己所规定的法律，才是自由。"③这些政治自由的思想和理念，与平等、人权等概念具有同等的含义，都曾以根本大法的文本语言出现在美国的《独立宣言》和法国的《人权宣言》之中。

十九世纪英国的哲学家、逻辑学家、资产阶级自由主义的典型代表人物约翰·斯图亚特·密尔（1806—1873），活跃在资本主义已经发展到成熟并开始向垄断资本主义过渡的年代。他受到此前思想家的影响，出版了影响广泛的《论自由》，极力主张"越来越好的个人自由"，将政治自由的

---

① ［英］约翰·洛克：《政府论》上卷，瞿菊农、叶启芳译，北京：商务印书馆1996年版，第2—4页。

② ［英］约翰·洛克：《政府论》下卷，瞿菊农、叶启芳译，北京：商务印书馆1996年版，第16页。

③ ［法］让·雅克·卢梭：《社会契约论》，何兆武译，北京：商务印书馆2003年版，第26页。

思想扩展到自由贸易、自由竞争的经济活动领域，并主张通过议会立法使之程序化。他并不简单地谈论个人自由问题，在该著开宗明义地说道，他"所要讨论的乃是公民自由或称社会自由，也就是要探讨社会所能合法施用于个人的权力的性质和限度"①。《论自由》的要义可以概括为：一个人的行为不涉及危害他人的利益时他就是自由的，在法律上就应当给予保护；反之，当他的行为危害到他人的利益时他就是不自由的，法律上就应当给予禁止。

谈论西方思想史上关涉政治学和法学意义上的自由话题，自然还要提到魏特林于1842年出版的《和谐与自由的保证》。马克思在《评"普鲁士人"的〈普鲁士国王和社会变革〉一文》中，称这部著作是"无产阶级巨大的童鞋"。虽然，它所表达的政治自由思想显得有些幼稚，但是只要与那些鼓吹资产阶级解放的哲学家和科学家的"政治烂鞋"相比较，"我们就能够预言德国的灰姑娘将来必然长成一个大力士"，它是无产阶级争取自由和解放的一部"史无前例光辉灿烂的处女作"。②恩格斯在《共产党宣言》1888年英文版序言中更加明确地指出：魏特林等人的共产主义的自由思想，"是一种粗糙的、尚欠修琢的，纯粹出于本能的共产主义；但它却接触到了最主要之点，并且在工人阶级当中已经强大到足以形成空想共产主义，在法国有卡贝的共产主义，在德国有魏特林的共产主义"③。

魏特林的政治自由思想作为早期共产主义的政治自由观，其逻辑理性可概要表述为，人的自由是一种"满足感"。"满足是一种出于自然的欲望和能力之间的和谐感"。而这种和谐又是受社会组织保障的。在他看来，"人类在他的童年时代生活得自由自在，因为每一个人都能够按照他的喜好满足他的欲望，按照他们的心意发展；今天，如果你们要想使人类重新自由，就要给社会一种组织"。④由此，他导引出必须变革资产阶级统治制度的结论。

---

① ［英］约翰·密尔：《论自由》，许宝骙译，北京：商务印书馆1959年版，第1页。
② 《马克思恩格斯全集》第1卷，北京：人民出版社1956年版，第483页。
③ 《马克思恩格斯文集》第2卷，北京：人民出版社2009年版，第13—14页。
④ ［德］威廉·魏特林：《和谐与自由的保证》，孙则明译，北京：商务印书馆1960年版，第62页。

现代西方法学界对自由进行了更为广泛的探讨，出现了欲将政治自由与法律自由严格区分开来的趋向。如英国法学家丹尼斯·罗伊德，把自由划分为积极与消极两种，前者多涉所谓"自我实现"的精神层面，后者则是受到社会组织形态限制的自由，属于法律应当干预的自由。他指出："因此就法律上的自由而言，它的重点在保障最大限度的'消极'自由，实在不足为奇——至于个人怎样利用法律应允的自由去作选择并不是法律直接关切的事情。"[①]简言之，作为法学和政治学学科范畴的自由，就是被国家意志和社会理性强制性限制和受到保护的自由。

纵观西方自由思想史，其共同特点是高扬人的自然自由权利，同时又强调这种自由必须要有理性尺度，在行政和立法层面为这种自由设置一种约束性和程序性的限制，从而将自由置于一种不妨碍他人和社会的阈限之内。所谓不受约束的绝对的自由，从来没有以某种思想的理论的形态出现过，大凡以某种违背逻辑理性的价值观出现的自由，多在西方学者的鞭笞之下。这种历史文化现象，在资本主义已经发展到成熟阶段之后尤其突出。密尔在《论自由》中"论思想自由和讨论"时已经明确主张："一切意见是应当许其自由发表的，但条件是方式上须有节制，不要越出公平讨论的界限。"[②]由此可见，以为西方发达资本主义国家推崇绝对自由实则是一种臆想，某些人鼓吹这种自由其实是别有用心的。

西方思想史上多学科的自由话题，为马克思主义经典作家基于辩证唯物主义和历史唯物主义揭示自由的本质，提出科学的自由理论和价值观提供了借鉴意见。

三、马克思主义自由观的基本内涵与核心义理

马克思主义自由观是马克思主义体系重要的组成部分，其形成的逻辑起点可以追溯到马克思的论文《德谟克利特的自然哲学和伊壁鸠鲁的自然

①［英］丹尼斯·罗伊德：《法律的理念》，张茂柏译，北京：新星出版社2005年版，第112—113页。

②［英］约翰·密尔：《论自由》，许宝骙译，北京：商务印书馆1959年版，第56页。

哲学的差别》。马克思在该文中重视伊壁鸠鲁认为只有原子偏斜运动体现了自我意识的自由的观点，但并不赞成伊壁鸠鲁把自由理解为脱离现实世界的自我意识的心灵宁静的看法。马克思认为，不能抽象地理解自由，不能通过把人同周围环境分开并把二者绝对对立的办法来实现自由。总体来看，马克思主义自由观的形成和发展，借鉴了此前西方哲学特别是德国古典哲学关于自由的思想和理论，逻辑动因和张力则是代表无产阶级和劳苦大众为求翻身解放、推翻不平等不自由的剥削制度的崇高情怀，最终实现"人的自由全面发展"的共产主义社会。认知马克思主义自由观的基本理路，要在认知它的基本内涵的基础上把握其精要义理。

马克思主义自由观的基本内含包含以下几个方面。

第一，基于人的本质在"其现实性上，是一切社会关系的总和"的人性观和"全部社会生活在本质上是实践的"[①]社会实践观的维度，视自觉的自由能动性为人的本质特性，是人的主体性表现，认为人如果失去了主体性，只会盲目服从外部环境，消极地逃避客观条件的限制，就不可能获得自由。正因如此，"作为确定的人，现实的人，你就有规定，就有使命，就有任务，至于你是否意识到这一点，那都是无所谓的。这个任务是由于你的需要及其与现实世界的联系而产生的。"[②]在马克思主义自由观看来，意志自由只是观念范畴意义上的自由，只有转变为自觉的行动，并且在实际行动中遵循和驾驭客观规律，才能获得真正的自由。全面理解马克思主义自由观，就要贯通马克思主义科学的人性观和实践观。

第二，视自由是人类对理想社会的追求，极力主张实现无产阶级和劳苦大众翻身得解放的政治自由。马克思和恩格斯坚定地站在无产阶级和劳苦大众的政治道义立场上，认为理想社会应是人的自由全面发展的社会，必须坚决推翻资本占有者自由剥夺被剥夺者自由的资本主义剥削制度。马克思与恩格斯在《共产党宣言》中明确提出唯有推翻资本主义剥削制度，无产阶级和劳苦大众才能获得真正自由的可能。他们在展望未来共产主义

---

① 《马克思恩格斯文集》第1卷，北京：人民出版社2009年版，第501页。

② 《马克思恩格斯全集》第3卷，北京：人民出版社1960年版，第329页。

社会时指出："代替那存在着阶级和阶级对立的资产阶级旧社会的，将是这样一个联合体，在那里，每个人的自由发展是一切人的自由发展的条件。"①后来，他们在《德意志意识形》中谈到个人自由与"共同体"——"自由人联合体"时又进一步指出"自由共同体"与"自由个人"之间的逻辑关系："只有在共同体中，个人才能获得全面发展其才能的手段，也就是说，只有在共同体中才可能有个人自由。"②

第三，视自由的本质是对必然即事物规律的认识和把握。马克思主义自由观认为，正是客观必然性既是提出自由的根据，又是提出自由的限度，没有必然也就无所谓自由，人只有在承认和尊重必然性的前提下才可能有自由。就是说，自由不是随心所欲，不是想怎么说就怎么说，想怎么做就怎么做。所谓"从心所欲不逾矩"的道德自由，其实既是指"为所欲为"的利他（社会）选择自由，也是指"不为所欲为"的自律选择自由。恩格斯说："自由不在于幻想中摆脱自然规律而独立，而在于认识这些规律，从而能够有计划地使自然规律为一定的目的服务"，"因此，意志自由只是借助于对事物的认识来作出决定的能力。因此，人对一定问题的判断越是自由，这个判断的内容所具有的必然性就越大"。③

第四，提出道德自由与伦理的必然性的话题。恩格斯在《反杜林论》第一编中专门安排和撰写了"道德和法自由和必然"一节，批评杜林所主张的"把道德责任建立在自由上面，但是这种自由在我们看来，只不过是按照先天的和后天的知性对自觉动机的感受"④的唯心史观道德论。虽然，恩格斯在这一节中并没有具体分析和说明道德（包括法律）与伦理之"自由和必然"的学理逻辑，也没有直接说明"什么是道德自由"的问题，但他作这种著述安排的学理取向和意图是显而易见的。这就是，道德作为一种意志力量和行为方式是存在自由度的，人在讲道德问题上的意志自由，不能被简单地理解为不想讲道德就可以不讲道德，想怎么讲道德就可以怎

① 《马克思恩格斯文集》第2卷，北京：人民出版社2009年版，第53页。

② 《马克思恩格斯文集》第1卷，北京：人民出版社2009年版，第571页。

③ 《马克思恩格斯文集》第9卷，北京：人民出版社2009年版，第120页。

④ 《马克思恩格斯文集》第9卷，北京：人民出版社2009年版，第120页。

么讲道德。制约这种"自由"的客观必然性，就是作为一种特殊的思想的社会关系的伦理关系，其初始形态就是"自觉地或不自觉地"形成于生产和交换的经济关系中的"伦理观念"①。马克思主义自由观提出的道德自由话题，尚是一个有待开发的理论领域。

概观马克思主义自由观的基本内涵，不难发现贯穿其间的逻辑主线和核心义理是关于自由与必然的辩证统一关系。稍加展开可表述为：人在社会生活中享有的任何自由（权利）都是对必然（规律及由此逻辑推衍的规则、责任）的认识和把握，人在思维活动和社会生活中获得自由度的大小，根本上不是取决于"意志自由"的强度，而是取决于对必然（规律及由此逻辑推衍的规则、责任）的认识和把握的合理性及其深浅程度，而这种认识和把握唯有置于社会实践包括科学研究活动的实际过程中才有可能获得自由的事实。由此看来，马克思主义自由观本质上属于马克思主义的实践哲学和政治哲学范畴，认知马克思主义自由观的旨趣在于揭示和把握自由的实践理性。这也是认知和建构当代中国社会主义自由必须遵循的唯物史观方法论原理。

四、社会主义自由的逻辑建构

社会主义自由的逻辑建构，总的来说要在马克思主义自由观的指导之下进行，遵循马克思主义自由观精要义理即自由与必然的辩证统一关系原理，正确认识和借鉴人类有史以来关于自由包括资本主义自由的思想理论和价值观内含的有益成分，围绕人民当家作主的政治自由建构社会主义自由的思想和理论体系，引导人们乐于和善于行使自己的自由权利。

首先，要充分认识社会主义自由的先进性和重要性。要立足中国特色社会主义经济基础和上层建筑包括观念的上层建筑的"现实基础"，凝练和彰显社会主义自由的本质特性，建构优于和超越于资本主义自由的社会主义自由的思想和理论体系。我国实行人民当家作主的社会主义制度，

①《马克思恩格斯文集》第9卷，北京：人民出版社2009年版，第99页。

且人民群众正确行使当家作主之政治自由权利的思想素质却不是自然形成的。历史告知现实也预警未来，社会主义自由思想理论体系的逻辑建构必须围绕"人民群众如何当家作主"这个当代中国重大的时代话题展开，充分体现社会主义自由同社会主义民主与法治建设相向而行的科学理性。面对时下西方自由主义思潮泛滥、公开鼓吹资本主义自由而贬低社会主义自由的种种怪论和离心离德的社会心态，社会主义自由的思想理论构建要力求话语创新，做到有理要说得清，说得明，说清说明还要能让人信。

其次，要能够区分和说明不同形态的自由，识别和抵制妨碍建构和实现社会主义自由的形形色色的"自由主义"，包括中国本土"自由主义"的传统陋习和趁改革开放之机涌进国门的现代西方自由主义的思潮。

中国本土的"自由主义"传统陋习源远流长，消极影响至今依然广泛存在。它扎根于数千年普遍分散的汪洋大海式的小生产的"自由经济"，具有自由散漫、蔑视规则、唯我是举、不问是非的特性，可称其为小生产者的或小农的"自由主义"。这种本土的自由主义对社会和人的影响历来具有两面性。正面的或积极的影响就是自力更生、自给自足，满足于"各人自扫门前雪，休管他人瓦上霜"的"自由自在"和"自得其乐"的田园生活。其负面的或消极的影响，毛泽东在领导中国革命和战争的过程中一直有所提及。他在这方面的著述，早期的当是《关于纠正党内的错误思想》，稍晚一些的是《反对自由主义》。他在《关于纠正党内的错误思想》中，开篇便指出："红军第四军的共产党内存在着各种非无产阶级的思想，这对于执行党的正确路线，妨碍极大。若不彻底纠正，则中国伟大革命斗争给予红军第四军的任务，是必然担负不起来的"①，尖锐地批评了放大了的小团体主义的本位主义、少数不服从多数的非组织观点、绝对平均主义，以及党内的个人主义思潮，包括报复主义、小团体主义、享乐主义、雇用思想等。在《反对自由主义》中，他列举了自由主义的十一种表现及其危害性，如"因为是熟人、同乡、同学、知心朋

①《毛泽东选集》第1卷,北京:人民出版社1991年版,第85页。

友、亲爱者、老同事、老部下，明知不对，也不同他们作原则上的争论"；"不负责任的背后批评，不是积极地向组织建议。当面不说，背后乱说；开会不说，会后乱说。心目中没有集体生活的原则，只有自由放任"；"命令不服从，个人意见第一。只要组织照顾，不要组织纪律"；"见损害群众利益的行为不愤恨，不劝告，不制止，不解释，听之任之"等，并一针见血地指出自由主义的危害性："革命的集体组织中的自由主义是十分有害的。它是一种腐蚀剂，使团结涣散，关系松懈，工作消极，意见分歧。它使革命队伍失掉严密的组织和纪律，政策不能贯彻到底，党的组织和党所领导的群众发生隔离。这是一种严重的恶劣倾向"[1]。值得我们深思的是，如今那些无视党规国法、爱搞团团伙伙的离心离德的"自由主义"，那些崇尚个性至上、我行我素的"三俗""自由主义"，与毛泽东当年批评的"小农自由主义"是否存在某种历史的逻辑关联呢？回答应当是肯定的。

西方自由主义思潮扎根于资本主义自由垄断的市场经济，是形成于17、18世纪的一种资产阶级思想流派。它的基本性征是鼓吹个人的绝对自由，主张国家的政治生活、经济生活和社会生活都要以维护个人自由为目的。这种自由主义理论曾于20世纪初传入我国，在反对封建专制斗争中发挥过可贵的积极作用，但同时也表现出与马克思主义科学自由观和社会主义自由相对立的政治立场和价值倾向。必须看到，中国开始改革开放和推进社会主义市场经济体制后屡屡受到自由主义的严重干扰和冲击，但其实际上都是西方自由主义思潮染指社会主义自由的现实表演。

最后，就实践路径而言，要将社会主义自由的逻辑建构与社会主义核心价值观的倡导和培育结合起来。社会主义自由本是社会主义核心价值观的重要原则，与社会主义核心价值观体系中的平等、公正、友善、民主、法制等是不可分割的有机整体。因此，建构社会主义自由，在实践上不能孤立地就自由讲自由，而要与倡导和培育社会主义核心价值观的整体布局和全过程合乎逻辑地关联起来。

①《毛泽东选集》第2卷,北京:人民出版社1991年版,第359—361页。

　　总而言之，社会主义自由的逻辑建构要基于社会主义制度赋予人民当家作主的政治自由权利，从思想理论和价值观两个逻辑方向推进，与倡导和培育社会主义核心价值观相向而行。这将是一个长期的历史过程。

树立科学的自由观*

只要考察一下人类文明史就会发现，自由是人生的共同理想和追求。它反映人的一种类本质，也就是马克思所说的"人的类特性"，但是不同时代、不同的人，对自由的理解和把握却是千差万别的，这就导致追求自由的人生之路，既通向自由，也通向不自由。科学的自由观与形形色色的唯心主义和形而上学自由观的对立，正是在这样的历史背景下逐步形成和展开的。

科学的自由观即马克思主义的自由观，它以唯物辩证法为认识论基础，基本内容可以概括为三个方面。

一是科学地揭示了自由的本质，认为自由既不是幻想，也不是盲动，它在本质上是人的认识能力和实践能力，即认识事物的客观规律（必然）并利用客观规律改造自然和社会的能力。认识能力和实践能力必须统一起来，只有这样才能构成自由的现实状态，反映出自由的本质。人的"自由度"，实际上也就是这两种能力的大小及其结构状态的综合反映。

二是科学地揭示了实现自由的一般规律，认为在实践的基础上实现主观与客观的统一，是获得自由的基本途径。人类实现自由的过程受三种因素的影响。第一，社会实践，这是实现自由的基础和先决条件。第二，主观条件，包括世界观、政治观、人生观、道德观在内的人的思想文化素

＊原载《安徽日报》1987年4月2日。

质。第三，客观条件，主要指影响客观规律可知性的自然环境和社会条件，以及人认识和利用客观规律的所能借助的物质和精神手段。这三种因素相互联系，相互影响，推动人们不断获得认识和利用客观规律的能力，不断获得自由。因此，自由从来都是具体的、相对的、有条件的，并且是一个历史发展过程。不参加社会实践，或超越主客观条件所允许的范围去追求作为绝对的自由，没有不碰壁的。

三是科学地分析了自由的不同类型，认为人类所能获得的自由总体上包括"人化自然的自由"和社会自由两种基本类型，而社会自由又可分为道德自由、职业自由、政治自由等不同形态。它们分别与道德要求、职业纪律、法律制度等社会规范或行为准则相对应。社会规范或行为准则，是对与社会自由相对应的社会必然的概括反映。任何一种社会规范或行为准则都体现了集体的某种意志，表现为一种社会约束力，因此任何一种自由都不是绝对的，而是有限度的。有些人认为，"自由就是个人的行为不受任何约束和干涉"，这种看法违反了科学的自由观，实践起来祸患无穷。

总而言之，科学的自由观告诉我们，必须正确全面地理解自由，把自由看成是在实践的基础上，通过主观与客观相统一的实际过程而获得的认识和利用客观规律的能力；人在追求自由的时候，必须遵循实现自由的规律，不然就会受到规律的嘲弄，得不到自由，甚至将已经获得的某些自由失去。

对资产阶级自由化作为一种社会自由观进行观察和研究，发现它在理论上的基本特征是割断历史，脱离现实，不讲主客观条件，离开社会发展的客观规律孤立地谈论社会自由，将社会自由绝对化。因此，它是一种唯心主义和形而上学的社会自由观。这种绝对化的社会自由观，必然会误导一些人全面否定四项基本原则，所以在实践上是十分有害的。

论以公正为社会主义核心价值观的基本理念*

党的十八大以来，"富强、民主、文明、和谐、自由、平等、公正、法治、爱国、敬业、诚信、友善"的社会主义核心价值观，在全社会得到广泛弘扬，这是毋庸置疑的事实。但同时也应看到，不少人仍心存核心多、难记全，不知哪一项更重要的困顿，理论和宣传教育界对此也一直未能针对性解困，致使培育和践行社会主义核心价值观的有效进程受到某种程度的制约和影响。

所谓"哪一项更重要"，其实就是如何理解和凝练社会主义核心价值观基本理念的问题。理念的本义是指理想、观念和信念，属于社会范畴亦即社会理念，它在没有转化为个体的理想、信念和价值观之前是一般的，抽象的，故而可称其为基本理念。在社会主义核心价值观体系中，公正就是这样的基本理念。它居于社会主义核心价值观整体结构的主体地位，发挥着主导功能，因而充当着指导和牵动其他核心价值观原则的指南针和牛鼻子，抓住了社会主义核心价值观的公正原则，也就抓住了社会主义核心价值观的根本。

人类自从进入阶级社会以来，各种社会矛盾都根源于阶级矛盾衍生的社会不公问题。这使得阶级斗争与社会革命（改革）的动因与目标历来都是为了实现某种预设的公正。社会主义中国已经在总体上消灭了阶级差别

---

*原载《学校党建与思想教育》2018年第1期。

与矛盾，实行人民当家作主的根本制度，意味着近代以来久经磨难的中华民族迎来了从站起来、富起来到强起来的伟大飞跃，赢得了人类社会发展史上里程碑式的巨大进步。与此同时，一个不争的事实是：在改革开放历史进程中逐渐出现的贫富差距和价值观分野的阶层或类群的矛盾，已成为社会不公问题的主要表征，引发了各种社会矛盾，包括普遍出现的失衡心态，它们已经成为新时代中国特色社会主义建设和发展的一大障碍。因此，确立以公正为社会主义核心价值观的基本理念，从理论和实践两个方面高度重视研究和回答社会公正问题，应是培育和践行社会主义核心价值观始终坚持实施的根本任务。

一、以公正为社会主义核心价值观基本理念的学理澄明

据有关学者考证，自甲骨文、铭文而至篆文，公正之"公"的本义演变为"背私"，"正"的本义渐为"趾直"[①]，"公"与"正"合用为公正一词的语义是针对"偏私"而言的[②]。后来，许慎在《说文解字》中对此作出明确的解说。

在中国传统思想史上，公正主要属于立身处世之伦理的道德范畴，如"己所不欲，勿施于人"[③]、"己欲立而立人，己欲达而达人"[④]等，涉及政治和法（刑）律也多被赋予道德意蕴，转化为所谓"以德治国"的治国策略，像《礼记·礼运》关于"大道之行也，天下为公"描述的那种道德理想其实是极少的。今天讨论公正作为社会主义核心价值观的基本理念问题，无疑需要传承这种传统公正观的合理元素，但首先必须走出局限于伦理思维的窠臼。因为，作为社会主义核心价值观基本理念的公正，已经不可与此前的公正及其价值观念相提并论，需要在澄明关涉公正的基本学理的前提下展开。

---

① 参见高明编撰：《古文字类编》，北京：中华书局1980年版，第502页。

② 陈政：《字源趣谈》，北京：新世界出版社2006年版，第351—352页。

③《论语·颜渊》。

④《论语·雍也》。

一要澄明公正的主体归属。公正，因反映和调整主体不同而可大体分为三种基本类型，即个体公正、群体公正、国家公正。个体公正属于"做人"的德性范畴，其实质内含是良知和正义（道义）感。一个缺失良知和正义感的人，其做人做事的出发点、过程和结果必定缺乏公正，由此在道德评价上受到舆论的指责，有的人还会因此触犯国家法律而沦为阶下囚。群体公正，一般是指"公平正直；坚持原则，按照一定的社会标准（法律、道德、政策等）待人处事"①的办事原则，即人们平常所说的公道、公平和正义原则。国家公正，属于制度公正范畴，通过国体和政体表现出来，人们对此的认知和评价用语多关联平等与自由。按照主体归属作相对划分的三类公正，是一种相互依存、相得益彰的公正逻辑体系。其中，国家制度公正是公正的现实基础和根本保证，群体公正或办事公道是制度公正的具体体现，通常称其为社会公正，而个体公正则是群体公正和制度公正付诸实施的实践理性之所在。就此而论，人的公正德性培育和践行应是社会公正体系建设的基础，社会主义核心价值观之公正原则的教育和践行无疑应聚焦在这个基本点上。

二要明确公正是历史范畴，关于公正的思想理论和价值观也是历史范畴。如果按照人类社会发展自然历史过程的阶段来划分，人类有史以来的公正大体上可以划分为原始社会的公正、专制社会的公正、资本主义社会的公正和社会主义社会的公正，与之相适应的公正观大体上可以划分为理想主义、理性主义、人本主义和历史唯物主义四种类型。其实质内涵和核心话题都是社会公正问题中的制度公正，广涉社会的平等制度和人的自由与幸福等领域。

马克思恩格斯创立历史唯物主义以前，西方许多杰出的思想家如霍布斯、卢梭等都在公平、正义、平等、自由的意义上探讨过社会公正问题。他们基于同情被剥削被压迫阶级的伦理情怀批评社会不公现象所表达的精彩思想，是人类探讨社会公正问题的宝贵财富。但是，诚如恩格斯所指出的那样，"以前所有的历史观，都以下述观念为基础：一切历史变动的最

---

① 路丽梅、王群会、江培英主编：《新编汉语辞海》（上），北京：光明日报出版社2012年版，第456页。

终原因，应当到人们变动着的思想中去寻求"①，属于历史唯心主义范畴，并没有基于现实基础真正揭示公正的实质内涵。马克思的公正观也经历了一种由理想主义到理性主义、人本主义，再到历史唯物主义的演变和发展过程。马克思的公正观本质上是社会主义共产主义公正观，是无产阶级和广大劳动人民群众追求翻身解放和真正自由幸福的最重要的思想武器。今天，讨论公正作为社会主义核心价值观的基本理念问题，无疑要以马克思的公正观为指导。就公正的现实基础而言，当今国际社会人们讨论的公正及其价值观其实只有两种基本类型，一是以垄断私有制为基础的资本主义社会的公正；二是以公有制为主体为主导的社会主义公正。比较两者优劣，须将其置于自然历史过程之中，既要看到现状，更要看到其内在生命力及发展前景。反之，若是仅看现状的某些方面，以至于以此为标准谈论社会主义公正问题，那显然是失之于偏颇的。

三要厘清公正的学科归属。由于公正所涉及的多是国家制度、社会风尚和个体德性，所以一般属于政治哲学、经济哲学、法哲学和伦理学的学科范畴，关涉公正的理论研究多带有政治和经济的道德的特色。西方思想史上柏拉图的《理想国》、亚里士多德的《政治学》、黑格尔的《法哲学原理》和《精神现象学》、康德的《实践理性批判》等，都是这方面的代表作。在中国古代，涉论公正话题多是人伦伦理和社会伦理意义上的，到康有为在《大同书》中提出，要建立一个"人人相亲，人人平等，天下为公"的理想社会等，多不具有政治和经济之制度公正的实质意蕴。这种情况到了20个世纪20年代发生了根本性的变化。中国共产党在第一次全国代表大会上，明确规定了党的性质和纲领，是"以无产阶级革命军队推翻资产阶级"，"废除私有制"，"采用无产阶级专政，以达到阶级斗争的目的——消灭阶级"②的奋斗目标，从而赋予自己的公正观以制度公正为实质内涵。新中国成立后，实行了人民当家作主人的制度公正，毛泽东最先

---

①《马克思恩格斯选集》第3卷，北京：人民出版社1995年版，第334页。

② 中共中央党史研究室：《中国共产党的九十年（新民主主义革命时期）》，北京：中共党史出版社，党建读物出版社2016年版，第38—39页。

明确提出"社会主义共同富裕"和"全体人民共同富裕"的制度公正设想，并根据中国国情多次在党内外特别强调要"使全体农村人民共同富裕起来"①。

由于中国历史上长期没有西方那样的学科分类，所以缺失关于公正思想的学科视野，人们谈论公正问题时往往缺乏共同的对话平台，这种情况在当代中国学界实际上依然存在。因此，我们今天多将公正视作政治哲学、法哲学和伦理学等多学科范畴，既如此，就应对公正给予思辨性的解读，同时也防止将公正当作脱离国情实际的抽象概念。我们谈论的公正，只能是属于社会主义核心价值观范畴的社会主义公正。

四要明确公正观的核心话语是权利与义务的对等性和统一性关系。在西方思想史上，公正概念可以追溯到古希腊的"Orthos"，即"表示置于直线上的东西，往后就引申来表示真实的、公平的和正义的东西"②。在中国，强调公正公平的根本性意义是在20世纪80年代中期发生的事情，其基本标志就是关于公平与效率之命题的提出，以及道德权利这一新概念的争论。当人类还处在不仅个体从属于群体，而且群体也从属于个体的原始共同体时期，人们不得不实行共同劳动和平均分配。那时的公平是至上的，也是高度抽象的，事实上的相对不公被淹没在绝对公平之中。私有制诞生，人类进入阶级社会以后，社会制度从根本上规定了人们之间的不平等关系，原始社会的情况被颠倒了过来，现实的不公平被专制政治和道德上的义务论所维护，形式上的公平退避到了事实上的不公背后。不论任何时代、任何国家和民族，也不论是哪一门学科，谈论公正问题都是围绕权利与义务的实有和应有关系展开的。在中国几千年的封建专制政治统治和道德教化下，人们一直是在权利与义务失衡的情况下讲伦理与道德，使得人们长期缺乏公平意识，关涉公正公平问题的意见也缺乏学科分类自觉。

---

① 参见杨宝国：《公平正义观的历史·传承·发展》，北京：学习出版社2015年版，第211—221页。
② ［法］拉法格：《思想起源论 卡尔·马克思的经济决定论》，王子野译，北京：生活·读书·新知三联书店1963年版，第89页。

二、以公正为社会主义核心价值观基本理念的逻辑解读

以公正为社会主义核心价值观的基本理念，最重要的一项理论工作就是解读公正与社会主义核心价值观体系中其他价值原则的内在逻辑关系，彰显公正作为社会主义核心价值观基本理念的主体地位和主导功能。毫无疑问，这种解读的基本立场和出发点必须是人民当家作主的社会主义制度。具体来说，既可以"一对一"地逐条进行分析，也可以在政治哲学视野里概要地加以说明。

首先要科学解读社会主义制度公正本身，从逻辑上说明社会主义制度是人类社会有史以来最为先进的公正制度。解读的逻辑线索应当是：社会主义制度既避免了原始社会漠视和规避实际存在差别的粗俗（绝对）平均主义的缺陷，也跨越了以专制政治和垄断资本为"现实基础"所制造的私有制社会的制度不公，真正为建构此前先哲们提出的理想国和天下为公的"大同社会"提供了现实基础。虽然，目前尚存在一些需要改革和完善的不足，在程序上规定某些方面甚至还未及资本主义制度公正的水准，但是不应因此而否定社会主义制度公正的本质特性和实质内涵。这种认知的逻辑理性，通俗地说就如同我们看长者和未成年人的"成熟度"不可因后者存在这样那样的不足和缺陷，而否认后者作为"人"和人才的"本质"特性势必会超越前者的道理一样。就此而论，生活在社会主义制度下的人们应当以"当家人"的姿态理性地看待自己国家制度公正方面存在的问题，积极参与国家改革和完善推动制度公正的建设工程，而不应以"局外人身份"发表不负责任的意见。

解读以公正为社会主义核心价值观的基本理念，可以依据语形与语义相统一的话语逻辑，基于两种视角展开。

第一种是洞察"话中之义"，或曰一个问题两个方面的相互性视角。如富强，"话中之义"应被解读为国富民强，所表达的核心价值观内含民富与国强相统一的逻辑关系，亦即国家与国民之间的一种公正。十九大报

告明确指出，中国特色社会主义新时代的主要矛盾已经表现为人民向往美好生活和发展不平衡不充分的矛盾。在我国，如果民贫而国强（或民富而国弱）都是有违社会主义公正原则的，因而也就背离了社会主义核心价值观之富强原则的本义。同样之理，对平等、法治、诚信、友善等，由于它们在相互性的意义上都内含公正的核心价值观意蕴，因而也都可以用"语中之义"的逻辑解读方式加以说明。

第二种是洞察所谓"言外之意"的视角，即从语形之外解读相互性以合乎逻辑地说明其内含的公正意蕴。如自由，作为一种权利的"言外之意"是其语形对应面的纪律和法律法规的要求，两者在"言外之意"上实现统一才能构成这项核心价值观原则的内在逻辑关系。反之，仅有自由而没有纪律和法律法规的约束，作为社会主义核心价值观的自由原则便被实际上消解了逻辑程式，不复存在。这里需要特别注意的是，在实行人民当家作主的社会主义国家，社会主义自由只能被解读为人民群众享受广泛的自由，因而同时必须被广泛地解读为遵守相应的纪律和法律法规的要求，否则是失之于社会主义公正的。再如爱国，其不言自明的"言外之意"自然是"爱民"，因为"国"与"民"是相互依存的，唯有将爱民与爱国统一起来才能合乎逻辑地说明爱国这项核心价值观原则的本义。在我国，片面强调爱国或爱民，都违背了社会主义的公正原则。进一步来说明这项核心价值观原则还应当看到，中国共产党作为社会主义中国的执政党，坚持以人民为中心和全心全意为人民群众谋利益为宗旨，因此爱国应还须有爱党这层"言外之意"。就是说，爱国作为社会主义核心价值观的一项原则，在逻辑解读上必须将爱国与爱党、爱民三者统一起来，否则就肢解和抽走了爱国作为社会主义核心价值观应有的公正意蕴，而失之于"偏私"。在以公正为社会主义核心价值观基本理念的视域里，那种把爱国爱民与爱党对立起来的论调是何等荒谬。不难理解，对和谐、文明、敬业等，也可以基于这种"言外之意"的逻辑程式来解读，合乎逻辑地说明其须以公正作为自己的基本理念。

基于政治哲学视野概要分析和解读公正之于社会主义核心价值观基本

理念，有必要首先要了解政治哲学是一门以研究政治关系的本质及其建构和发展的特殊学科。西方人一般认为，"政治哲学旨在探讨人类最好的政治制度和生活方式，为此要研究人的本性和或本质，国家的起源或基础，社会经济制度的组织原理，道德或价值取向的根据，正义或公正的实质等基本问题"①。可见，政治哲学在西方通常被赋予深刻的伦理道德意蕴，正因如此，政治哲学在我国自兴起以来，一直被与政治伦理学相提并论，以至"混为一谈"，视为人文社会科学领域一门极为重要的显学。

在政治哲学和政治伦理学的视野里，社会主义核心价值观的每一项原则都应反映人民当家作主的社会主义国家的政治关系和生活方式，因而都应将公正作为基本理念进行合乎逻辑的解读。

其一，在人民当家作主的社会主义国家里，富强、民主、法治、自由、平等这些核心价值观原则，都直接反映了人们相互之间应有的政治关系和理想的政治生活方式，它们唯有在以公正为基本理念的前提下才能得到合乎逻辑的解读。其二，在实行人民当家作主的国家，拥有文明与和谐的社会风尚和诚信与友善的伦理关系，是人民的基本权利，也是人民应享有的精神生活方式。若不能实际或渐进地享有、甚至求之而不得，那就失之于社会主义的公平与正义。其三，我国既然实行人民当家作主，那么爱国、敬业本质上就是爱自己，敬自己，若是不爱国家，不敬业，实则也就是不爱自己，不尊重自己，失却了主人翁应有的姿态和心态，本质上也就是没把自己当作"主人"看待，失之于社会主义公正。

最后有必要指出的是，上述以公正为社会主义核心价值观的基本理念的逻辑解读，属于知性或理性的解读范畴。如果基于应有的理论逻辑和实践逻辑来解读，实际情况并不能完全如上自圆其说，有些方面的解读甚至还会出现捉襟见肘的尴尬。正因如此，以公正为社会主义核心价值观的基本理念，需要实行多种维度的创新。

---

① ［德］列奥·施特劳斯、［美］约瑟夫·克罗波西主编：《政治哲学史》第3版，李洪润等译，北京：法律出版社2020年版，第1页。

三、以公正为社会主义核心价值观基本理念的多维创新

以公正为社会主义核心价值观的基本理念，是倡导、培育和践行社会主义核心价值观的根本任务，是中国特色社会主义新时代文化建设的一项极为重要的创新事业，其实施需要针对目前实际存在的不公或有失公正的社会问题，从制度体系、思想理论、精神生活和教育实践四种维度展开。

制度体系创新，旨在贯彻党的十九大提出的"健全人民当家作主制度体系，发展社会主义民主政治"的战略目标。习近平总书记在十九大报告中指出："我国是工人阶级领导的、以工农联盟为基础的人民民主专政的社会主义国家，国家一切权力属于人民。我国社会主义民主是维护人民根本利益的最广泛、最真实、最管用的民主。发展社会主义民主政治就是要体现人民意志、保障人民权益、激发人民创造活力，用制度体系保证人民当家作主。"为此，要"积极稳妥推进政治体制改革，推进社会主义民主政治制度化、规范化、法治化、程序化，保证人民依法通过各种途径和形式管理国家事务，管理经济文化事业，管理社会事务，巩固和发展生动活泼、安定团结的政治局面。"朝着这个目标奋进，无疑需要厉行制度创新。

思想理论创新的维度，有三个大有作为的领域。一是社会主义公正本体的创新研究，在思想理论上阐明社会主义公正观应有的实质内涵及其基本性征。改革开放以来这方面的研究已经取得一定的成就，产生了诸如"经济公正""制度公正""道德（伦理）公正"等新概念，涌现了像汪荣有的《经济公正论》、高兆明的《制度公正论》、余涌的《道德权利研究》、程立显的《伦理学与社会公正》、汪盛玉的《马克思公正思想论》等一批有一定影响力的成果。二是传承中华民族传统公正观的创新研究。人类的公正及公正观本是一种历史发展过程的存在，资本主义社会的公正及公正观不过是这一过程的一个发展阶段和界碑而已。中华民族历史上的公正及公正观缺乏制度公正的现实基础，主要是诸如"推己及人""将心比心""己所不欲，勿施于人""己欲立而立人，己欲达而达人"之类伦理与道德

意义上的。今天，对此开展创新性的传承研究，一方面要避开这种局限，拓展学科的历史视野；另一方面也要关涉小生产者平均主义根深蒂固的影响及其现实表现与危害，特别是要关注和纠正现实社会中存在的不正当的"仇官""仇富"的意念与情绪。三是借鉴和吸收西方发达资本主义国家公正及公正观建设经验的创新研究。这方面的研究，应注意防止出现津津乐道于西方公正思想研究而避谈本土公正及公正观资源研究的偏向，以资本主义社会公正替代社会主义公正的错误主张。

精神生活创新的维度，核心话题应是将公正作为全社会的理想和信念。我国思想理论界一般认为，理想是合乎理性的设想或希望，信念是坚定不移的认知，两者都离不开社会现实，又都具有超越和引领社会现实的巨大功能。理想和信念都属于精神生活范畴，作为社会意识形态的价值趋向表现为人心所向的凝聚力，作为人生目标的价值取向表现为"向往意义世界"的策动力，本质上都是社会和人不可或缺的巨大的精神力量。一个人有了坚定正确的理想信念，就会不懈努力、执着追求；一个国家和民族有了坚定正确的理想信念，就能披荆斩棘、攻坚克难。习近平总书记在十九大报告中强调指出："人民有信仰，国家有力量，民族有希望。"《礼记·礼运》畅想的"大道之行，天下为公"，作为中国先哲向往公正的社会理想和信念，曾鼓舞和鞭策无数仁人志士特别是共产党人为之奋斗终身，终于赢得民族独立，人民解放建立了社会主义制度。在这种客观基础上确立以普遍实行社会主义公正为理想和信念，无疑是一种史无前例的精神生活创新。过去我们开展理想与信念教育，强调的是理想和信念的崇高性和长远性，习惯于在高标准和先进性的层面上提出精神生活要求，这自然是无可非议的。那么，以公正为社会主义核心价值观基本理念的理想和信念，是不是一种具有崇高性和长远性的精神追求？回答应是肯定的。因为，从逻辑上来看，社会主义公正本是人类社会有史以来最为优越最为先进的公正，而从其实践情况来看，与其应有的"最为优越最为先进"的标准还存在相当大的距离，因此必须确立崇高性和长远性的奋斗目标，在理想和信念层面实行精神生活创新。

教育实践创新的维度。一要在全社会开展有正确认识和理解社会主义制度公正和群体公正的教育。中国特色社会主义制度公正优于扎根于私有制现实基础上的封建主义和资本主义社会的公正，理论上毋庸置疑，实践上已经并将继续得到证明。这种客观事实，需要通过教育实践创新转化为普遍的社会良知。二要创新培育社会主义公正观的实践内容和方式。如在家庭教育中，家长要重视培养孩子具备公正意识，联系公平待人处事的举止言谈实施教育。各级各类学校的立德树人，应将培养学生具备公正意识和行为习惯列为教育培养目标的重要元素。三要创新以公正为社会主义核心价值观基本理念的社会传播方式。媒体特别是官媒，倡导社会主义核心价值观要突出宣传社会主义的公正观，宣传先进人物不仅不应或缺他们身上所应具备的公正德性，相反应凸显他们已经具备的这种美德。这是因为，中国特色社会主义新时代的道德风尚和道德人格，无疑应具备尊重公正公平的特质。实际上，关涉中国共产党的纲领与宗旨的党内教育特别是党的领导干部教育，也需要含有"人民拥护我们，我们要以人民为中心、全心全意为人民服务"的社会主义公正理性，这有助于纠正一些党员干部高人一等的特权思想和脱离群众的官僚作风。

以公正为社会主义核心价值观基本理念的上述四种创新维度，还应向该命题以外的其他领域拓展。一是让社会主义公正观走进家庭和社会生活的各个领域。如可以用社会主义的公正观念引导"感恩"与"和谐"的家庭生活，传统中华民族"善事父母""尊老爱幼""相敬如宾"等家庭美德等。二是向国际社会拓展。我国在关于"一带一路"倡议中提出的"共商、共建、共享"原则，已经在某种意义上得到国际社会的公认，有可能最终发展成为国家间关系的国际公正原则[①]。"三共"原则主张构建公平、合理、透明的国际经贸投资规则体系，推进世界各国实现共同发展、共同繁荣。这种衍生过程，势必反过来会对公正作为社会主义核心价值观之基

---

① 据中新社北京2017年9月13日电讯：第71届联合国大会在"联合国系统在全球治理中的核心作用"议题下通过关于"联合国与全球经济治理"决议，要求各方本着"共商、共建、共享"原则改善全球经济治理，加强联合国作用，同时重申联合国应本着合作共赢精神，继续发挥核心作用，寻求应对全球性挑战的共同之策，构建人类命运共同体。

本理念在本土产生更加积极的影响，激发更多的中国方案和中国故事。不难理解，向这些领域拓展，都需要实行制度体系、思想理论、精神生活和实践教育四种维度的创新，这些都有助于实现以公正为社会主义核心价值观的基本理念。

四、结语

综上所述，确立以公正为社会主义核心价值观之基本理念，就会在逻辑与历史相一致、理论与实践相统一的唯物史观视野里，赋予社会主义核心价值观以内在的逻辑理性和无限的生命力。

我国社会目前尚存在一些不公问题，倡导和践行以公正为社会主义核心价值观的基本理念，将会是一个长期的历史过程，需要在党和国家相关部门的统一组织和协调下有序进行。在这个过程中，应始终注意批评和纠正诸如无视发达资本主义社会实际存在因由制度不公引发的其他不公问题，却肆意诋毁社会主义制度公正的实质内涵的真理性之类的错误观点和情绪。

经济全球化与爱国主义教育的几点思考*

21世纪以来，市场经济的开放本性和高科技的迅猛发展相互促进、相得益彰，使经济全球化趋势迅速形成，出现了所谓的"地球村"现象。中国加入WTO（世界贸易组织）以后，与世界的联系将更为广泛深入，在这种趋势下，我们需要适时拓宽爱国主义教育的视野，丰富和发展爱国主义的内涵、把握爱国主义教育的时代特点。

一、应当实事求是地分析和认识"地球村"的真实情况，坚持爱国主义教育不放松

毛泽东在研究和指导中国民主革命战争的时候曾这样告诫共产党人："战争的规律——这是任何指导战争的人不能不研究和不能不解决的问题。革命战争的规律——这是任何指导革命战争的人不能不研究和不能不解决的问题。中国革命战争的规律——这是任何指导中国革命战争的人不能不研究和不能不解决的问题。"①这个告诫与我们党一贯倡导的实事求是、一切从实际出发的思想路线是一致的，即只有了解中国战争的实际情况，才能指导和解决中国战争的实际问题。他说的是如何指导战争，其实他所揭

---

* 原载《淮南工业学院学报(社会科学版)》2002年第3期。

① 《毛泽东选集》第1卷,北京:人民出版社1991年版,第170页。

· 252 ·

示的是一种普遍规律，提出的是一种处事的普遍法则，解决中国的任何实际问题都必须实事求是、从实际出发。面对经济全球化趋势，学校的爱国主义教育必须实事求是地认识"地球村"的真实情况，从"地球村"的实际情况出发，避免爱国主义教育步入误区。

"地球村"是怎么回事？无疑，"地球村"能够给中华民族的社会主义现代化建设事业带来巨大的好处，因为在"地球村"内我们可以同别国开门相望，相互学习、相互借鉴，也可以相互支持、相互帮助，这样就可以更多地获得发展的机会和活力。但是我们也应当看到，在"地球村"内，"大户"与"小户"的差别依然存在，"穷户"与"富户"的差别依然存在，善良"人家"与霸道乃至恶霸"人家"的差别直至对立依然存在。不仅如此，由于"大户"和"富户"为了多谋得自家的利益，总是要凭借其实力欺侮"小户"和"穷户"，并进行政治颠覆军事扩张，所以"小户"和"穷户"为了防止自己随时被欺侮以至于被吃掉，便要从政治和军事上加强自家的防范。于是，就形成了这样的"地球村"格局："各家各户"为了要谋得各自的利益，需要彼此相安无事，建设一个和平的"地球村"，同时也需要提高警惕，建设一个只属于自己、足可以不惧怕直至随时抵御和战胜对手的"家庭"。这种同是一"村"人不是一"家"人的"同村异梦"的态势，就是"地球村"的真实情况。

概言之，经济全球化浪潮中出现的"地球村"的真实情况是：一方面是"全球化"趋势在发展，另一方面是"国家化"和"民族化"趋势在增强；一方面是存在机遇与机会，另一方面是存在危险与危机。机遇、机会与危险、危机，既彼此对立和消解，又相互依存和适应。

之所以如此，是因为经济全球化本质上并不是各国各民族的经济利益的全球化，而只是各国获取经济利益的手段和方式的全球化，而经济手段和方式的运行能否奏效，从来不在于经济手段和方式本身，而在于"竖立其上"的制度和文化，这就使得经济全球化不会是各国社会经济制度的全球化，不会是社会政治制度的全球化，不会是军事或军事联盟的全球化，更不会是社会意识形式的全球化。为什么在经济全球化趋势下，会出现政治格局的单级与多级、军事布局的单控与联盟的纷争与对抗，会出现文化价值观念上的分野、渗透和碰撞？原因就在这里。

从人口因素来看，中国是一个"大户人家"，但从经济因素来说还是一个发展中的国家，是"地球村"内最大的发展中国家；从政治和军事因素来看，中国又是一个爱好和平、正在迅速崛起的社会主义国家。实事求是地认识"地球村"的真实情况，就应当首先看到经济全球化给中华民族的迅速崛起和腾飞带来的机遇。因此，一个真正的爱国者不仅应当欢呼经济全球化的到来，而且应当促进经济全球化趋势的加速发展。但是"地球村"内的某些富户在"家政""家风"上与我们一向不同，他们是不希望我们成为经济"大户"的，也不希望我们成为政治、军事强国。他们在"地球村"内所干的那些政治颠覆、军事扩张、文化渗透等事情，有的甚至是针对社会主义中国的。因此，在经济全球化的趋势下，中国的社会主义现代化进程必然会受到一系列的严峻挑战。

学校的教育工作者对此也应当有深切的感受，应当有远见卓识，始终保持清醒的头脑，一刻也不放松爱国主义教育。在经济全球化趋势下，我们需要实事求是地认识"地球村"的真实情况，既不可坐井观天、坐失良机，也不可盲目欢呼、忘乎所以。这是在经济全球化趋势下正确开展爱国主义教育的基本立足点和基本的认识前提。

二、坚持倡导国家和民族利益高于一切的价值理念

自从有阶级和国家以来，任何国家和民族开展爱国主义教育，都将国家和民族利益高于一切作为核心的价值理念。在这一点上，过去我们的教育视点只是放在国内，强调在处理个人与国家和民族的利益与需要的关系上，必须以个人服从国家和民族整体。今天，"地球村"内各国之间来来往往、熙熙攘攘，我中有你、你中有我，为的是什么？无疑都是为了各自的利益，都是在实践"国家和民族利益高于一切"的价值理念，因此，我们需要拓宽自己的视野，将国家和民族的利益高于一切的价值理念引进到

经济全球化背景下的爱国主义教育中来。

这里，存在一个不容回避的问题：在经济全球化的趋势下如何认识和处理爱国主义与国际主义的关系？有人认为，经济全球化浪潮为无产阶级践履和实现自己的历史使命和奋斗目标、发扬国际主义精神提供了历史性的机遇，因此今天强调国家和民族利益高于一切是不妥的。这种认识需要商榷。世界历史表明，一个真正强盛的国家，依赖的精神支柱并不是其向别国发扬了国际主义或别国对其发扬了国际主义，而是本国国民励精图治的爱国主义精神；一个国家和民族的强盛是其发扬国际主义精神的真实、可靠的基础，离开了这个真实可靠的基础，国际主义就成了空洞的道德箴言，其倡导者实际上就成了"地球村的牧师"或"地球村的傻瓜"。就是说，在经济全球化趋势下，爱国主义教育突出国家和民族利益高于一切的价值理念，与发扬国际主义精神不仅不矛盾，而且为后者提供了真正科学的依据和坚实的基础。在世界大家庭里，贫穷落后的国家不仅会受强者欺侮，也不可能向别国真正地实行国际主义，这应被看作是一条历史定律。因此，无产阶级不应在淡化以至放弃强国固本的前提下倡导"贫穷的爱国主义"，不能迷信"不嫌娘丑""不嫌家穷"的道德规劝就可以持续不断地培养一代代的爱国者；也不应在淡化以至放弃本国本民族利益的前提下崇尚"贫穷的国际主义"，以为把"勒紧裤带"省下来的东西无私地给了别人就是发扬了国际主义精神，就可以最终解放全人类。主动加入经济全球化的浪潮，致力于谋求自己所领导的国家的利益，使之强盛起来，才是无产阶级有效地进行爱国主义教育和发扬国际主义精神的基本途径。

这就要求我们在经济全球化的趋势下开展爱国主义教育必须紧紧围绕国家和民族利益高于一切的价值理念。要教育我们的学生在认识一切国际关系和国际形势中，始终把中华民族的利益看得高于一切，重于一切，在将来可能参与的国际交往活动中，能够始终自觉、勇敢并善于为中华民族谋取正当的利益，捍卫国家和民族的应有尊严。一个人应当首先是视国家和民族利益高于一切的爱国者，其次才是具有国际主义精神的人。

三、培养正常的民族心态是爱国主义教育的基本目标和任务

民族心态是一个民族自尊心问题，常以民族的尊严感、自豪感等形式表现出来。正常的民族心态是爱国主义的心理基础，在国际交往中，一个民族在处理与别个民族的关系时如果心态不正常，其爱国主义的情感就会失去平衡，最终影响国家和民族之间关系的正常化。

正常的民族心态，是相对于民族狭隘主义和民族虚无主义的思想与情绪而言的，是一种既不盲目自大也不盲目自卑的民族精神和民族性格。在经济全球化趋势之下，我们的爱国主义教育的基本目标和任务应当是使受教育者树立正常的民族心态。

民族狭隘主义表现为闭关自守、夜郎自大，将中华民族看成是世界上独一无二的最优秀民族，在抵御门户开放、拒绝外援的意义上理解民族的尊严和爱国的问题。民族虚无主义作为中国近代史上的产物，在价值倾向上，恰与民族狭隘主义相反，认为中华民族是"一分象人九分象鬼的不长进民族"[1]，要想实现民族振兴唯有实行"全盘西化"。

现在有的同胞认为，在经济全球化趋势下我们的主要任务是反对民族狭隘主义。对这种看法是需要做具体分析的。若是指反对那种不欢迎别国的先进科学技术和管理经验涌进国门的思想情绪，是对的；若是指因欢迎别国的先进科学技术和管理经验涌进国门而可以轻视、无视中华民族的利益和尊严，放松以至于放弃爱国主义教育，那就错了。在经济全球化趋势下，不可视自觉维护国家的主权和民族的尊严，对敌视我国的西方发达国家的政治对抗、军事扩张和文化渗透保持高度警惕的心态为民族狭隘主义。诚然，今天也确有一些同胞抱有一种民族狭隘主义情绪，他们看到别国的老板大踏步地走进来，心里就感到不舒服，有的甚至担忧中国"入世"以后会丢掉中华民族的自主自强意识，被"殖民化"了，因此抱有一

---

[1] 参见许金声：《走向人格新大陆：健康人格探索》，北京：工人出版社1988年版，第171—173页。

种宁愿闭门造车、关起门来过苦日子，也不愿借用发达国家的一片阳光的消极态度。但从目前国人包括不少学生的政治与伦理心态的实际情况看，我以为主要的问题还是民族虚无主义。据媒体披露，在上海等地，有的同胞竟将"昔日法租界的风光"和"大日本"的广告悬挂在街道的显眼处，以招摇市民、招揽生意，而市民不以为然者并不在少数。有人或许会用落于俗套的思维方式说，这些都是个别现象，但笔者不禁要发问：我们难道不应当在社会心理的层面上思考一下此等"个别现象"何以会发生？

因此，面对经济全球化浪潮，从培养学生具有正常的民族心态来说，学校的爱国主义教育依然应当注意把反对民族虚无主义作为经常性的任务。

四、把"卫国"与"强国"意识、爱国情感与爱国理性教育统一起来，突出"强国"和爱国理性的教育

爱国主义作为一种历史范畴，其内涵是随着社会的发展变迁而变化的。过去，我们学校的爱国主义教育，特别是对中小学学生开展的爱国主义教育，基本内容是使受教育者莫忘国耻、树立保家卫国的意识，具有抵御外来侵略、捍卫祖国尊严、维护领土完整和民族团结的政治觉悟和道德品质。虽然，也讲到"强国"，但与"卫国"的内容相比显得很不相称，而且所讲的"强国"也多是在国界之内的奋斗，从来不涉及如何走出国门、在"地球村"内为国家和民族振兴与富强作贡献的内容。诚然，在经济全球化趋势下，我们的爱国主义教育仍然不可缺少"保家卫国"的内容，但是，仅仅如此又是远远不够的。

什么是爱国主义？过去我们的解释惯于引用列宁的这句名言："爱国主义就是千百年来巩固起来的对自己的祖国的一种深厚的感情"[1]。这种在本质上把爱国主义界定为一种情感的理解，在我看来是需要重新认识的。首先，情感不论其表现形式如何，历来都有两种不同的基础，一种是

---

[1]《列宁全集》第28卷,北京:人民出版社1957年版,第168—169页。

基于理性的，另一种则是脱离或基本脱离理性的，后者虽然可贵但实际上多表现为一种情绪。缺少理性支撑的爱国者，情绪上来了激动，情绪下去了不动。而基于理性认识的爱国主义情感，其对个人与国家和民族之间的关系有着深刻的理解和深切的体验，这样的情感具有一贯性和持久性的特征，在表达方式上主要不是情绪，而是实际行动。具备这种情感的人，其爱国的表现主要不是说，而是做。我们开展爱国主义教育，如果不注意将情感与理性结合起来并突出爱国理性的教育，那么所培养的学生在爱国这一点上就不一定是不可靠的。现在有些学生，说到爱国，可以作诗歌唱，可以慷慨陈词，但是回到教室却不愿意刻苦学习，毕业择业时不是把民族振兴和祖国强盛的客观需要摆在第一位考虑，走上工作岗位后不能兢兢业业、发奋图强，处理不好自己与国家和民族需要之间的关系，随着时间的推移，他们过去的爱国情感（情绪）也渐渐地淡化了，剩下的几乎就是对个人需要和个人价值的追求。这种现象之所以会存在，与我们过去在进行爱国主义教育的时候，没有注意将情感与理性结合起来、突出理性教育有一定关系。其次，过去几乎所有的教科书、著作和文论对列宁的见解所包含的思想的阐发，视野多局限于国门之内，一般并不涉及国门之外。这与世界上其他一些国家和民族的情况是不一样的。世界上有些国家和民族对下一代进行爱国教育，总是包含着国门之外的事情，时常将干涉、侵犯、掠夺别个国家和民族的行动视为爱国之举，这与他们的剥削制度、殖民主义传统相关。中华民族没有这样的历史传统，我们今天实行的是社会主义制度，显然不可将干涉、侵略、掠夺别个国家和民族视为爱国行动。但是，须知，在经济全球化的浪潮中，我们需要大踏步走出国门跟别的国家和民族做生意，学习和借鉴他们的科学技术和管理经验，努力谋求自己民族的利益，这就要求我们的爱国主义教育必须具有"走出国门"的新内容

综上所述，经济全球化背景下，我们必须坚持和加强爱国主义教育，教育的内容要坚持国家和民族利益高于一切的价值理念，突出"强国"意识和"强国"精神，突出爱国理性，使受教育者懂得，作为一个真正的爱国者应当能够始终自觉地把国家和民族的利益放在第一位，保持正常的民

族心态，在校期间能够努力学习，发奋把自己培养锻炼成为德才兼备、全面发展的社会主义现代化事业的建设者和接班人，走上工作岗位之后能够将爱国的深厚情感变成实际的爱国行动；在国际交往中能够牢固树立为国家和民族谋利益的自觉意识，迎接别人走进国门能爱国，自己走出国门也能爱国。在经济全球化背景下，经过爱国主义教育的新生一代应当是崇尚国家和民族整体利益、视野开阔、襟怀坦荡、注重实干的新型爱国者。

明礼诚信是立身处世的基石*

一、明礼就是遵从"大礼""小礼"行事

早期的人类，由于认识能力低下，曾以禁忌、巫术和祭祀的习俗方式，试图与自然界神秘力量沟通，以求得自己的生存和繁衍。如在爪哇，当水稻扬花的时候，男人们便纷纷将自己的妻子带到田边，意在"诱导"水稻多"怀孕"，获得好收成。在日本北海道，人们为求雨，爱摆弄一种"玩雨的游戏"：将筛子那样的东西装上"帆"，使它看起来像是一只船，然后放在干枯的田里"筛水"，大人们的身后还跟着一大群捧着小碗的孩子，意在让"老天睁眼"下雨。①据历史文献记载，人类早期，诸如上述近似巫术的活动十分盛行，但是祭祀部落共同祖先魂灵和天地之神一类的活动，则由极少数人专门控制和独占。这种专门控制和独占便是礼的萌芽。当时，这种带有神秘色彩而又规定极为严格的祭祀之礼，仅是活着的人们糊弄鬼神罢了。

在我国，原始人所"明"的祭祀之"礼"，到了西周，渐渐地演变成

　＊高开华、钱广荣主编：《德与行——〈国民道德建设实施纲要〉解读》第三章，合肥：安徽人民出版社2002年版。

　①参见[奥]弗洛伊德：《图腾与禁忌》，杨庸一译，北京：中国民间文艺出版社1986年版，第103页。

国家的典章制度，成了政治和法律的规范和行为准则。这时候，人们所"明"的"礼"，就是国家制度意义上的"礼"了。明礼，已经从原始社会的糊弄鬼神宗教性活动演变成为治理人世的政治和法律活动了。

到了春秋时期，社会开始孕育着封建制度的萌芽，客观上要求对奴隶制社会的礼进行改造和补充。孔子认为"人而不仁，如礼何？"①意思是说，做人如果不讲"仁"，还谈什么"礼"呢？《论语》中凡说"礼"的地方一般都说到"仁"，如："克己复礼为仁。一日克己复礼，天下归仁矣"②。意思是说，国家统治者只有按照礼办事，天下人才会讲道德。在这一思想的指导下，他创建了"仁学"，极力提倡做人要有"爱人"的仁爱精神，主张把原本属于国家制度意义上的礼——政治与法律，同道德的仁爱精神结合起来。在这个基础上，他一方面提出了施政要施"仁政"，另一方面提出做人要做"仁人"的道德原则。在孔子看来，"为政以德，譬如北辰居其所而众星共之"③，即治理国家如果讲究道德，人民就会像众星拥戴北斗星那样拥护你。他认为，统治者个人的道德品质具有最为重要的示范作用。"政者，正也。子帅以正，孰敢不正？"④意思是说，所谓政治，就是要品行端正，你带头做到这样，谁敢不端正？"其身正，不令而行；其身不正，虽令不从"，意思是说，统治者品行端正，即使不发布命令，人们也会随之而行；反之，即使发布了命令，人们也不会听从。他说："不能正其身，如正人何？"⑤意思是说，统治者如果不能做到品行端正，怎能要求别人做到品行端正呢？

关于做人的道德原则，孔子发表过很多独到的见解，如他说："己所不欲，勿施于人"——自己不愿做的事情，不要强加于人⑥；"己欲立而立人，己欲达而达人"——自己想站得住，也要使别人站得住，自己想事业

---

① 《论语·八佾》。

② 《论语·颜渊》。

③ 《论语·为政》。

④ 《论语·颜渊》。

⑤ 《论语·颜渊》。

⑥ 《论语·卫灵公》。

发达，也要让别人事业发达①；"君子成人之美，不成人之恶"——作为君子，要成全别人的好事，不要促成别人的坏事②。

自孔孟之后，中国人的明礼已经具有遵守政治、法律和道德规范三种意思了。政治、法律之礼，都是"大礼"，道德之礼则既有"大礼"，也有"小礼"。

今天，作为公民道德要求之礼，"大礼"指的是社会主义道德体系中的一些最根本的规范要求。如写进《中华人民共和国宪法》里的"五爱"，即爱祖国、爱人民、爱劳动、爱科学、爱社会主义，以及写进《公民道德建设实施纲要》里的为人民服务、集体主义、五项基本道德规范、三大社会生活领域的道德要求等。"小礼"，主要是指人们相处和交往过程中应当遵循的道德要求。可以说，一个"礼"字，已经概括了社会主义道德体系的全部内容。我们应当全面理解和把握《公民道德建设实施纲要》所提出的明礼要求，既要"明""大礼"，也要"明""小礼"。

明礼的道德要求，贵在"明"上。这里所说的"明"，不只是明白，知道什么是礼就行了，而是在遵从，按礼行事。看一个社会道德风尚是否好，不是看多少人明白道德的含义，多少人能够发表一通有关道德的言辞，而是要看人们是否遵从道德规范，是否按照道德规范的要求选择自己的行为。同样，考察一个人道德品质的好坏，主要也不是看他掌握了多少道德知识，是否会说道德，而是看他在多大程度上能够按照道德规范和要求行事。改革开放以来，党和国家一直十分重视道德和精神文明建设，思想理论界的一些仁人志士为建立社会主义的道德体系，一直在做艰苦细致的研究工作。今天，我们的道德之"礼"比以往任何时候都多，但是我们同时感到，今天的道德问题也比以往任何时候都多。为什么？根本的原因就是"明礼"不够，不少人只是"明"在嘴上，不是"明"在实际行动上。当然，明礼，首先要知道礼是什么，但说到底这仍然只是明礼的前提，一个人究竟是否明礼，最终要看他的实际行动。

---

① 《论语·里仁》。

② 《论语·颜渊》。

明礼在人们相处和交往的过程中，就是注重礼节。礼节之礼，一般有两重含义：一是礼貌，二是礼物。前者，是指言行要得体和节制，神态要庄重和恭敬等。后者是指实际的东西，如人们在亲友互访、拜访长者、看望病人中捎上的一束鲜花、一件小纪念品等。

明礼，贵在礼尚往来。人们在相处和交往中，对"礼貌"和"礼物"的运用，都应当是相互的。如在一个单位或部门，同事之间、上级与下级之间、长者与晚辈之间、男性和女性之间，相处和交往都应有平等意识，在礼节上都要有相应的表示。如握手、问候是相互的，他说"谢谢"，你就应当说声"别客气"，他拜访你时带来一件小礼品，下次你拜访他也应当带上一件小礼品，等等。如此礼尚往来，是一切人际相处和交往得以成功的有效方法。

说到明礼，注重礼节，有一点也是值得我们注意的，这就是：有时需要原谅别人的失礼。在人们相处和交往的过程中，由于一些特殊的原因，有时会出现对方失礼的情况，这时，从注重礼节来说，是应当给予原谅的。据说，有位身居要职的领导干部，一次在接待客人吃饭的时候，被服务员不小心泼了一身的菜汤。服务员当时吓坏了，生怕因自己的失礼而遭到那位领导的辱骂，主管会"炒"她的"鱿鱼"。但是那位领导却风趣地说："没关系，我这衣服早该洗了。"又当着主管的面交代说："下次我如果还来这里招待客人，必须能够见到她。"在这里从服务员小姐的不小心泼菜汤到那位领导的风趣解围这一事中，我们不难明白，原谅失礼正是注意礼节的一种体现。不难想见，这位服务员小姐会从这个简单的经历中悟出一个道理：原谅失礼正是注重礼节的高尚行为。

二、"狼没来"和"狼来了"的人生启示

小时候，我们或许都听说或看过《狼来了》的故事。故事说，有一天，一个在山上放羊的小孩突然惊叫"狼来了"，在山下做活的大人们赶紧跑过来，小孩却哈哈大笑说"逗你们玩的"，原来狼没来。没过一会儿，

小孩又大呼"狼来了",大人们又急忙赶过来,谁知又是小孩在逗乐。又过了一会儿,在山下地里做活的大人们又听到小孩大叫"狼来了",可是谁也没再理会那小孩。没想到,这次真是狼来了。由于没有大人们的帮助,狼叼走了羊,还差点伤了小孩的性命。

"狼没来"却喊"狼来了",真的"狼来了"人们却认定"狼没来"。这个古老的寓言故事,所寓之言是一种人生哲理,说的是做人要诚实,不要撒谎,否则就会招致不幸,甚至杀身之祸。

古人云,"诚者万善之本,伪者万恶之基",强调以诚待人的重要意义和以伪待人的严重危害。诚,讲的是表里如一。在人际相处和交往的过程中,如果说明礼是"面子要求"的话,那么守诚则是"里子要求",它所表明的是人内在的道德素质,体现的是人的一种真实、实在、不虚假、不虚妄的品格。一个人能够表里如一,以诚心和诚恳的品性和态度待人,必定多行善。反之,表里不一的人,必定会以虚妄、虚伪的品性和态度待人,常做恶事。

诚与信的关系最为紧密。信,讲的是言行一致。在实际生活中,诚与信时常被我们联系起来使用,就是做人要表里如一、言行一致。

古人常在忠上讲诚、讲信,强调做人要"主忠信",即要以忠信两德为主,这真是至理名言。《论语》有言:"吾日三省吾身——为人谋而不忠乎?与朋友交而不信乎?传不习乎?"[1]意思是说,我每天多次自我反省:替别人办事是否尽心竭力了呢?同朋友交往是否做到忠诚、守信了呢?老师传授给我的学业是否复习了呢?明确地将诚与信作为"三省"的内容之一。

在我国道德文化史上,以孔孟为代表的儒家提出的许多伦理道德主张,如仁、义、礼、智、孝、节等,在此后的发展中都受到其他学派包括儒学自身一些人的批评,唯有诚与信从来没有这种遭遇,它是各家各派公认和共同提倡的道德要求。

中华民族的文学史上也有一种耐人寻味的现象:那些栩栩如生的人物

---

[1]《论语·学而》。

中，凡属于正面人物，其身上都含有一种讲究诚信的品格，给我们一种真实、真诚、可信、可爱的深刻印象；而凡是反面人物，其身上都有一种虚伪的品性，言而无信、巧言令色、奸诈骗人，因而使我们感到厌恶。这种有趣的文学现象表明，我们的祖先是多么看重诚信之德。

今天，在实际生活中，人们总是乐于与那些讲究诚信即表里如一、言行一致的人相处和往来。相处和交往成功，人们首先想到的是彼此能够真诚相待、言而有信、够朋友、说话算话。

人们在评论一个人的人品时，所用的基本标准一般也是诚与信，总是自觉或不自觉地看他是不是一个表里如一、言行一致的人。如果这人能够真诚待人、守时守事，我们就说他"不错"，反之就说他"差劲"。

人们在评论社会风气的时候，也往往自觉或不自觉地使用诚与信的标准。时下，许多人对社会风气存在的道德问题很有意见，不少人甚至为此忧心忡忡，希望党和国家加大整治的力度，尽快转变社会风气。细想想，人们最有意见、最担忧的，是那种表里不一、言而无信的"缺德"现象。

从这些角度看，《公民道德建设实施纲要》提出明礼诚信的道德要求，正是反映了广大公民要求改善社会风气的迫切愿望。

三、信誉是人的第二生命

有这样一个古老的传说，说曾参的妻子要赶集，儿子闹着要跟去，妻子便哄他说："别闹，等我回来杀猪给你吃。"妻子回来后，曾参便要捉猪杀。妻子连忙阻拦说："我是跟孩子说着玩的。"曾参说："孩子可不是跟你闹着玩的，你今天欺骗了他，也就是教他今后欺骗人。"于是，他便将猪杀了。

这个故事告诉我们，父母在孩子面前要讲信誉。现代教育学揭示了一种普遍存在的现象：孩子最喜欢模仿，在孩子心目中最易成为模仿对象的首先是他们的父母，人们总是可以从一个孩子的身上看到他的父母的影子。所以，我们常说，父母是孩子的第一位老师。父母不讲信誉，孩子长大了也就可能变成不讲信誉的人。

信誉，含有守信和名誉两层意思。名誉是重要的，但名誉离不开守信，能够守信的人名誉就好，就会被别人看成是一个讲信誉的人。

俗话说："人要脸，树要皮。"树皮是树吸取和输送营养的命脉，树若是被剥去了皮，就断了赖以活命和生长的命脉，必死无疑。同样，"脸面"对于人来说也是至关重要的。在一个单位，我们时常看到有些人在那里争争吵吵。争什么、吵什么？往往就是为了一张"脸"。有的人为了"护脸"，有时还会干出出格的事情来，给他人造成损害，给自己留下终生的遗憾。

在日常生活中，我们随处可以见到各种各样的"脸面"：成功了——"脸上有光"，受挫了——"脸色难看"，倒霉了——"无脸见人"，如此等等，都说明"脸面"作为道德人格的标志是何等的重要。

一个人的"脸面"，作为道德人格反映了他做人的尊严和价值，是他作为一个人的基本资格。若是"脸面丢尽"，信誉全无，名誉扫地，他就会感到无法做人了。外国有位学者花了很长时间专门研究人的自杀问题，结果发现，人之所以自杀，一个重要的原因就是感到"脸面丢尽"，失去了他人的信任，名誉扫地，"活着不如死了的好"。虽然我们并不赞成"脸面丢尽"的人用自杀的方式实行道德上的自裁，但从中我们却可以悟出这样一个道理：名誉是人的第二生命。珍惜信誉，也就是珍惜生命！

四、忠诚源于信任

"士为知己者死"，这是自古以来中国管理阶层和知识界的人普遍信奉的人生信条。

所谓"知己"，亦说"知遇"，说的是一种信任。一个人若被他人或集体视为"知己"或"知遇"，就会感到受到了莫大的尊重，就会产生一种"回报"的思想，报答"知己"者的"知遇"之恩，甚至于以死相报也在所不惜。

信任，也是一种守信之德。人生在世，谁都希望能够得到来自组织、集体和他人的真诚的信任，这是人之常情，也是人生之常理。就社会稳定和发展的客观需要而论，在个人与个人、个人与组织、个人与社会集体之间建立起相互信任的关系，是至关重要的。经验证明，一个人难以在不被信任的环境中求得生存和发展，一个下级不可能在不被上级领导信任的情况下做出应有的成绩。同样，一个集体难以在其成员缺乏相互信任的情况下求得发展和强大，一个社会不可能在充满信任危机的条件下求得繁荣和进步。

真诚的信任，作为公民的一种美德，首先应当体现在对党和国家领导的信任上。

马克思主义的历史唯物观确认人民是社会历史发展的真正动力，社会主义制度实行人民当家作主。中国共产党是用马克思主义理论武装起来的无产阶级政党，我国是社会主义国家，党和国家一贯相信人民群众中蕴藏着无比的智慧和创造力，真诚地实行依靠人民群众、发动和组织广大人民群众办一切事情的群众路线。就是说，我们党和国家的领导机关是充分信任广大人民群众的。

诚然，现在在少数公务员的身上还存在官僚主义、以权谋私、贪污受贿的问题，有的机关还存在"门难进、脸难看、事难办"的不良作风。但我们同时也应当看到，这些问题毕竟不是主流，而且党和国家领导机关正在加大力度解决这些问题。我们每一个公民都有充分理由相信，在党和国家的领导之下，我们一定能够逐步在21世纪建成社会主义现代化强国。每一个公民都应当以积极态度和辛勤劳动，投身这一伟大的实践中。

五、树立正确的人生信念

夏明翰烈士有首壮丽诗篇："砍头不要紧，只要主义真，杀了夏明翰，还有后来人。"该诗表达了革命烈士夏明翰对于共产主义的真诚、坚定的信念。

信念，是指人们在一定认识基础上确立的对某种社会制度、理论主张或思想见解及理想确信无疑的真诚态度。它既是诚信的最高层次的道德要求，也是"明""大礼"的具体表现。

就守诚守信而言，信念是信誉和信任得到升华的产物，相对于信誉和信任来说要求更高。

信念形成的基础是一定的世界观、人生价值观和道德价值观。我国公务员所具备的信念，是建立在马克思主义的世界观、人生价值观和道德价值观的基础之上的。在内容上，包含对自然和社会发展客观规律以及人的思维活动的客观规律的科学认识，对社会主义制度必然战胜资本主义制度、人类最终必将实现共产主义的科学认识，对中国共产党的路线、方针和政策的正确认识，对为人民服务和集体主义人生价值观和道德价值观的正确认识，等等。

这些科学和正确的认识，并不等于就是信念，它们只是信念形成的基础，还不是信念本身，仅仅抱有这些知识还不足以形成相应的信念。

进入改革开放的历史新时期以来，我们党一直注意自身的思想理论建设，强调讲学习、讲政治、讲正气，用科学的理论和正确的价值观武装广大共产党员，要求共产党员的一言一行要代表中国先进生产力的发展要求，代表中国先进文化的前进方向，代表最广大人民的根本利益。这些党内的教育活动，对于提高广大共产党员的科学认识，已经收到了明显的成效。但是，同时我们也应当看到，认识提高了，并不等于觉悟提高了，更不等于已经形成了真诚坚定的信念。

但尽管如此，我们也绝不可轻视科学、正确的认识对于信念形成的重要意义。在科学和正确认识的基础上形成真诚坚定的信念，需要经过内心的体验，生发相应的情感。情感是由正确的认识通达信念的纽带和桥梁。在人的道德品质结构中，情感是最活跃的因素，它促使我们由正确的认识出发而采取正确的行动。没有情感，认识不管怎么正确，也仅仅是认识而已。比如，有个人在公共汽车上看到小偷在作案，他认为小偷的行为是违背道德、违法犯罪的，自己应当上前加以制止，但他并没有这样做，原因就在于他缺少爱憎分明的道德情感。

那么，有了正确的认识和强烈的情感，是不是就一定会形成相应的信念呢？也不一定。正确的认识和强烈的情感，还只是信念形成的必要条件，并不是充分条件，信念的最终形成还需要坚定的意志。信念，是正确的认识、强烈的情感和坚强的意志共同作用的结晶。

六、切莫走进明礼诚信的误区

人的许多向往和追求一般都有两面性，弄不好就会走向反面，走进误区。对遵循明礼诚信这种道德要求也是这样。在这个问题上，最需要注意的有以下几点。

第一，在明礼的问题上，要正确理解和运用礼尚往来的交往原则。前面我们说到，明礼贵在礼尚往来，强调在人际相处和交往的过程中注重礼节要有对等意识，不这样做就是失礼。但对这一原则的理解和运用应当持辩证分析的态度，不可绝对化，否则就可能会走进明礼诚信的误区。

礼尚往来注重的是一份诚意、一份心意，一般不应在乎"礼貌"的程度，更不应在意"礼物"的多与少。"君子之交淡如水""千里送鹅毛，礼轻情意重"，这些所包含的道理，说的也是礼尚往来。

在旧中国的上流社会里和官场上，所谓的礼尚往来时常带有仕途目的和行贿受贿的功利色彩。"醉翁之意不在酒"，远不如正直的知识分子和"庶人"们礼尚往来那样的自然、质朴、坦荡。

第二，在对待荣誉的问题上，也有一个如何正确理解和把握的问题。荣誉固然重要，一个人看重自己的"脸面"或"面子"，本是件好事情，他人和集体都应当给予鼓励，但如果当事者追求有误，就可能适得其反。比如，过分地看重名誉，成天想的是如何能使自己"露脸"，有个好名声，得到他人和社会集体的称赞和表扬，就容易只注意"面子"而不注意"里子"，由此而产生虚荣心，干出弄虚作假的不光彩的事情来。

过分地看重"面子"，还易于产生忌妒心理。看到人家获得荣誉，经常"露脸"，那么有"面子"，心里就感到不快。有的人虽然心中不快，觉得难受，盼着人家有一天会"出问题"，"威风扫地"，但表面上却要给予人家称赞或表示祝贺，这就是忌妒心理。忌妒心理严重的人，还会散布流言蜚语，以不实之词贬低让"自己面子"难看的人，中伤人家，干出毁人名誉和荣誉的事情来，甚至还会坠入违法的深渊。

第三，在对待信任问题上，要正确理解和运用"用人不疑，疑人不用"的经验之谈。在组织部门的工作中，在上级对于下级的关系中，许多领导都有这样的经验之谈，即在用人的问题上对被选用的人才要给予真诚的信任。

"用人不疑，疑人不用"所包含的合理性自然毋庸置疑。因为信任部下，信任被选用的人才，会使部下和人才获得一种尊严感，激励他们奋发向上，调动他们的工作积极性，有助于做好工作，成就事业。但是，它只是一种经验之谈，并不是科学用语，因此应当作具体分析。信任之重要，信任之真谛，全在于信任应该被信任的人。不该信任的，就不能信任，该疑之处应当疑。不仅应当疑，还必须加强监督和督促，疑对了的还需要采取必要的纠正措施直至必要的处分。

关于信任的误区，还有一种也是需要注意的，这就是盲目地信任自己。人不可没有自信，当领导的人更应当如此。但是，如果盲目自信，就难免会固执己见、刚愎自用。

第四，在对待信念的问题上，弄得不好也会走进误区。我们知道，关于信念的认识虽然不是信念本身，却是信念形成的前提，因此确立一种信念首先要在认识上区分正确与错误。除此以外，一个人走进信念的误区，与其看问题的方法不科学也直接相关。比如，因为马克思主义需要在新的历史条件下得到发展，就以为马克思主义的基本原理过时了，因而对马克思主义的信念和信仰发生了动摇。再比如，因为我国社会主义建设事业曾经出现过曲折，就以为社会主义制度不合时代和国情。这些关于信念的误区，都是看问题的方法不科学和认识上的错误所导致的。

这就表明，我们在遵循明礼诚信这项公民道德的要求上，需要有一种科学态度和科学精神。在对待国家和社会提倡的道德问题上，在与人相处和交往的过程中，我们一方面要"明""大礼"和"小礼"，依"礼"办事，做到守诚守信；另一方面，也要具体问题具体分析、具体对待。这样，才能防止走进明礼诚信的误区，充分发挥明礼诚信的道德价值，做明礼诚信的好公民。

诚信教育要讲清基本学理问题*

人类自从需要运用道德调节社会生活以来，一直将诚与信作为评判社会道德风尚和个体道德人格的第一标准，高度重视关于诚信的道德教育与宣传。这使得诚与信成为最重要的道德范畴，诚信教育成为最重要的道德教育领域。

实行改革开放以来，中国取得了世界瞩目成就，包括人们的思想道德方面也取得了巨大进步，但也出现了一些社会问题，如以道德失范、诚信缺失为主要标志的道德领域的问题。面对这种情势，开展诚信教育不仅有助于推动社会的道德治理，更关乎青少年健康成长。大量事实表明，有效开展诚信教育需要讲清三个基本学理问题。

一、讲清"诚""信"本义及其逻辑关系

开展诚信教育应当首先注意讲清"诚""信"本义及其逻辑关系问题。

讲清这个学理，有必要先简要说明伦理与道德这两个相互关联的概念，摈弃"伦理就是道德"的传统旧观念。近些年来，一些学者针对道德教育存在的低效、无效乃至负效的情况，持续反思和辨证"伦理就是道德"这一基本学理问题，受到学界的持续关注。其基本观点是：马克思主

＊原载《中国德育》2017年第6期。

义经典作家曾将人类社会复杂的社会关系划分为"物质的社会关系"和"思想的社会关系"两种基本类型。伦理就属于一种特殊的"思想的社会关系"，其特殊性表现在伦理之"伦"是反映不同"辈分"（伦，辈也）和"身份"（伦，犹类也）的人们之间的"思想的社会关系"；伦理之"理"则是应维护不同之"伦"的需求而设定的国家意志和社会理性，道德作为一种特殊的社会意识形态和价值准则不过是其中一"理"，并非伦理所需之"理"的全部。因此以为"伦理就是道德"是违背两者之间实存的学理逻辑的。伦理与道德之间，前者是本，后者是用，是为维护和优化伦理关系而被特定时代的人们创设的。"讲道德"的目的其实历来不只是为了"讲道德"，而是为了培养"道德人"人格以维护特定的伦理关系。诚信教育与其他道德教育一样，旨在促使受教育者具备诚实守信的道德人格，能够在"心心相印"和"心照不宣"、"同心同德"和"齐心协力"的意义上维护人们相互直接之间的诚信伦理关系。

立足诚与信的伦理关系讲清诚与信的本义，可以立足三种视角来考察。其一，基于自我（"自"与"我"——"两个不同的自己"之间，意指伦理的自我认知和心态）的伦理关系来考察，诚的本义是真、实，不自欺、不自隐、不虚妄。《左传·文公十八年》为"诚"疏曰："诚，实也"，今人常说的真诚、实在、诚实等，属于此种含义。在中华文明早期，诚的本义还含有宗教崇拜情绪的意思，与敬相同，意指虔诚、恭敬的道德态度，故《礼记·曲礼》有"祷祠祭祀，供给鬼神，非礼不诚不庄"的道德要求。信的本义是守，即《易·革》说的"信，志也"，《易·大有》说的"信以发志也"，主张不卑微、不放弃，属于自尊和自信的道德人格范畴。古人说"哀莫大于心死"，本义说的也是信。其二，基于人我关系来考察，诚是忠、恳，即忠诚、诚恳之义。信的本义是用，即信用和信守，与人的"第二生命"之信誉与名誉相关。《易传·系辞下》曰："君子上交不谄，下交不渎"，说的就是这种意思。其三，基于群（包括国家与社会）我关系来考察，诚的本义是"一"，即所谓"诚者，一也"，强调"诚是天理之本然""人道之当然"（朱熹注《中庸》），特指"说一不二"的立身处世原则，亦即孟子说的"诚者，天之道也；诚之者，人之道也"①。信的本义是信念、信仰和信奉，具有道德形而上学的特色，指称一种超越现实的伦理精神和道德态度。在中国伦理思想和道德学说史上，诚与信的本义都发生过一些变化，但它们的本义的基本学理并没有发生实质性的变化，遵循了语义学所主张的一贯性原则，由此而成为中华民族源远流长的优良的社会道德要求和个体美德。

讲清诚与信的逻辑关系，可以从两种向度展开。一是从语义学的向度。要看到诚与信的语义是相通的，差别仅在于语形不同。《说文解字》曰："诚，信也，从言成声"，又曰："信，诚也，从人从言"。二是从做人与做事的向度，要讲明诚强调的是做人要真心实意、表里如一，做事要实事求是、脚踏实地，信强调的是做人要信守诺言、言行一致，做事要注重实效、讲究信誉。概言之，诚强调的是做"道德人"的"里子"之真与实，信强调的是做"道德人"的"面子"之守与用，诚与信合起来就是做人做事要表里如一、言行一致。正因如此，人们习惯以诚实守信的道德话语形式表达诚与信的本义及其相互之间的学理逻辑。

二、讲清诚实守信的道德价值

所谓道德价值，亦说道德意义，一般是指人们的道德意识现象和实践活动所产生的有效性。讲清诚实守信的道德价值，可以从逻辑与历史相统一、知性与行动相统一两个向度展开。

中华民族一贯把诚实守信作为做人做事的基本道德要求，强调人生在世一定要重视以诚实守信自律和修身。从逻辑上看，中国古人的著述有很多关于诚实守信之道德价值的精到见解。如孔子说："与朋友交，言而有信"，"言必信，行必果"②，又说："人而无信，不知其可也"③。曾子说：

①《孟子·离娄上》。
②《论语·子路》。
③《论语·为政》。

"吾日三省吾身——为人谋而不忠乎？与朋友交而不信乎？传不习乎？"①
清代末年名儒蒋大始总结此前著述家的思想，特别强调诚的道德意义：
"诚者万善之本，伪者万恶之基"，认为以诚待人是一切优良道德品质的根
本，以伪待人是一切恶劣品质的根源。这种逻辑思想的意义指向，宛如强
调一座大厦是否合格取决于它的基础是否牢实一样。重视诚实守信的道德
价值，是有史以来一切伦理学和道德哲学家的共识，也是世界各国各民族
公认的传统美德和道德教育追求的价值目标。

　　讲清诚实守信的道德价值，应特别关注中华传统道德文明发展史上那
些褒扬诚实守信之道德价值的文化现象，以给受教育者一种厚重的历史意
识。例如，以孔孟为代表的儒家学人提出的道德主张，在此后的发展过程
中都程度不同地受到其他学派包括儒学自身一些人的批评，唯有诚实守信
的道德主张没有这种遭遇。信，在西汉初年经过董仲舒的研发和张扬，还
被提升到"五常"大德之一的地位。再如，《三国演义》《水浒传》《西游
记》《红楼梦》《儒林外史》《聊斋志异》等传世佳作所塑造的那些栩栩如
生的人物，凡属正面人物都具备诚实守信的品质，给人以真实、真诚、可
信、可爱的印象，而凡属反面人物都具有虚伪的品行，言而无信、巧言令
色、狡猾奸诈，让人憎恶。它们作为"文以载道"的代表作，本身都富含
诚实守信的道德教育价值。与此相关，还有那些流传至今的颂扬诚实守信
美德的道德故事，其内涵的道德价值也是经久未衰。

　　讲清诚实守信的道德价值，还应当联系当今社会生活的实际。在当代
中国社会市场竞争的环境中，很多企业家因恪守诚实守信的道德原则，说
话做事表里如一、言行一致而取信于消费者和社会，获得诸多发展机遇，
体现了"得道多助"的道德定律。而另外一些人，则因投机取巧、坑蒙拐
骗，低估市场法则和消费者的道德智商，而成为昙花一现的匆匆过客。在
当代中国的政治生活中，那些被揭露出来的"老虎"与"苍蝇"，他们违
法犯罪的一个共同特点就是欺上瞒下，践踏诚实守信的道德原则。

　　要讲清诚实守信的道德价值，还需要讲清诚信缺失的危害性。就国家

---

①《论语·学而》。

层面而言，诚信缺失危害国家与民族的生存现状和前途与命运。就个人层面而言，诸如剽窃侵权之类诚信缺失会导致名誉和信誉的失落的人，最终阻碍个人的发展前途、丢尽颜面，已经不是什么新闻。不仅如此，各种诚信缺失的危害还表现在造成人们相互提防的"雾霾"，毒化健康文明的社会公共生活环境。

三、讲清践履诚实守信需要道德智慧

开展诚信教育，要求受教育者践履诚实守信的道德要求，有必要引入道德智慧。所谓道德智慧，指的是道德主体将社会道德的知性要求转变为实际的道德行为，促使道德行为实现道德价值、把道德行为合目的性与合规律性相统一的智慧。通俗地说，道德智慧的实质就是要促使道德行为主体的向善动机与向善结果相一致，避免出现"事与愿违"乃至"好心办坏事"的恶果。与诚实守信相关的道德智慧，目的就是要避免出现"老实人吃亏"的不道德后果。这种智慧的道德意义，从反面来看，我们可以从某些见义勇为者因遭遇"碰瓷"而身陷"讲道德尴尬"的那些案例中得到启示。

道德本是立身处世、安邦治国的一种智慧。这种智慧作为道德知识和理论内含在道德文本中，作为道德实践能力则因人而异地体现在道德行为的选择和实际过程中。道德生活的大量事实证明，是否能用智慧的眼光看待学习和理解道德知识与理论，选择和实施道德行为，结果是不一样的。

开展诚信教育要引导学生将践履诚实守信与道德智慧结合起来。一要讲清关于诚实守信道德文本中的智慧要素，让受教育者能够从中悟到诚实守信的实践理性。二要讲清历史上诚实守信的道德故事，说明其中折射的道德智慧之光。三要联系道德生活实际，从正反两个方面说明诚实守信的道德智慧问题。

要讲清践履诚实守信需要道德智慧，必须改变道德教育的思维方式和方法路径。具体来说，就是要改变依赖形式哲学进行逻辑推理的方法。毋庸讳言，我们的道德教育存在脱离实际、从书本到书本的本本主义和形式主义的问题。如进行乐于助人的爱心教育，常用人人都献出一份爱，世界就变成更美好的明天这样的逻辑推理，殊不知道德生活世界的实际情况总是会有一些人不愿或不会"献出一份爱"，还会有些人专门享用别人"献出一份爱"的"讲道德"成果。在这种情况下，要求受教育者不加分析地践履诚实守信，实则是在助长鼓励"自私鬼"的不道德行为，纵容坑蒙拐骗的恶劣行径，与诚实守信的道德要求本身是背道而驰的。不仅如此，避开道德智慧讲诚实守信，还会挫伤受教育者讲道德的积极性，甚至"刺激"他们放弃诚实守信，走向"讲道德"的反面。须知，现实生活中一些不能按照诚实守信道德原则做人做事的人，并非当初没有接受过学校对他们进行的诚信教育，而可能是从自己或他人"做老实人吃亏"的经历中吸取了"经验"。

道德干预生活的指令是"应当"，但道德教育传授"应当"之"道"不可以局限于"应当"，而要同时传授"本当"之"道"，授予受教育者以贯通"应当"与"本当"的道德智慧之"道"。因此，开展诚信教育必须运用实践唯物主义的方法论原则，用"实践第一"的观点来帮助学生理解和接受诚实守信作为一种道德实践智慧的社会要求。马克思说："全部社会生活在本质上是实践的。凡是把理论引向神秘主义的神秘东西，都能在人的实践中以及对这种实践的理解中得到合理的解决。"①对社会道德生活自然也应作如是观。要着力引导受教育者学会适时观察和把握诚实守信的伦理情境，做出的道德选择要能够体现意义判断与事实判断相结合的道德智慧，真正实现诚实守信的道德价值，不至于落入"事与愿违"或"好心办坏事"的"道德尴尬"的窘境。

道德生活世界是复杂多变的，人作为道德实践主体在践行诚实守信的社会道德要求时，要具备审时度势的判断力，如此才能真正实现诚实守信的道德价值。也就是说，诚信教育的根本宗旨是要把受教育者培养成为擅长践履诚实守信之道德要求的"道德人"，而不是要把他们培养成为"道

---

① 《马克思恩格斯文集》第1卷，北京：人民出版社2009年版，第501页。

德书生"或"道德宝贝"。

四、结语

讲清上述三个基本学理问题，也就是要讲清什么是诚实守信，做人做事为什么要诚实守信和怎样践履诚实守信的问题。如果说第一个问题属于道德知识论范畴，第二个问题属于道德价值论范畴，那么第三个问题则属于道德方法论范畴。唯有实现"三论"相统一，才能促使诚信教育收到应有的效果。

而要做到如此，关键是教师要具有相应的道德知识和理论素养，以及与之相适应的教育演绎能力。

社会主义核心价值体系指导下的
大学生思想道德教育*

社会主义核心价值体系既是构建社会主义和谐社会的精神支柱，也是形成全社会思想共识的基础。建设社会主义核心价值体系，以增强社会主义意识形态的吸引力，对于深化社会主义本质的认识，推进中国特色社会主义的伟大事业，具有重大而深远的战略意义。高等学校要落实和实施这一战略任务，就要在社会主义核心价值体系的指导下加强和改进大学生的思想道德教育。

一、引导大学生正确认识和把握当代中国社会发展进程中出现的道德问题

当代中国社会发展进程中出现的思想道德问题及由此引发的道德失范和道德困惑等方面的问题，带有一定的普遍性。它们已经波及大学生群体，使得一些大学生不能正确看待改革开放中出现的思想道德问题，不能正确处理个人与他人和集体之间的利益关系，盲目崇尚西方文明，否认中华民族传统美德的现代价值，有的大学生甚至信奉个人主义、拜金主义、

* 原载《思想理论教育导刊》2008 年第 12 期，中国人民大学书报中心复印资料《思想政治教育》2009 年第 4 期。

享乐主义的道德价值观，由此给大学生思想道德方面的健康成长带来诸多消极的影响。

面对这种情况，不少从事大学生思想道德教育的高校思想政治理论课教师和思想政治工作者，心存种种困惑和疑虑，有的甚至对大学生思想道德教育的必要性和有效性也产生了怀疑，信念缺失，信心不足，采取被动和盲目应付的态度。他们中的一些人在有关道德和人生价值观教育方面的内容，往往绕开走，回避大学生提出的实际存在的问题。要么照本宣科地宣讲一些道德知识，要么一知半解、生吞活剥地运用近现代西方价值论或伦理学的方法"另讲一套"，结果反而增加大学生道德认知方面的混乱，甚至产生误导。这样的思想道德教育，自然不能得到应有的效果。

我们时常听到这样的议论：在道德失范和道德困惑的当代中国，大学生的思想道德教育不可能收到好的效果。这种认识显然是不正确的。在任何情况下，环境条件都不是影响思想道德教育效果的决定因素，真正的决定因素是思想道德教育的内容及教育者驾驭教育内容和实施教育的社会历史观和方法论。只要我们运用马克思主义的基本原理进行认识和分析，当代中国社会存在的道德失范和道德困惑问题，其实是对大学生进行思想道德教育的有效素材。

在大学生思想道德教育中运用马克思主义的基本原理，就要在传授思想道德教育的文本知识的过程中，贴近大学生的思想道德实际，在历史与逻辑相统一的结合点上把实际发生的变化分析出来，引导大学生正确地看待道德失范和道德困惑等方面的问题，使他们懂得既不能将中国社会发生的思想和道德观念的变化一概归于"倒退"，也不能将这种变化一概归于"进步"，或者规避正在发生变化的思想道德现实。

从这点来看，对大学生进行思想道德教育最重要的不是传授某些现成的文本道德知识和理论，而是引导他们学会运用马克思主义的立场、观点和方法，正确观察和科学分析道德现象世界的现实。不难理解，这个引导的实际过程也是进行马克思主义基本原理教育的实际过程，对于思想道德教育来说具有一举两得的意义，可使大学生终身受益。

二、对大学生进行中国特色社会主义共同理想教育

开展中国特色社会主义共同理想教育首先需要正确理解和把握共同理想的内涵。理想是一个民族、一个社会的灵魂所系。马克思主义对理想问题作了科学阐述，把理想问题与人类历史发展规律内在地联系起来，使人们对理想问题有了更为科学的把握和自觉的认识。以马克思主义为指导的中国共产党人，始终坚持崇高的理想，坚持理想主义与现实主义相结合，使崇高理想成为我们党、我们民族精神生活中不可或缺的一部分。对于共产党人来说，最高理想是实现共产主义。现阶段，建设中国特色社会主义是我们全社会的共同理想。建设社会主义核心价值体系，应该用中国特色社会主义共同理想来统一思想、鼓舞人心、凝聚力量。

当前对大学生进行共同理想教育应当围绕立志成才来进行，因为立志成才既是社会的希望和景愿，也是大学生的希望和景愿，共同理想的实现需要大学生立志成才，大学生个人理想的实现也需要他们自己立志成才。就是说，大学生与社会的一切理想的实现都离不开立志人才的理想的实现。立志成才不仅体现了社会理想与个人理想的共同性特征，也体现了近期理想与长远理想的共同性特征，体现了政治理想、道德理想、职业理想、生活理想的共同性特征。

对大学生进行中国特色社会主义共同理想教育的核心内容，应是分析党和国家的发展战略和奋斗目标与大学生的成才与价值实现之间的内在联系，揭示和阐明两者之间的共同性特征，在相互依存、相得益彰的意义上激发大学生发奋读书，立志成才。因此我们在开展中国特色社会主义共同理想教育的过程中，要紧密联系大学生的个人理想，分析他们的近期理想与长期理想，政治理想、职业理想、道德理想、生活理想等方面的实际情况，指出其与共同理想之间的共同性特征，说明只有在实现共同理想的过程中才能最终实现个人理想的道理。如果不是这样来进行共同理想教育，那么，就会让大学生感到共同理想教育与己无关，结果难以产生共鸣，收

到应有效果。

三、创新爱国主义和民族精神教育的内容

这一创新命题要求我们把两个"核心"统一起来，也就是把爱国主义教育与改革创新教育统一起来，把民族精神教育与时代精神教育统一起来，以此来创新爱国主义教育。

在这个问题上，应当特别注意的是要把以改革创新为核心的时代精神融入对大学生进行爱国主义教育和民族精神教育的内容体系之中。改革创新作为时代精神的核心，是进一步解放生产力的必然要求，是建设社会主义创新型国家的迫切需要，是落实科学发展观、构建社会主义和谐社会的重要条件，也是社会主义建设者与接班人的必备素质。它是对中华民族以爱国主义为核心的民族精神的继承和升华，也是中华民族以爱国主义为核心的民族精神的现代形态。今天，我们不能离开改革创新来谈论发扬中华民族精神问题，不能离开是否勇于和善于改革创新来评判一个人是否爱国。

过去，我们对大学生进行改革创新方面的教育比较缺乏，更多强调是莫忘国耻，保卫祖国，建设祖国。毫无疑问，我们今天仍然要坚持对大学生进行以爱国主义为核心的中华民族精神的教育，要求大学生莫忘国耻，保卫祖国，建设祖国，但不应当将这样的内容与以改革创新为核心的时代精神对立起来，而应当统一起来。

为此，我们需要转变对大学生进行思想道德教育的传统观念，更新某些教育内容，进一步突出"以改革创新为核心的时代精神"的相关内容。对于在社会主义核心价值体系指导下加强和改进大学生思想道德教育的要求来说，这是一个不容回避、势在必行的任务。

四、把树立社会主义荣辱观教育渗透到大学生思想道德教育的整个过程之中

荣与辱都属于道德范畴，荣辱观一般是指人们对荣与辱的看法和态度，荣辱观教育应作为大学生思想道德教育的重要内容。在大学生思想道德教育中进行树立社会主义荣辱观的教育，无疑要阐明荣与辱及荣辱观的含义，引导大学生看到开展社会主义荣辱观教育的重要性，看到社会主义荣辱观与中华民族历史上的荣辱观以及世界上其他民族的荣辱观的共同联系，也要看到它们之间的区别即社会主义荣辱观的现时代特征。但是，最重要的还是要把树立社会主义荣辱观的教育渗透到大学生思想道德教育的整个过程之中，不仅要渗透到"思想道德修养与法律基础"课教学的每个教学单元和环节之中，也要渗透到日常思想政治工作的每项计划和活动中，也就是说，大学生思想道德教育的内容体系要贯穿树立社会主义荣辱观教育的内容。

之所以如此，从学理上看是由道德的生态决定的。道德作为一种特殊的社会意识形态和价值形态，其生态形式是广泛渗透式的。广泛地渗透到维系国家安宁和社会稳定的调控系统中、各种各样的社会关系中、形形色色的行规和操作规程中、人的人生追求中、人的素质结构包括人的行为中，等等。因此，人们不能离开社会调控系统、社会关系、行规和规程、人生追求、人的素质结构和行为方式等来谈论道德问题，开展道德教育，对荣辱观及其教育的理解无疑也应作如是观。道德这种"无处不在，无时不有"的生态形式给人们以这样一种启示：道德观念与价值标准，包括荣与辱的观念和价值标准都是相对独立的，除了学理性的问题以外，不可离开其他社会意识和社会活动现象来谈论道德，进行道德教育。道德教育在有些情况下之所以会变成"说教"，原因就在于违背了道德的这种生态形式及由此决定的道德教育法则。

这就要求我们，对大学生进行树立社会主义荣辱观教育要有广泛渗透

的意识，自觉地把相关的教育内容包括社会主义核心价值体系本身的内容与荣辱观联系起来。就社会主义核心价值体系的教育而论，要让大学生懂得，作为社会主义中国的大学生要以学习和运用马克思主义的世界观和方法论为荣，以热爱中华民族和社会主义祖国为荣，以具备勇于和善于改革创新的时代精神为荣，以确立中国特色社会主义共同理想为荣，以树立社会主义荣辱观为荣。为此，从事思想政治理论课教学的高校教师包括从事日常思想政治工作的辅导员要具备广泛渗透的能力，能够把树立社会主义荣辱观的教育渗透到思想政治理论课，尤其是"思想道德修养与法律基础"课的教学过程中，渗透到日常思想政治教育工作中，从而引导大学生正确看待荣誉，具备应有的廉耻意识，逐步确立社会主义荣辱观。

后　记

　　总结和提炼是人们成就事业的重要方法和手段，是推动事物发生质变的重要环节，任何人都概莫能外。通观钱老师的这套文集，也正是在总结和提炼的基础上形成的重大成果。从微观看，老师在伦理学、思想政治教育、辅导员工作等领域的研究，多是以总结的方式用专业的话语表达出来的。从宏观看，老师的总结和提炼站位高远、视野宽阔、格局恢弘。这又成就了老师在理论上的纵横捭阖、挥洒自如，呈现出老师深厚的学术底蕴和坚实的理论功底。

　　比如在谈到思想政治教育整体有效性问题的时候，老师说：马克思主义认为，世界是不同事物普遍联系的整体，某一特定的事物也是其内部各要素之间普遍联系的整体，事物内部各要素之间的关系是怎样的，事物的整体就是怎样的。恩格斯说："当我们通过思维来考察自然界或人类历史或我们自己的精神活动的时候，首先呈现在我们眼前的，是一幅由种种联系和相互作用无穷无尽地交织起来的画面。"①为了"足以说明构成这幅总画面的各个细节"，"我们不得不把它们从自然的或类似的联系中抽出来"②。就是说，人们只是为了细致分析和把握事物某部分的个性，也是为了进而把握事物的整体，才"不得不"在许多情况下把事物某部分从整体关联中"抽出来"。然而，这样的认识规律却往往给人们一种错觉和误

①《马克思恩格斯文集》第9卷,北京:人民出版社2009年版,第385页。
②《马克思恩格斯文集》第3卷,北京:人民出版社2009年版,第539页。

导：轻视以至忽视从整体上把握事物内在的本质联系，惯于就事论事，自说自话。这种缺陷，在思想政治教育有效性的研究中也曾同样存在。

20世纪80年代初，中国改革开放和社会转型的序幕拉开后，由于受到国内外各种因素的影响和激发，人们特别是青年学生的思想道德和政治观念发生着急剧的变化，传统的思想政治教育面临严峻挑战，受到挑战的核心问题就是思想政治教育的"缺效性"以至"反效性"问题。思想政治教育作为一门科学、进而作为一种特殊专业和学科的当代话题由此而被提了出来。因此，在这种意义上完全可以说，推进新时期思想政治教育走向科学化的原动力，正是思想政治教育有效性问题的研究。然而，起初的思想政治教育有效性问题的研究只是围绕思想政治工作展开的，关注的问题只是思想政治教育实际工作的原则和方法，缺乏从思想政治教育专业和学科整体上来把握有效性问题的意识。而当思想政治教育作为一门学科的"原理"基本建构起来之后，关于思想政治工作有效性问题的学术话语却又多被搁置在"原理"之外，渐渐地被人们淡忘，以至于渐渐退出学科的研究视野。不能不说，这是一种缺憾。

推进思想政治教育科学化是解决这一问题的根本途径。思想政治教育科学化本质上反映的是全面贯彻党和国家的教育方针，培养和造就一代代社会主义事业的合格建设者和可靠接班人提出的理论与实践要求，具体表现为大学生思想政治素质的全面发展、协调发展和可持续发展，即凸显整体有效性。这种整体有效性，不只是大学生思想政治教育单个要素的有效性，也不是各个要素有效性的简单相加，而是思想政治教育要素、过程和结果的整体有效性；大学生思想政治教育要素、过程和结果的整体有效性不是静态有效，也不是各个阶段有效性的简单叠加，而是各个要素在各个阶段有效性的有机统一，是整体有效性的全面协调可持续提升。

…………

当我们合上老师的文集，类似的宏论一定会在我们的脑海里不断涌现，或似深蓝大海上的朵朵浪花，或似微风吹皱的湖面上的粼粼波光，令人醍醐灌顶、振聋发聩。

　　在老师的文集付梓之际，我们深深感谢为此付出过辛勤劳动的同学们。在整理文稿期间，一群活泼阳光的思想政治教育专业的同学通过逐字逐句的阅读、录入和校对，为文集的出版做了大量的最基础的工作。

　　感谢安徽师范大学副校长彭凤莲教授为文集的出版所做的大量努力。

　　感谢安徽师范大学马克思主义学院领导给予的高度关注和大力支持。

　　感谢安徽师范大学出版社，在文集出版的过程中，从策划、编校到设计、印制，同志们付出了许多的心血。

　　感谢我们的师母，在老师病重期间对老师的温暖陪伴和精心呵护。一个老人是一个家庭的精神支柱，一个老师是一个师门的定盘星。我们衷心祝福老师健康长寿，带着愉悦的心情看到自己的理论成果在民族复兴的伟大征程中发光发热，能够在中华民族伟大复兴即将来临之际，安享晚年。

执笔人　路丙辉

二○二二年八月